現代 財務会計

四訂新版

野村 健太郎 著

税務経理協会

序

　本書は，会計学の中心的課題である財務会計について，ある程度の基礎知識を有している人々を対象として書かれたものである。初歩的・初級段階から上級段階への習得に移行し得るよう配慮した体系になっている。財務会計の主要領域を体系的に学習し得るよう工夫が懲らされている。

　1990年代以降，バブル経済の生起とその回復の過程でグローバル化・ＩＴ化が急速に進行してきたことは周知のとおりである。1996年11月，橋本龍太郎元首相「日本版ビッグバン（金融大改革）」が提唱され，フリー，フェアー，グローバルの三原則が強調された。

　その関連で翌1997年６月「改訂連結財務諸表原則（大蔵省企業会計審議会）」が公表された。そこでは，「連結優位」すなわち，個別企業会計に対する連結会計の優位が明確に打出されたが，それを契機として，数多くの会計基準が改訂・公表された。これを「会計ビッグバン」とも称している。

　それに応じて「商法会計」が「会社法会計」として，また「証券取引法会計」が「金融商品取引法会計」として整理されてきた。このような会計規則・会計基準の制定・改廃に対応して，財務会計の中身も変容を受けてきた。また，わが国基準の国際会計基準（ＩＡＳ／ＩＦＲＳ）への収斂・統一化の必要性も一段と高まってきた。

　これを真摯に受けとめて財務会計を把握・理解していくことが緊要となってきた。本書は，このような動向を汲んで，財務会計の重要領域を取り上げ，読者にとって全体的・体系的に理解し易いように著述しようと試みた。

　そのため，例えば，「設例」を取り入れたり，ゴチック体を使用したり，アンダーライン（下線）で強調したり，アミ掛けで読み易くしたり，補章・補説で関連事項を敷衍・展開したりする工夫をしている。重要事項については理解し易いように索引を丁寧に付けている。

　初学者であっても学習し易いように，かつ高度なレベルにまで到達し得るよ

う構想されている。

　本書によって，財務会計のすべての課題を論究しているわけではないが，相当広領域を展開してきた。本書が読者に対して財務会計（財務諸表論）に深い関心と興味を持ってもらえるようになれば，望外の喜びである。

　本書の出版につき，税務経理協会社長　大坪嘉春氏，編集部長　鈴木利美氏にひとかたならぬお世話になった。厚く御礼申し上げる。

　　　平成20年3月10日

　　　　　　　　　　　　　　　　　　　　　　　　　　　　野村健太郎

目　　次

序

第1章　企業と会計
　Ⅰ　企業の概念……………………………………………………………1
　Ⅱ　企業の社会的機能と会計……………………………………………3
　Ⅲ　わが国「企業会計原則」の意義……………………………………4

第2章　収益の認識と測定
　Ⅰ　給付のフローと収益の認識…………………………………………7
　Ⅱ　特殊販売すなわち委託販売，試用販売，予約販売，割賦販売
　　　等の収益の認識………………………………………………………8
　Ⅲ　販売収益の修正………………………………………………………12
　Ⅳ　長期請負工事の収益の認識…………………………………………13
　Ⅴ　収益の測定……………………………………………………………14

第3章　費用の認識と測定
　Ⅰ　仕入・購入に関する処理……………………………………………19
　Ⅱ　費用配分の原則………………………………………………………21
　Ⅲ　費用配分の原則と棚卸資産にかかる継続記録法・棚卸計算法…22
　Ⅳ　費用配分の原則と固定資産の減価償却法…………………………25
　Ⅴ　費用の測定……………………………………………………………29

第4章　費用収益対応の原則
　Ⅰ　費用収益対応の原則の意義…………………………………………33
　Ⅱ　記録計算原則としての費用収益対応の原則と報告原則として

の費用収益対応の原則……………………………………………………35
　　Ⅲ　対応関係の吟味……………………………………………………37
　　Ⅳ　特　別　損　益……………………………………………………40

第5章　損益計算書の様式
　　Ⅰ　企業会計原則上の損益計算書……………………………………43
　　Ⅱ　損益計算書と区分表示の原則……………………………………45
　　Ⅲ　当期業績主義と包括主義…………………………………………47
　　Ⅳ　「会社法（2006年7月26日）」における損益計算書の様式　………49
　　Ⅴ　国際会計基準（ＩＡＳ／ＩＦＲＳ）関連の損益計算書の様式………50

第6章　資　産　の　会　計
　　　　――その1　「当座資産」の処理――
　　Ⅰ　資産の意義および評価……………………………………………53
　　Ⅱ　当座資産の意義……………………………………………………55
　　Ⅲ　当座資産の具体的各項目と処理…………………………………55

第7章　資　産　の　会　計
　　　　――その2　「棚卸資産」および「その他の流動資産」の処理――
　　Ⅰ　棚卸資産の意義および内容………………………………………59
　　Ⅱ　棚卸資産の評価……………………………………………………60
　　Ⅲ　「通常の販売目的で保有する棚卸資産」と「トレーディング目的
　　　　で保有する棚卸資産」との分離……………………………………61
　　Ⅳ　「トレーディング目的で保有する棚卸資産」の評価基準　………65
　　Ⅴ　「その他の流動資産」の処理　……………………………………66

第8章　資産の会計
　　　──その3　「固定資産」および「繰延資産」の処理──
- Ⅰ　固定資産の意義および内容…………………………………………75
- Ⅱ　有形固定資産…………………………………………………………76
- Ⅲ　無形固定資産…………………………………………………………79
- Ⅳ　投資その他の資産……………………………………………………83
- Ⅴ　繰延資産の処理………………………………………………………89

第9章　負債の会計
- Ⅰ　負債の意義および内容………………………………………………95
- Ⅱ　流動負債の処理………………………………………………………96
- Ⅲ　固定負債の処理………………………………………………………98
- Ⅳ　引当金の処理…………………………………………………………103
- Ⅴ　偶発債務の処理………………………………………………………107

第10章　純資産／資本の会計
- Ⅰ　純資産の意義…………………………………………………………111
- Ⅱ　株主資本の処理………………………………………………………114
- Ⅲ　評価・換算差額等の処理……………………………………………121
- Ⅳ　新株予約権の処理……………………………………………………124
- Ⅴ　少数株主持分の処理…………………………………………………126

第11章　貸借対照表の様式
- Ⅰ　貸借対照表の意義……………………………………………………129
- Ⅱ　重要性の原則と簿外資産・簿外負債………………………………130
- Ⅲ　貸借対照表の区分表示の原則………………………………………131
- Ⅳ　貸借対照表の様式……………………………………………………132
- Ⅴ　貸借対照表の要旨の公告……………………………………………134

Ⅵ　臨時計算書類と連結計算書類の開示 …………………………………… 136

第12章　株主持分等変動計算書

　　Ⅰ　株主持分等変動計算書の意義 ………………………………………… 139
　　Ⅱ　株主資本等変動計算書の内容 ………………………………………… 140
　　Ⅲ　株主資本等変動計算書における「包括利益」算定の可能性 ………… 142
　　Ⅳ　株主資本等変動計算書の様式 ………………………………………… 143
　　Ⅴ　「剰余金の配当」について ……………………………………………… 145

第13章　連結会計と「連結の範囲」

　　Ⅰ　連結会計の実施 ………………………………………………………… 151
　　Ⅱ　連 結 の 範 囲 …………………………………………………………… 151
　　Ⅲ　「過半数所有を満たさない場合」の連結の実施 ……………………… 153
　　Ⅳ　関 連 会 社 ……………………………………………………………… 155
　　Ⅴ　連結会計の一般原則 …………………………………………………… 157

第14章　連結貸借対照表の仕組み

　　Ⅰ　連結貸借対照表作成の基本原則 ……………………………………… 161
　　Ⅱ　親子会社間の会計処理の統一 ………………………………………… 163
　　Ⅲ　支配獲得時の資本連結 ………………………………………………… 164
　　Ⅳ　支配獲得後における処理 ……………………………………………… 169

第15章　連結損益計算書の仕組み

　　Ⅰ　連結損益計算書作成の基本原則 ……………………………………… 175
　　Ⅱ　連結会社相互間の取引高の相殺消去 ………………………………… 175
　　Ⅲ　未実現利益の消去と税効果会計 ……………………………………… 181
　　Ⅳ　持分法における未実現利益の消去 …………………………………… 182
　　Ⅴ　のれん（goodwill）の償却 …………………………………………… 184

Ⅵ　在外子会社等の換算会計 ……………………………………………184

第16章　連結株主資本等変動計算書と連結注記
　　Ⅰ　連結財務情報 ……………………………………………………189
　　Ⅱ　連結株主資本等変動計算書 ……………………………………190
　　Ⅲ　注 記 事 項 ………………………………………………………192
　　Ⅳ　附 属 明 細 表 ……………………………………………………195

第17章　連結キャッシュ・フロー計算書
　　Ⅰ　連結キャッシュ・フロー計算書の意義 ………………………197
　　Ⅱ　キャッシュ・フロー計算書の様式（3区分表示様式）………199
　　Ⅲ　表示方法としての「直接法」，「間接法」………………………205
　　Ⅳ　キャッシュ・フロー計算書の分析的利用 ……………………207

第18章　四半期連結財務諸表
　　Ⅰ　四半期連結財務諸表の意義 ……………………………………211
　　Ⅱ　四半期財務諸表の範囲 …………………………………………211
　　Ⅲ　「実績主義」による会計処理 …………………………………212
　　Ⅳ　具体的な会計処理 ………………………………………………213
　　Ⅴ　四半期特有の会計処理 …………………………………………217
　　Ⅵ　四半期財務諸表の開示 …………………………………………219
　　Ⅶ　四半期連結財務諸表の注記事項 ………………………………220
　　Ⅷ　四半期報告制度の実地 …………………………………………223

第19章　リ ー ス 会 計
　　Ⅰ　リース会計処理の意義 …………………………………………229
　　Ⅱ　リース取引とその分類 …………………………………………230
　　Ⅲ　「設例」による会計処理 ………………………………………232

Ⅳ　リース会計処理の留意点 …………………………………………238
　Ⅴ　オペレーティング・リース取引の会計処理 ………………………240

第20章　退職給付，年金および役員賞与の会計
　Ⅰ　退職給付会計の意義と処理 ………………………………………245
　Ⅱ　年金会計の意義と処理 ……………………………………………247
　Ⅲ　役員賞与の会計処理 ………………………………………………249

第21章　金融商品会計
　Ⅰ　金融商品とは何か …………………………………………………253
　Ⅱ　金融商品の範囲（金融資産，金融負債およびデリバティブ）………254
　Ⅲ　金融資産，金融負債の発生・消滅の認識 ………………………255
　Ⅳ　金融資産，金融負債の貸借対照表価額 …………………………258
　Ⅴ　債権の貸倒見積高の算定 …………………………………………261
　Ⅵ　ヘッジ会計 …………………………………………………………262
　Ⅶ　複合金融商品の会計 ………………………………………………265
　Ⅷ　デリバティブの会計 ………………………………………………267

第22章　税効果会計／外貨建取引等会計
　Ⅰ　税効果会計とは何か ………………………………………………273
　Ⅱ　外貨換算会計 ………………………………………………………276
　Ⅲ　外貨建取引等の会計処理 …………………………………………280
　Ⅳ　在外支店の財務諸表項目の換算 …………………………………282

　索　　引 ………………………………………………………………285

第1章　企業と会計

I　企業の概念

　企業の定義は，もともと経済次元において研究対象とされており，企業は基礎的には財貨・役務(えきむ)を生産するという機能組織に関わっている。例えば「企業とは市場基礎による営利目的のもと，資本を危険にさらす企業家（entrepreneur）が形成する**生産組織**である[1]」といわれてきた。また，ペルー（Perroux, F.）氏やバール（Barre, R.）氏によれば，「財貨・役務を市場に売却し，かつ，生産要素価値と売却価値との差額による利益確保目的で企業所有主によって出資された種々の生産要素の価値を結合する一生産形態である[2]」とも定義された。

　要するに，これらの伝統的な定義によれば，企業は構成要素としての企業家ないし企業所有主によって支持され，その限りでこれらの者の所有に帰属するものであって，彼らによって指揮運営される組織であるといえよう。

　ところが，企業の運営につき経営に参与する労働力の担い手としての従業員の地位・重要性が一層大きくなり，従業員の権限が高まってきたという大きな環境変化がみられてきた。そして従業員は労働力の提供者として重要であるのみならず，社会的な主体として重視されるべきこととなった。

　企業は従業員に対して多くの責務を有するものとなっている。この関連で企業は単なる営利目的の経済組織としての伝統的概念から，むしろこれを**社会・経済的組織**（organisation socio-économique）として把握する必要性が生じてきた。また，企業の規模が拡大するにつれて，企業における所有と経営との分離現象が顕著となり，例えば，企業の所有権は有しないで経営責任を有する職業的ないし専門的経営者が現れるに至った。

　企業は従業員の経済的安定性を保証し，提供労働に見合った報酬を分配し，快適な労働条件を整備していくべきで，職場安全性の向上や，騒音・職業病対

策に配慮していく必要が生じた。従業員は社会・経済上の良好な意思疎通をはかるべく情報入手が保証されるべきこととなった。従業員の企業内での教育・訓練も保証され，実地見習・成人教育の環境整備にも配慮さるべきこととなった。そして，企業の文化的役割の達成もより重要となってきた。

さらに，企業の規模拡大，環境変化に応じて，資金提供者としての株主・債権者，労働力提供者としての従業員に対する責任のみでなく，顧客，仕入先，との関係においてもその安定的発展に寄与すべきことはもとより，地域住民に対しても責任を負っており，地域経済貢献，雇用維持，下請(したうけ)事業保証，さらには生活環境・大気汚染・水質汚濁対策等に配慮していくことが求められている。企業はさらに租税負担・税務的支出を行い，公部門ないし社会一般に対する財務的貢献の実施が求められている。

企業は，**会社**が法的構造を提供している場合の社会経済的組織といえるが，企業は会社規制が保護の対象とする各種利害関係者，すなわち，株主・債権者，経営者，従業員，顧客，仕入先等の中枢機関として表現される。会社規制はこれら各種利害の制度的均衡を組織づけており，企業の保護はこれら各種利害を保護することに関連している。

企業は本来経済実体として財貨・役務を活用し富の生産のために資源を有効に利用することに専念し，また会社は資本の財務構造との文脈で重視されるが[3]，しばしば両者を関連づけて把握され，**会社企業**として位置づけが試みられている。この場合，会社企業につき「会社性」の性格を強調するとき，資金提供を重視して株主，債権者に対する側面ないし関連性が強調され，「企業性」の性格を強調するときは，経営活動を重視して経営者，従業員，顧客，仕入先，地域住民等に対する側面がより強調されることになる。

社会経済における企業の果たす機能は重要であり，この意味で企業における会計を研究する意義が強調されるのである。

II 企業の社会的機能と会計

　企業は資本の提供者としての株主,債権者に対する情報提供を行う会計責任の重要性はとくに指摘さるべきだが,さらに従業員,顧客,地域住民等に対しても必要な情報提供を行っていくべきである。この関連で会計を考慮してみた場合,損益計算の会計構造は重要である。実際の損益を基礎とする**1株当たり利益**情報の意義は強調されるべきである。

　しかし,この利益の情報のみでは従業員,顧客,地域住民等の情報要請を満たしていくことができない。つまり利益算定に至る中間段階において付加価値の情報を提供する必要性が強調されるのである。国連（UN）の会計研究機関においてもこの要請がなされている[4]。

　企業は本来,価値を創造し,その創造に応じてこれを分配するという経済的役割を演じており,その関連で社会的機能が存している。企業は経済主体として果たすべき二重の役割をもっている。すなわち,企業は富を創造し,かつその創造した富を再分配する役割をもっているのである。

　外部から購入した材料や中間生産物等の資産を加工して**付加価値**を形成する場所として企業は不可欠の存在であり,国民所得を算出する機関として重要である。この意味で企業は社会的存在として認知される。

　さて,企業における富の創造の源泉での主要な活動ないし取引を検討してみる必要がある。生産した製品は市場における購買による検証を受けることによって評価される。市場検証がなければ付加価値の量が把握されない。この意味において日常的経営に関連する市場取引に注目すべきである。

　以上の関連を,財貨のフローを中心に日常的経営を図示すると,次のようになる。

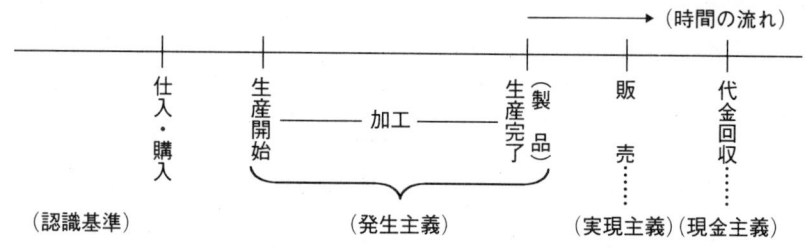

Ⅲ わが国「企業会計原則」の意義

　さて，企業の会計について検討してみると，わが国では企業会計審議会の設定にかかる「企業会計原則」の意義は極めて大きい。会計実務の説明としての，しかも会計手続の選択の指針としての性格を有しているものが一般に「会計基準」と呼ばれる。これを「会計原則」と呼ぶ場合もある。

　会計基準といってもとりわけ「企業」の会計基準が重視される。会計はなにも企業にのみ限定して行われるのではなく，例えば，「家庭」，「国・地方公共団体」，「農業」，「マクロ次元での一国全体（これにかかる会計を社会会計という）」でも会計は行われているが，業種や活動の多様性から企業の会計基準がとくに複雑であり，また企業の会計基準のモデルが基礎とされて，上記の企業以外の諸適用領域の会計と整合性をもつべきことがしばしば要請されるからである[5]。

　とにかく，上述のごとき意味での会計基準は，これを広狭の意義で理解されている。例えばわが国の企業会計審議会，アメリカの財務会計基準審議会（FASB）などによって設定されたものが含意されるが，**広義**に会計基準といえば，法令によって規定されている会計に関する諸規則もこれに含まれる。また，**最広義**には，会計基準は会計職業団体等の公表する規則や勧告として明らかにされたものも含むと解されている。

　会計基準は，商法・会社法や金融商品取引法（旧証券取引法）の規制のなかに会計・計算規定として詳細に明文の形で盛り込んでいる国の場合もあれば，法規の中ではごく基礎的一般原則を明定するにとどめ，慣習的に職業会計団体等

の作成する会計基準を重視してこれを遵守せしめて会計を実施運営せしめている国の場合もある。

　また，会計基準の設定については**公部門**（public sector）が主導していく場合（フランスやわが国の場合）と，**私部門**（private sector）が主導していく場合（多くのアングロ・サクソン系諸国の場合）とがあり，両者の相互補完関係がどのようであるかを追究することは極めて重要である。

　この点に関連して，公部門が主導的機能を果たして大幅に法規制における規定を中心として運用する方式，例えば「規定的アプローチ（prescriptive approach）」と称しうる方式がまず存在し，他方，政府・公部門が大枠の一般的規制設定を行うが，細部を私部門の基準設定に委ねる方式，つまり自主規制方式がある。

　要するに，わが国の場合，上述のごとく行政府の会計諮問機関である企業会計審議会（その前身は企業会計制度対策調査会）の設定にかかる「企業会計原則」のもつ意義は大きい。同原則は第二次大戦直後の1949年（昭和24年）7月に設定されたものであるが，その前文の二をみればよくわかる。以下に明示してみる。

「二１．企業会計原則は，企業会計の実務の中に慣習として発達したもののなかから，一般に公正妥当と認められたところを要約したものであって，必ずしも法令によって強制されないでも，すべての企業がその会計を処理するに当って従わなければならない基準である。

　２．企業会計原則は，公認会計士が，公認会計士法及び証券取引法に基き財務諸表の監査をなす場合において従わなければならない基準となる。

　３．企業会計原則は，将来において，商法，税法，物価統制令等の企業会計に関係ある諸法令が制定改廃される場合において尊重されなければならないものである。」

　この文書の二３に注目さるべきである。企業会計原則は商法，税法，物価統制令等（この場合の「等」には証券取引法も含まれる）の企業会計に関係ある諸法令が制定改廃される場合において尊重されるべきことを謳い，同原則にはいわ

ばこれら諸法令の会計にかかる基礎思考が明確にされているからである。

〔注〕
(1) David, A., *L'Information comptable outil de communication*, 1987, p. 69.
(2) Perroux, F., *Cours d'économie politique*, IV^{e}ed., p. 7. Barre, R., *Economie politique*, T. 1, p. 360.
(3) 会社の法人格は，会社を自然人とは別個なものとして会社に対して財産の保有を可能にするために用いられた理論的構築物として現れたのである。David, A., op. cit., p. 77.
(4) 国連の「会計・報告国際基準専門家政府間作業部会」の第2回会議（1984年3月12～23日）では「付加価値」に関する情報を開示することの決議がなされた点に注目される。United Nations and Social Council, *International Standards of Accounting and Reporting, Report of Intergovernmental Working Group of Experts on International Standards of Accounting and Reporating on its third session, E/C. 10/1985/12,* New York, 1985, para. 15 et seqq.

　この趣旨に沿った成果計算構造を早くから提唱し実施に移してきたものとしてフランスを中心とする仏語圏諸国の企業会計制度が位置づけられる。野村健太郎『フランス企業会計』中央経済社刊，1991年を参照されたい。
(5) 例えばフランスのプラン・コンタブル・ジェネラル（Plan Comptable Général）は企業の会計基準を基礎的に重視し，企業以外の会計適用領域との整合性の確保を指向している。前掲拙著『フランス企業会計』のとくに第27章および第28章を参照されたい。

第2章　収益の認識と測定

I　給付のフローと収益の認識

　生産した製品・サービスないし給付のフローは一般的な市場による検証を受けることによって評価される。しかし，一般的な市場検証を受けるに先立って個別に**注文**ないし**受注**が行われる場合があり，代金の一部の支払いを受けることがある。これは給付の**引渡し**が行われる前の代金の一部支払いであり，前受金の計上として把握される。受注と引渡しとが同時にみられる販売形態が通常であるが，このように受注が引渡しの時点に先立つ場合は特別の配慮が必要である。

　経営活動につき取引記録を要するものと判定し会計期間への帰属を決定することを会計上で**認識**というが，この会計上の認識において引渡しの事実に注目していくべきである。この時点から一般に当事者間での権利義務関係が生じてくるからである。

　かくして，材料または給付の企業資産への流入は，引渡しの時点によって権利義務関係上で効果をもち，仕入ないし購入の会計処理が当該時点の原価で即刻なさるべきこととなる。

　多くの国で運営されている間接税制度としての付加価値税（TVA）ないし消費税の制度においても当該時点の把握が重視されている。というのは，財貨・役務の引渡しにかかる当該時点は，引渡しの効果として同時に一般に所有権の移転も生起せしめ[1]，間接税の負担を生起せしめることにもなるからである。

　しかし，財貨・役務の引渡しの時点は，会計上の観点から収益の認識について特別の注意を要すべき場合もある。いわゆる**所有権留保条項付販売**の場合がこれである。これについては後で再論する。

　通常，販売は三つの段階，すなわち，「当事者間の合意」，「引渡し」，「代価

の受領」の段階を経て完了する。しかし,厳密にいうと,これら3つの段階が販売の達成に必要であることを要請しない。例えば,フランス民法典 (Code civil) 1583条によれば,財貨の引渡しまたは代価の受領が行われていなくても販売は当事者間で成就すると規定している。引渡しによる所有権の移転は,売買当事者間の合意成立の時点ないし効果によって生じうるものと考えている。

しかし当事者間の合意成立と財貨の引渡しをもって会計上の記録計算を行うことが容易であり,販売において,一般に財貨・役務の引渡しを重視して[2],収益を認識していることとしている。このような認識基準を**実現主義**と称している[3]。

II 特殊販売すなわち委託販売,試用販売,予約販売,割賦販売等の収益の認識

企業会計原則注解注6「実現主義の適用について」において,委託販売,試用販売,予約販売,割賦販売のごとき特殊な販売契約による売上収益の実現の基準が示されている。これらの販売形態のほかにも,延払(のべばらい)条件付譲渡,買戻権付販売,所有権留保条項付販売,未着品販売があり得る。以下,順次,これら特殊販売にかかる収益の認識をみてみよう。

〔**委託販売**〕 委託販売については,受託者が委託品を販売した日をもって売上収益の実現の日とする(注解注6)。従って,決算手続中に**仕切精算書**(売上計算書)が到達すること等により決算日までに販売された事実が明らかとなったものについては,これを当期の売上収益に計上しなければならない。ただし,仕切精算書が販売のつど送付されている場合には,当該**仕切精算書が到達した日**をもって売上収益の実現の日とみなすことができる(同)。

受託者の販売時点で原則として収益を認識するが,会計処理の実務上の要請から,仕切精算書の到達基準による収益認識を容認するのである。

〔**試用販売**〕 試用販売は条件付販売の一種であり,得意先が**買取りの意思表示**によって売上が実現するのであり,それまでは当期の売上高に計上できない

（同）。

　また，富山の薬行商の配置売薬のように，配置員が多数の得意先を巡回して一定量の商品等を配置し，その後配置員が得意先を巡回して前回から現在までの間の得意先の購入意思（消費分）を一括確認して代金を請求する販売形態については，その購入確認をした日を収益として認識する（昭和34年直接税法1,244「22」）。

　〔予約販売〕　予約販売については，予約金受取額のうち，**決算日までに商品の引渡しまたは役務の給付が完了した分だけ**を当期の売上高に計上し，残額は貸借対照表の負債の部に記載して次期以後に繰り延べるべきである（注解注6）。

　〔割賦販売〕　割賦販売については，通常の販売の場合と同じく**商品等を引き渡した日**をもって，売上収益の実現の日とする（同）。

　しかし，割賦販売は通常の販売とは異なり，その信用期間が比較的長期にわたり，代金の支払いが分割払であることから，代金回収上の危険率も高いので，貸倒引当金および代金回収費，アフター・サービス費等の引当金の計上について特別の配慮を要するが，その算定に当たっては，不確実性と煩雑性を伴うことが多い。従って，収益の認識を慎重に行うために販売基準に代えて，割賦金の回収期限の到来の日（**代金請求期限到来基準に関わる**）または入金の日（**回収基準ないし現金主義に関わる**）をもって，売上収益実現の日とすることも認められる。

　つまり，企業会計原則は割賦販売については一般に実現主義をとるが，代金回収上の危険率が高いとか，貸倒引当金等の計上につき不確実性，煩雑性を伴う場合には代金請求期限到来基準または回収基準をとることも許容しているのである。割賦販売といえども，通常の販売と同様に商品等を引渡した日をもって所有権が買主に移転するので[4]，実現主義によって売上収益を認識することを原則とするのである。

　税法上でもこのように割賦販売につき実現主義による収益計上を行うことを妨げているわけではなく，権利確定主義にかかる代金請求期限到来基準による処理を許容しているにすぎないのである（法人税法62条）。

─〈設　例〉─
- 売価￥500,000の商品を，10か月の割賦で販売し，商品引渡しと同時に頭金￥100,000と第１回割賦金￥40,000とを現金で受領した。

  (借) 割 賦 売 掛 金　　360,000　／　(貸) 割 賦 売 上　　500,000
  　　 現　　　　　金　　140,000

- 翌月第２回割賦金を受領した。

  (借) 現　　　　金　　40,000　／　(貸) 割 賦 売 掛 金　　40,000

- 決算につき１期間中のすべての割賦売掛金期末残高を調査し，残高￥8,000,000のうち，代金請求期限を経過したもの￥1,000,000であった。

  なお，当期間中における割賦販売の売買利益率は20％であった（代金請求期限到来基準による処理を行うと次の仕訳となる）。

  (借) 割 賦 売 上　　　　　　　　　　　(貸) 繰 延 割 賦
  　　 利 益 控 除　1,400,000　／　　　　売 上 利 益　1,400,000

  (注)　期末における割賦売掛金残高の中に含まれる利益相当額は（￥8,000,000－￥1,000,000）×20％＝￥1,400,000となる。この場合，割賦売上利益控除は損益計算書において割賦売上総利益からの控除項目として処理し，繰延割賦売上利益は貸借対照表において割賦売掛金の控除項目として処理する。

〔延払条件付譲渡〕　割賦販売の場合は，商品等の販売方法が割賦を原則とするが，原則的には割賦によらない販売方法を採用する場合でも，たまたま取引の条件として長期延払となることがある。

　税法上では，以下の要件に適合する延払条件付譲渡により，資産を譲渡したとき（損失が生じたものを除く），割賦基準に類似した延払基準により処理することを認めている（法人税法63条１項，２項）。

① 月賦，年賦その他の賦払いの方法により３回以上に分割して対価の支払いを受けること
② その譲渡の目的物の引渡期日の翌日から最後の賦払金の支払期日までの期間が２年以上であること
③ その譲渡の目的物の引渡日までに支払期限の到来する賦払金の合計額が譲渡対価の３分の２以下であること

税法上，この延払条件付譲渡は，割賦基準と異なり，資産は販売用資産に限定されず，土地建物のように本来販売目的でない資産を譲渡した場合も含む（だから延払条件付販売といわず広義の延払条件付譲渡という用語を使っているわけである）。延払条件付譲渡と割賦販売との相違は，

① 上記のように販売用資産に限定されないこと
② 定型的約款によることを要件とされていないこと
③ 賦払回数，賦払期間，頭金の額に制限が付けられていること
④ 利益が生ずる譲渡に限定されていること
⑤ 個々の譲渡ごとに適用されること
⑥ 確定決算における延払基準の方法による処理が要件とされていること

である。

〔買戻権付販売〕　買戻権付販売は，試用販売等と同じく条件付販売の一種であり，販売に供した財貨をその価額の復原および当該財貨に関して生じる費用の支払を行って後，当該販売財貨を買い戻す権利を留保する場合をいう。ちなみに，フランス民法典1960条によれば，この場合の買戻権は5年以内に行使さるべきことを求めている。買戻権が行使されれば，販売の取消となる。そのさいの支払価額が，当初の販売価額と相違する場合には損益を生ぜしめることになる。

〔所有権留保条項付販売〕　通常は財貨・役務の引渡しに関連して収益の認識を行うが，会計上，収益の認識がこの財貨・役務の引渡しと一致しない場合がある。所有権留保条項付販売の場合がこれである。所有権留保条項付販売は不動産商品の場合に多くみられる。

所有権留保条項は，買主に財貨を引渡しているにもかかわらず，所有権の移転の時点を販売価額の全額支払にまで遅らせるものである。例えば，買主で支払困難，つまり更生ないし清算にたち至る場合において所有権留保条項を機能せしめうる。フランス法によれば，まだ未払状態にある商品が買主側に現物のままで存在しているとき，売主は当該商品について権利を主張しうる[5]。

所有権留保条項付販売は，販売価額の全額支払が所有権移転を開始させる条

件である。つまり，買主は当該販売価額の支払がなければ所有権者とならない。当該商品は販売価額の全額支払が行われるまで，売主側での財産を構成している。

しかし，所有権留保条項付販売は所有権が留保されていてもすでに引渡しが行われており，収益を認識できる。当該売上にかかる債権額を資産に計上する[6]。当該販売も通常の販売の場合との会計処理に一貫性をもたせる配慮が必要となる。

〔未着品販売〕 遠隔地の仕入先から商品を買入れ・運送されるとき，当該商品の到着前に運送業者から貨物代表証券（貨物引換証または船荷証券）を受取る。

買主の所有する貨物代表証券は未着品の所有権を表しているので，買主はこの貨物代表証券を売却することによって，まだ手許にない当該未着品を第三者に転売することができる。

Ⅲ 販売収益の修正

販売収益の修正は，商慣習上で，多額または多量な取引を行う得意先を優遇するためにとられる売上割戻しや，販売条件の喰い違い等から生ずる返品・値引き，売買契約の解除等を原因として行われる。

〔売上割戻〕 売上割戻（sales rebate）は，一定期間に多額または多量の取引をした得意先（買主）に対する売上代金の返戻額等をいい，売上品の量目不足，品質不良，破損等の理由により代価から控除する売上値引や，代金支払期日前の支払いに対する売掛金の一部免除等の売上割引（金融上の取引）とは区別される[7]。

売上割戻は，いったん確定した販売収益を減額修正するが，販売時点において売上代金の減額修正が予定されている。その減額修正の処理は，業種，商慣習等によって異なる割戻形態に依存している[8]。

売上割戻の計上時期については，次の区分に応じ，次に掲げる年度とする（法人税基本通達2－4－1）。

① その算定基準が販売価額または販売数量によっており，かつ，その算定基準が契約その他の方法により相手方に明示されている売上割戻し販売した日の属する事業年度。ただし，法人が継続して売上割戻の金額の通知または支払いをした日の属する事業年度に計上することとしている場合には，これを認める。

② ①に該当しない売上割戻。その売上割戻の金額の通知または支払いをした日の属する事業年度。ただし，各事業年度終了の日までに，その販売した棚卸資産について売上割戻を支払うこと及びその売上割戻の算定基準が内部的に決定されている場合において，法人がその基準により計算した金額を当該事業年度の未払金として計上するとともに確定申告書の提出期限までに相手方に通知したときは，継続適用を条件としてこれを認める。

〔**値引，返品，契約解除等**〕 売主の責に帰す販売商品の瑕疵等に基づく販売収益の減額修正が，値引，返品，契約解除によって行われる。値引は売上商品の量目不足，品質不良，破損等の理由により代価から控除される額であり，売掛金の一部免除に係る**売上割引**と区別すべきである。

また，すでにみた売上割引は売買契約の段階においてその契約に織り込まれており，販売時点で，収益の減額修正を要するものとしてその生起が予測されるが，値引，返品，契約解除は，当初の契約上予測し得ないものであり，時間的にも当該販売から相当の期間を経て生起する。従って，その期間損益計算上の処理が問題とされる。これについて，値引，返品，契約解除があっても当該値引商品等の対象となった売上がなされた年度に遡及して当該売上金額を減額修正することなく，当該値引等のあった年度において売上勘定の控除として処理するか，その年度の損失として処理するのである[9]。

Ⅳ 長期請負工事の収益の認識

収益の認識については，以上では製品ないし商品としての財貨にかかる項目をみてきたが，造船業，重機械工業，建築土木業などのように生産ないし工事

を開始してから,その完成まで相当の長期間を要し,あらかじめ完成物の請負価額が取り決められている工事の収益認識についてはどうであろうか。このような工事を**長期請負工事**というが,企業会計原則によれば,この場合の収益の認識について,**工事完成基準**と**工事進行基準**とのいずれか一方の選択適用を認めている(注7)。

工事完成基準とは,工事が完成し,その物件の引渡しが完了することを待って,工事請負業者の側で,工事収益を認識する方法である。製品・商品販売にかかる実現主義の認識に相当しているといえる。

また,**工事進行基準**とは,工事の進行度合い(工事進捗度)に応じて工事収益を認識する基準である。これは発生主義による収益認識ということができる。工事の進行に応じて,新しい経済価値の増加がみられ,それを正確に受けとめて収益を認識していくからである[10]。

営業活動にかかる努力と成果とを正確に対応させて損益計算を行うことを目指している点で,工事進行基準による収益の認識の方が,工事完成基準による収益の認識よりも優れている。工事完成基準によれば,工事の完成年度に一時に多額の損益が計上されることになり,工事進行過程における営業活動の成果を考慮していないからである。

V 収益の測定

収益は原則として財貨および役務の引渡しを基礎とする実現主義で認識されるが,当該引渡しにより,**対価の確定=現金の受領および/または債権の確定**,が成立し,この事実をもって収益を測定することになる。企業会計原則は「すべての費用及び収益は,その支出及び収入に基づいて計上し……」(損益計算書原則一のA,傍点筆者)といっていて,収益は収入額に基づいて(費用は支出額に基づいて)測定すべきことを求めている。

つまり,収益の測定基礎は収入額であることを意味し,取引価額による収益の測定を意味していて,現金の受領のほか債権の確定をも含めた広義の収入額

第 2 章　収益の認識と測定　15

で測定すべきことを示している。

　この収入基準を現金の収入の時点での収益の認識（収益に関する現金主義による認識）と誤解してはならない。上記の要請は収益の測定にかかるものである。

　なお，この場合，現金の受領のほか債権の確定も含めての測定基礎がなぜ収入基準として理解されるかといえば，債権の確定も収入と同等視できるからである（現代社会では現金として換金したいと思えば，当該債権を即時に市場での現金取引に回して換金することができる）。早く換金しない場合の満期ないし決済時期に至るまでの現金受領にかかるリスクについては別途，貸倒引当金の処理を行えばよい。

〔注〕
(1)　金子宏教授「総論－権利確定主義は破綻したか－」『日税研論集』22号（1992年12月）16頁。
(2)　引渡しの「時期」の判定が問題となるが，これについては法人税基本通達 2－1－1 が参考となる。すなわち，財貨の出荷した日，相手方が検収した日，相手方において使用収益ができることとなった日，検針等により販売数量を確認した日等当該財貨の種類および性質，その販売に係る契約の内容等に応じその引渡しの日として合理的であると認められる日のうち法人が継続してその収益計上を行うこととしている日によるものとしている。
(3)　実現主義による収益認識の特徴としては，①これによって当該企業に帰属する価値量の金額的確実性を保証し，処分可能な貨幣性資産の裏付けを得られること，②収益の客観的に検証可能な証拠が得られること，③実現主義の基礎となる販売は，生産活動の終点であり，それ以後は利益獲得サイクルとして実質的に意味ある努力をこれ以上必要としない状態であること，④一般に販売が行われると同時に，これに対応する費用の額も確定するので，正確な期間損益計算を可能にすること，である（阪本安一教授『全訂財務諸表論』1967年，46頁，「混乱して用いられる『実現』の概念－実態と問題点」，『企業会計』30巻 9 号，28頁）。
(4)　割賦販売において商品を引き渡しても，特別に当該商品の所有権が買主に移転しないような契約が行われる場合がある。この場合には別途考慮する必要がある。
(5)　フランス1980年 5 月12日法律 1 条
(6)　フランスの会計基準（Plan Comptable Général, 1982, pp. 219-220）は，所有権留保条項付販売による債権を，売掛債権項目の内訳の所有権留保条項付売掛債権として明瞭表示する。売主は，債務者の債務返済力とか，経済的衰退により当該所有権留保条項付資産にかかる債権取立の成功に疑念があるときには，当該債権につき引当処理できるとしている。

(7) 財務諸表規則取扱要領第148。
(8) 品川芳宣氏「棚卸資産」『日税研論集』22号，62頁。
(9) 品川芳宣氏　同稿，65頁。
(10) 「工事進行基準の適用により計上される未収入額」については，企業会計基準委員会，2007年12月27日，企業会計基準第15号「工事契約に関する会計基準」は次の見解を表明している。

　「工事進行基準を適用した結果，工事の進捗に応じて計上される未収入額は，法的には未だ債権とはいえない。しかし，……，当事進行基準は，法的には対価に対する請求権を未だ獲得していない状態であっても，会計上はこれと同視し得る程度に成果の確実性が高まった場合にこれを収益として認識するものであり，この場合の未収入額は，会計上は法的債権に準ずるものと考えることができる。このため，工事進行基準の適用により計上される未収入額は，金銭債権として取り扱うこととした。

　この結果，例えば工事契約に関する入金があった場合には，計上されている未収入額から入金相当額を減額することになる。また，当該未収入額について，回収可能性に疑義がある場合には，貸倒引当金の計上が必要となる。」

〔本章（第2章）での補遺〕

　本章において，収益の認識を論じてきたが，ここでは期間損益計算における当期純利益の測定にかかる収益費用アプローチで重視すべき認識基準を基礎としてきた。ここでは，実現・利益獲得過程（an earning process）の完成によって収益を認識するという考え方が重視されている。

　ちなみに，国際会計基準（ＩＡＳ／ＩＦＲＳ）では成果計算（包括利益測定）を資産・負債アプローチによって行うという思考をとっており，資産・負債の増減変動によって収益を認識している。販売・売却契約を締結することによって企業は資産引渡し義務という履行義務（負債）を行うが，その履行義務の消滅に伴って収益を認識することとしている（以下，山田辰巳氏「ＩＡＳＢ会議報告（第72回会議）」『会計・監査ジャーナル』No.630, Jan.2008, 78〜79頁，および山中栄子氏「企業会計基準委員会（ＡＳＢＪ）と米国財務会計基準審議会（ＦＡＳＢ）による第3回協議の概要」同上誌，60〜61頁，を中心として記述していくこととする。）。

　企業が契約によって引き受ける履行義務は，「顧客対価額（customer consideration amount）」と，「法的解放金額（legal layoff amount）」との2つの考え方がある。前者の「顧客対価額」モデルは，「顧客対価額（販売契約によって顧客との間で合意された販売・売却価格）」を用いて企業の履行義務を測定するモデルである。このモデルでは，履行義務は，契約によって顧客との間で合意された金額とされ，契約が履行された場合には，この金額が収益に振り替えられるので，「契約時収益」は生じないことになる。このモデルは「配分モデル（allocation model）」と呼ばれる。

　後者の「法的解放金額」モデルは，「法的解放金額（企業に残存するすべての債務を履

行する法的な責任を引き受けてもらうために，測定日において第三者に支払わなければならない価格)」を用いて企業の履行義務を測定するモデルである。このモデルでは，顧客との契約額（例えば¥100とする）とその契約時点における法的解放金額（顧客に引渡すべき商品を卸売市場から¥80で調達できると仮定する）に差異がある場合には，契約当初において（すなわち，契約対象の物品・役務の引渡しが行われる前に）収益（¥20）が認識されることになる（これを「契約時収益」という）。このモデルは「測定モデル」と呼ばれる。

　上記2つのモデル，つまり「配分モデル（顧客対価額モデル）」と「測定モデル（法的解放金額モデル）」とについて，日本の企業会計基準委員会（ＡＳＢＪ）は，前者の顧客対価額モデルの方を好ましいと思っている。その理由は法定解放モデルに対しては，仮想的な義務移転取引を仮定することの意味と，測定の困難性という観点から疑問があるとされた。

　国際会計基準と調和化して成果計算として「包括利益」の算定・表示を行っていく際には，収益認識について，上記の顧客対価額モデルか，法的解放金額モデルに従って行われていくと想定される。「包括利益」の算定・表示を重視するとしても，日本ではその算定過程において「当期純利益」の表示を求めていくこととすれば，収益・費用アプローチで重視される実現・利益獲得過程の完成によって収益を認識するという考え方もとり入れられていくとみられる。

第3章　費用の認識と測定

I　仕入・購入に関する処理

　第2章で財貨・サービスないし給付のフローに関連して，とくに販売の側面の会計処理をみてきたが，次に仕入・購入およびそれに引き続いて対象となる生産ないし製造の側面について眺めてみよう。

　給付の企業への流入つまり仕入・購入の時点では一般に**取得原価**(acquisition cost)で記録する（企業会計原則・貸借対照表原則五）。この場合の取得原価には，引取費用等の付随費用が含まれる。企業が製造した財貨は製造原価で記録する。贈与その他無償で取得した財貨は公正な評価額をもって取得原価とする（貸借対照表原則五のF）。

　このように原価主義をとることは，費用の測定基礎が支出額であり，損益計算思考が**収支計算**であることと深く関連している。つまり，「すべての費用及び収益は，その支出及び収入に基づいて計上し，その発生した期間に正しく割当てられるように処理しなければならない（損益計算書原則一のA）」ということと関わっている。ここで費用および収益を「その支出及び収入に基づいて計上」するというのは，支出時及び収入時に計上すると解してはならない。支出額および収入額を基礎として計上することを示している。測定原則にかかるものであって損益計算思考を収支計算に置いていることを意味している。

　この場合の収支計算は，**支出**は貨幣資本の投下額，**収入**はその回収額として把握するのであり，結局は投下貨幣資本の回収計算として重視し，従って利益は投下貨幣資本を回収したさいの余剰を意味することになる。さらにいえば，取得原価を基にした費用の期間的配分額と実現収益との期間的対応によって，期間的経営成績を明らかにする。

　上記のように，給付の企業への流入の時点では一般に取得原価で記録するが，

それがそのまま決算に際しての貸借対照表上の記載価額となるわけではない。決算における貸借対照表作成時点での評価額，つまり時価に着目してみる必要があるからである。

　資産の**貸借対照表記載価額**は，原則として当該資産の取得原価を基礎として計上すべきだが（貸借対照表原則五），ただし，例えば商品，製品，半製品，原材料等の棚卸資産については，日本では「期末評価基準」として時価が取得原価より著しく下落したときは，回復する見込みがあると認められる場合を除き，時価をもって貸借対照表価額としなければならない（**強制低価評価**）。棚卸資産の貸借対照表価額は，時価が取得原価よりも下落した場合には時価による方法を適用して算定することができる（**低価法容認**）としてきた（企業会計原則・貸借対照表原則五のA）。つまり，一般的な時価下落については低価法の選択適用を認めてきた。

　しかし，このような原価法と低価法との選択適用に対しては，時価評価を重視する国際会計基準とは調和しない。そこで，企業会計基準委員会は，2006年7月5日，企業会計基準第9号「棚卸資産の評価に関する会計基準」を公表し，通常の販売目的で保有する棚卸資産については，収益性の低下による簿価切下げという考え方に基づき，低価法を強制することになった。

　また，当初から，加工や販売の努力を行うことなく，単に市場価格の変動により利益を得るトレーディング目的で保有する棚卸資産については，投資者にとっての有用な情報は，棚卸資産の期末時点の市場価格に求められる。また，当該棚卸資産は売買・換金に対して事業遂行上等の制約がなく，市場価格の変動にあたる評価差額が企業にとっての投資活動の成果と考えられるので，トレーディング目的で保有する棚卸資産については，市場価格に基づく価額をもって貸借対照表価額とし，帳簿価額との差額（評価差額）は，当期の損益として処理することとした（この点については，本書第7章で詳述することにしたい）。

　また，株式・債券などの有価証券については，市場価格のないものを除いて「保有目的等」の観点から，次の4項目，「売買目的有価証券」，「満期保有目的債券」，「子会社株式および関連会社株式」，「その他の有価証券（以上3項目に

分類されない有価証券で持合株式を含む)」を挙げることができる(金融商品会計基準)。

この中,「売買目的有価証券」は,時価で評価し,かつ評価差額は当期の損益として処理する。「満期保有目的債券」は,取得原価または場合により償却原価[1]で評価する。「子会社株式および関連会社株式」は,取得原価で評価する。「その他の有価証券」は,時価で評価し,評価差額は,洗替方式に基づき,資本の部に直接計上する (全部資本直入法)。

また,保守主義の原則の視点から評価益は資本の部に,評価損を営業外費用に計上する方法も採用できる (部分資本直入法)。

「売買目的有価証券」は常に時価評価が要請されるが,それ以外の「満期保有目的債券」,「子会社および関連会社株式」,「その他の有価証券」については,時価が著しく下落した場合 (概ね簿価の50%) は,回復する見込みがある場合を除き,時価をもって貸借対照表価額とする。他方,取引所の相場のないものは,実質価値が著しく低価した場合は,相当の減額をする (「金融商品会計基準」第三の二,6)。投資有価証券評価損や子会社株式評価損,親会社株式評価損などは特別損失に計上する。

売買目的有価証券の評価益は,原価主義・実現主義の観点から,これを計上することは批判されるが,「実現可能性 (realizable basis)」の基準を採用しているのである (後に詳論するが,「資産・負債アプローチ」に基づくとき,「実現可能性」基準を採用でき,「収益・費用アプローチ」) とは異なった視点が必要となっていることに注意を要する)。

II 費用配分の原則

企業がフローとして受け入れた給付のうち原材料,消耗品等の棚卸資産,および機械装置,備品等の固定資産は,工企業・製造業においては,製造の過程に投入・使用されて消費されていく。新しい製品を製造するためにこれらの棚卸資産や固定資産が使用されてその消費分が費用化され価値移転されていく。このように使用に伴う資産の取得原価の費用化に際して,適用されるのが**費用**

配分の原則である。

　同原則は資産の取得原価を基にして費用額が測定されていくことを要求するが，資産の種類に応じて**継続記録法**や**償却法**によって消費された原価部分を期間配分の費用として認識し測定していく。従って，費用配分の原則は取得原価（ないし支出原価）の期間配分という性格を重視して**原価配分の原則**とも称している。

　費用配分の原則によって，資産の消費されて費用化した部分の計上を求めるが，しかしまだ消費されないで企業内に保有されている部分を資産として計上することを求めることにも関わっている。つまり，費用配分の原則は，取得原価につき当期の費用として計上される部分と，翌期以後の費用（すなわち資産）として計上される部分との明確な区分処理を指導する原則であるといえる。

　しかし，注意すべきは費用は収益の場合のように，その期間に確定し計上された額が，そのまま当該期間の費用として最終的に計上されるものでないことである。その期間に発生したものとして，いったん計上された費用でも，それがその期間の収益のために要した費用でなくて，後の期間の収益のための費用であることが明確な場合には，これを後の期間の費用として繰り延べるべきである。かくして，費用と収益とを因果関係的に正確に比較できることになる。この場合に**費用収益対応の原則**（principle of matching costs with revenues）が機能しているわけである。

III　費用配分の原則と棚卸資産にかかる継続記録法・棚卸計算法

　企業がフローとして受け入れた棚卸資産はその取得原価を，**費用配分の原則**によってある期間に消費した部分（期間費用）と次期以降に消費する部分（棚卸資産として残留）とに分離することが求められる[2]。棚卸資産原価についてこの分離を指導する手続きとして**継続記録法**と**棚卸計算法**とがあり得る。

　継続記録法は棚卸資産の取得及び払出しのつど，これを記録して，常時その

有高を明らかにし，払出しによって生じた費用の量を確定する方法である。この方法によって，帳簿上で常に費用の発生量を知ることができ，財貨の未消費残高を確認でき，これと当該財貨の実際有高とを比較照合して，保管中における減耗量や払出量を区別して把握し，財貨の保管状態の良否を知ることができる。

また，**棚卸計算法**は期末において**実地棚卸**を行って，当該財貨の実在量を把握して，これを当該財貨の原価総額から差し引き，期中の払出原価を間接的に把握するものである。しかし，棚卸計算法のみでは不完全であって，継続記録法が行われて，**棚卸減耗損**を知ることができるのである。

さて，棚卸資産にかかる原価配分の原則が機能する方法として，企業会計原則注解注21では，「個別法」，「先入先出法」，「後入先出法」，「平均原価法」，「売価還元原価法」の五つを列挙している。

（イ）個別法

個別法とは，棚卸資産の取得原価を異にするに従い区別して記録し，その個々の実際原価によって期末棚卸品の価額を算定する方法である。個別法はまた**個別原価法**とも呼ばれ，財貨の払出しのつど，その費用発生額を確定・記録できる。その手許残高についても常に知ることができる。

個別法は個々の財貨につき，その原価が明らかな場合に限って採用される。例えば，規模の小さい企業など取り扱う財貨の種類や数が少ない場合に，この方法が採用される。また，貴金属宝石商，高級家具・大機械，建造物の製作者の場合のように，取扱量が少なくて高価格品を取り扱う場合にこの方法がとられる。財貨のフローという事実に最もよく即応した費用計算を可能にする。

（ロ）先入先出法

先入先出法（First In First Out Method；FIFO）は，最も古く取得されたものから順次払出しが行われ，期末棚卸品は最も新しく取得されたものからなるものとみなして棚卸品の価額を算定する方法である。

先入先出法では，財貨の比較的に古い原価のものから順次費用化して，比較的新しい取得原価のものが，期末棚卸高として残ることになる。財貨のフローの事実は先入先出的に推移している場合が多いので，この方法は当該事実に比較的良好に即応した費用計算を可能にする。上記のごとくいちいち個別法は適用し得ないが，財貨のフローの事実が先入先出的である場合には，この方法の適用がすすめられる。

(ハ)　後入先出法（Last In First Out Method；LIFO）

　後入先出法は最も新しく取得されたものから払出しが行われ，期末棚卸品は最も古く取得されたものから構成されるとみなして期末棚卸品の価額を算定する方法である。後入先出法では，期末に残存する棚卸高は，比較的古く受け入れたものが残る計算になるので，資産価額は通常古い原価のまま据え置かれ，費用の額は比較的新しい原価で計上されることになる。先入先出法の場合とまったく相反する結果となる。

　財貨のフローの事実が先入先出的に推移しているのに，棚卸計算において政策的に後入先出法を採用することは費用計算を故意に歪めるものとなる。財貨のフローの事実が先入先出的であるのに，例えば価格上昇がみられるからといって，名目利益の計上を排除する目的から安易に後入先出法に依拠するのは適切ではない。ちなみに，国際会計基準（IAS/IFRS）は，後入先出法を認めていない。

(ニ)　平均原価法

　平均原価法は，取得した棚卸資産の平均原価を算出し，この平均原価によって期末棚卸品の価額を算定する方法である。平均原価は**総平均法**（weighted average cost method）または**移動平均法**（moving average cost method）により算出する。

　総平均法は財貨の払出しのつど記録を行うが，その記録は単に数量だけにとどめ，1期間の終わりに，前期からの繰越額とその期間の受入金額との加算値

を除して，平均単価を算出し，これをもってその期間中の財貨の払出価額（単価）や期末有高を決定する方法である。

　　（前期繰越額＋当期受入額）÷（前期繰越数量＋当期受入数量）
　　　＝財貨の払出単価(原価)
　　財貨の払出単価×当期払出数量＝当期費用発生額

　この**総平均法**は，損益計算上で，1期間の払出単価を一定にする長所がある。しかし計算は1期間経過後でなければ確定しないので，期中において必要で正確な費用額を把握できないという欠陥をもっている。

　移動平均法は，財貨をその種類等の異なるごとに区分し，各区分につきそれらの受入れのつど，その受入高と従来の有高との平均単価を計算する[3]。そして，この平均単価を次の受入れ時までの払出単価として払出額を算定する方法である。一般に多くみられる財貨のフローの事実に即応した計算法といえよう。しかも，この方法によれば，例えば先入先出法のように払出・残高の数値において，同じ内容の財貨でありながら単価が部分的に相違するという欠陥を除去できる。

（ホ）　売価還元原価法

　売価還元原価法は，異なる品目の資産を値入率の類似性に従って適当なグループにまとめ，1グループに属する期末商品の売価合計額に原価率を適用して期末棚卸品の価額を算定する方法である。この方法は，取扱品種の極めて多い小売業および卸売業における棚卸資産の評価に適用される。

Ⅳ　費用配分の原則と固定資産の減価償却法

　企業がフローとして購入によって受け入れた固定資産の取得原価を，費用配分の原則によって1期間に消費した部分（期間費用）と次期以降に消費する部分（固定資産として残留）とに分離することが求められる。固定資産の取得原価につきこの分離を指導する手続きとして，減価償却がある。

固定資産，とくに機械装置，備品，建物のごときは**有形固定資産**といわれ，**無形固定資産**や**投資その他の資産**と区別されるが（企業会計原則は基本的に固定資産につき形態別分類法をとり，このように三つに分類する方法をとっている），すでにみてきた棚卸資産と異なり，原則として1年を超えて使用することを目的として所有する資産である。そこでこの有形固定資産につき，その取得原価を，使用可能な各期間に（全体期間を**耐用年数**という），一定の計画に基づいて規則的に費用として配分し，同額だけ資産の繰越価額を減じていく必要があり，この会計上の手続きを**減価償却**（depreciation）という。有形固定資産の大半はこの減価償却の適用を受けるが，**土地**のごとくその適用を受けないものもある。また，**建設中の固定資産**は**建設仮勘定**と呼ばれ減価償却の対象とならず，建設が完成したときに，相当額が建物，機械装置などの適切な勘定に振り替えられていく。

　減価償却は，償却資産に関する取得原価につき適正な期間配分を行うことにより，正確な損益計算に寄与することを目的としている。これによって固定資産への投下資本の回収を耐用年数の期間において可能にする。企業会計原則は固定資産の減価償却の方法として，**定額法，定率法，級数法，生産高比例法**を挙げている。その他，同種の物品が多数集まって1つの全体を構成し，老朽品の部分的取替を繰り返すことにより全体が維持されるような固定資産については，**取替法**を採用できるとしている（注解注20）。

（イ）定　額　法

　定額法は，固定資産の耐用年数において，毎期均等額の減価償却費を計上する方法である。

$$D = \frac{C}{n}$$

　　D：減価償却費，C：固定資産取得原価，n：耐用年数

　定額法は固定資産の減価が耐用年数の経過とともに，一定的ないし平均的に発生するものと想定して，償却費を毎期均等化しようとする。定額法は固定資産の使用度に著しい変化がない場合とか，資産の生産的給付可能量が時の経過

とともに減少していく場合とかに用いられる。

(ロ) 定　率　法

定率法は固定資産の耐用年数において，毎期の期首未償却残高に一定率を乗じて減価償却費を計上する方法である。

毎期の期首未償却残高に対して，償却率を適用して減価償却費を計上する。

固定資産の生産的給付可能量が時の経過とともに次第に低下することがあり，**不適応化**（固定資産が物理的にまだ使用可能状態であっても，経済環境や需要の変化により固定資産の経済価値を著しく減少させる現象）や**陳腐化**（物理的に使用可能状態であっても，技術の発達や新発明により，そのまま使用していては低能率となるため固定資産の経済価値を著しく減少させる現象）等により，固定資産の取得時点に近い期間により多くの償却を行う必要がある。このようなときに定率法が採用される。

(ハ) 級　数　法

級数法は定率法と同様，逓減的償却法に属するものであるが，算術級数を用いて償却し，初期での償却を定率法を適用した場合より緩和して行う償却方法である。第 p 年度の減価償却額は，次式で算定される。

$$C \times \frac{2(n-p+1)}{n(n+1)}$$

従って，固定資産への投下資本の回収も，級数法では定率法よりも遅れる結果となる。

以上の定額法，定率法，級数法による減価償却の推移をグラフで示してみると次頁の図のようになる。

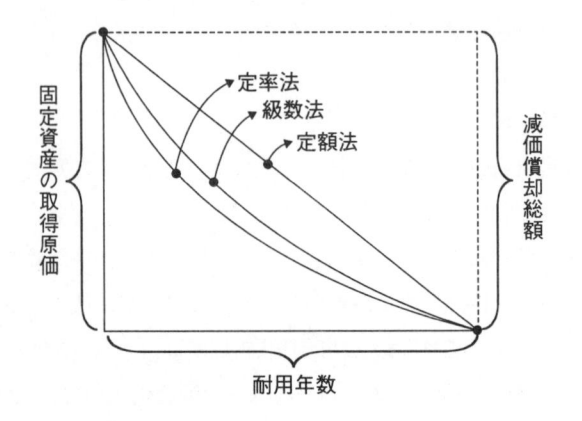

(ニ) 生産高比例法

生産高比例法は単に**産高比例法**とも呼ばれ、固定資産の耐用年数中、毎期当該資産による生産または役務の提供の度合いに比例した減価償却費を計上する方法である。この方法は、当該固定資産の総利用可能量が物理的に確定でき、かつ、減価が主として固定資産の利用に比例して発生するもの、例えば鉱業用設備、航空機、自動車等に適用される。

$$D = C \times \frac{1期間における実際生産量（または実際利用量）}{耐用年数中における予定生産量（または総利用可能量）}$$

生産高比例法は、上記のように耐用年数中における予定総生産量または総利用可能量が把握できている必要があるし、また、耐用年数中において使用固定資産に関連して環境変化、技術発達などがみられない比較的安定状態を想定できることを前提としている点で、その採用には一定の限界がある。しかし他面、生産物1単位当たりに計上される減価償却費を一定することになり原価計算に便利であり、また生産物の売価決定にも便利であるという特徴をもっている。

(ホ) 特殊な固定資産の原価配分法（取替法）

企業会計原則注解注20によれば、同種の物品が多数集まって1つの全体を構成し、老朽品の部分的取替を繰り返すことにより全体が維持されるような固定資産については、部分的取替に要する費用を収益的支出として処理する方法

（取替法）を採用することができるといっている（傍点筆者）。

取替法は，当初の取得原価を固定資産の価額として処理し，それ以後はその減価を考慮せず償却を行わず，取得原価をそのまま帳簿価額としておく。そして，実際に破損等の理由で取替を行ったときに，新資産を取得するために支出した額をその期の費用として処理する方法である。

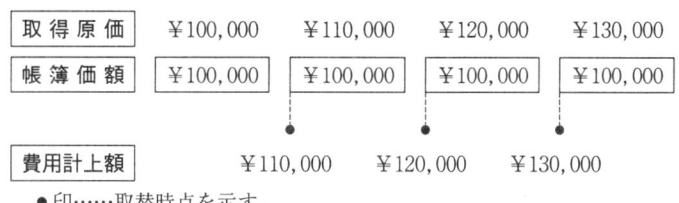

取得原価	¥100,000	¥110,000	¥120,000	¥130,000
帳簿価額	¥100,000	¥100,000	¥100,000	¥100,000
費用計上額		¥110,000	¥120,000	¥130,000

●印……取替時点を示す。

取替法は鉄道運送業における軌条（レール）・枕木，製造業の工具・電柱のように同一目的のために同一単位・同一種類で，一部を取り替えて，固定資産全体としての価値を把握するために用いられる。

上記の指摘で，**収益的支出**の意味は，固定資産にかかる支出であっても，支出の時期の費用として処理する場合をいう。収益的支出に対するものとして**資本的支出**がある。これは固定資産にかかる支出であり，固定資産原価を構成したり，これに加算すべき支出をいう。資本的支出とするのは，通常，支出によりある固定資産の耐用年数が延伸する場合とか，価値が増加する場合とかに合致することである。

V 費用の測定

費用の測定は，支出額を基礎にして行われる（企業会計原則・損益計算書原則一のA）。投下貨幣資本の回収高としての収益の測定基礎が収入額であるのに対して，投下貨幣資本の消費高としての費用の測定基礎は支出額である。

この場合の支出額は，当期の支出額のほか，過去の支出額および将来の支出額をも含む広義の支出額である。大抵の費用は当期の支出額に関わっている。例えば給料賃金，通信費，水道光熱費のごとく支出と同時に消費される項目が

挙げられる。しかし、開発費のごとく支出による収益性効果が将来に期待されるときには、繰延べが行われる。

また過去の支出額が当期の費用となる場合としては、例えば、固定資産の支出にかかる取得原価の期間配分のケースが挙げられる。減価償却によって、過去の支出額たる取得原価が耐用年数の経過に応じて期間配分されるが、その当期分が費用として処理されるのである。

さらに、将来の支出額が当期の費用となる場合としては、例えば継続的に役務の提供を受け、対価の支払額が確定していて、支払日が到来していない場合の費用が挙げられる。例えば、地代、家賃のごときで、一方（借方）で費用として計上し、他方（貸方）で未払地代、未払家賃として計上する。そして、将来の支出額が未確定でも、将来の支出にとっての原因となる事実が当期に発生している場合のその支出見積額を、当期の費用として計上することがある。例えば、退職給付引当金のごとき引当金の計上額がこれである。退職金は従業員の在職年数に応じて支払われるのであり、将来の退職金支払の原因となる在職期間の生起（発生）が当期にみられるので、その支払見積額を引当計上すべきこととなる。

以上のごとく、費用の測定が支出額を基礎として行われるのは、実際の取引による取得原価によっており、そのことは、客観的でかつ検証可能な証拠による測定を重視しており、監査の実施に寄与するものとなっている。

〔注〕
(1) 「金融商品会計基準（Ⅳ・16）」によれば、債券を債券金額より低い価額または高い価額で取得した場合において、取得価額と債券金額との差額の性格が金利の調整と認められるときは、その差額を弁済期に至るまで毎期一定の方法で貸借対照表価額に加減する方法を「**償却原価法**」と呼んでいる。
(2) **費用配分の原則**の適用につき、工企業と商企業の場合について若干の配慮が必要である。工企業のうち製造部門では、第一次的に製造に関する費用として、その消費額が配分され、仕掛品または製品の価額となり、その後第二次的に製品が販売されたものについて、期間費用たる売上原価として配分されるのである。商企業では、売上高に個別的対応がみられる商品の取得原価は、原則として販売のつど期間費用たる売上原価として配分される。

(3) 平均原価法である**移動平均法**，その他の原価配分法である**先入先出法**，**後入先出法**を実際に適用した場合に，どのように相違するかを次に＜設例＞を示して明らかにしてみよう。

―――＜設　例＞―――

　ある商品の受入・払出しは次のとおりであった。これに基づいて，先入先出法，後入先出法，移動平均法を適用した場合の最終時点（4月6日）での棚卸金額を求めよ。

```
4／1  繰 越 高   40個  単価￥200  金額￥8,000
  2  受 入 高   60〃       220        13,200
  3  払 出 高   50〃       …
  4  受 入 高  150〃       250        37,500
  5  払 出 高  100〃       …
```

・先入先出法による場合

日付	摘要	受入			払出			残高		
		数量	単価	金額	数量	単価	金額	数量	単価	金額
4／1	繰越	40	200	8,000				40	200	8,000
2	仕入	60	220	13,200				{ 40 　60	200 220	8,000 13,200
3	売上				{ 40 　10	200 220	8,000 2,200	50	220	11,000
4	仕入	150	250	37,500				{ 50 　150	220 250	11,000 37,500
5	売上				{ 50 　50	220 250	11,000 12,500	100	250	25,000

先入先出法による最終時点の棚卸金額は￥25,000（単価￥250のものが100個）である。

・後入先出法による場合

日付	摘要	受入			払出			残高		
		数量	単価	金額	数量	単価	金額	数量	単価	金額
4/1	繰越	40	200	8,000				40	200	8,000
2	仕入	60	220	13,200				40 60	200 220	8,000 13,200
3	売上				50	220	11,000	40 10	200 220	8,000 2,200
4	仕入	150	250	37,500				40 10 150	200 220 250	8,000 2,200 37,500
5	売上				100	250	25,000	40 10 50	200 220 250	8,000 2,200 12,500

　後入先出法による最終時点の棚卸金額は¥22,700（単価¥200, ¥220, ¥250のものがそれぞれ40個, 10個, 50個）である。

・移動平均法による場合

日付	摘要	受入			払出			残高		
		数量	単価	金額	数量	単価	金額	数量	単価	金額
4/1	繰越	40	200	8,000				40	200	8,000
2	仕入	60	220	13,200				100	212	21,200
3	売上				50	212	10,600	50	212	10,600
4	仕入	150	250	37,500				200	240.5	48,100
5	売上				100	240.5	24,050	100	240.5	24,050

　移動平均法による最終時点の棚卸金額は¥24,050（単価¥240.5のものが100個）である。

第4章 費用収益対応の原則

I 費用収益対応の原則の意義

　企業の経営成績を把握し，正確な期間損益の計算のための会計処理を要求する指針としての原則が**費用収益対応の原則**（principle of matching costs with revenues）である[1]。1期間の収益に対して関連性をもつ費用を計上表示することを要求するものである。

　企業の費用は経営活動の努力を示し，収益はその努力から生まれる効果を示している。従って，正確な損益計算を行うには，収益および費用は生産にかかる経営活動の進行に伴って発生するがままに，これを認識・計上することが必要である。すなわち，発生主義による認識基準が要請される。

　フローとして受け入れた原材料を生産過程に投入し，これに労働力の参与がみられて，新しい経済価値が付け加わる。例えば，フランスで収益という概念を生産された給付を意味するものとしての《produits》（プロデュイ）という用語が用いられているのは，発生主義の概念に着目しているわけである。

　しかし，収益に対して発生主義の原則を適用することは，市場テストによる対価が確定しておらず収益を金額的に不確実なままに計上することになる。収益の額は市場における販売によって確実化するから，生産による価値増殖つまり発生の時点で計上しても，将来その販売によって金額が確定したとき，以前に収益として計上した金額は，これを修正する必要性が生じる。そこで，収益の計上に対しては，原則として実現主義が採用されるわけである。

　期間損益において，費用は発生主義によって計上され，費用配分の原則によって期間計上額が明らかになる。しかし，収益は実現主義によって期間割当が確定する。収益は，その創造に要した費用の発生のときより遅れて実現するのが通常であるから，期間損益として計上される費用と収益とを因果関係的に

比較する際，時間的ズレが生じることになる。

そこで，実現収益とこれと因果関係をもつ発生費用との間に，通常存在する時間的ズレを調整して，一定の期間に両者を計上するため，発生費用の中から1期間の実現収益のために要した費用だけを取り上げて，収益と比較対応する必要がある。その他の費用は，これを他の期間の収益に対応させるために繰延べ，繰戻しまたは見積り計上の処理をする。このような費用の再配分の指針を示すものが**費用収益対応の原則**である。収益認識にかかる実現時と，費用認識にかかる発生時との間に生ずる時間的ズレを調整する役割を費用収益対応の原則が果たしている。

費用配分の原則の適用によって，いったん期間費用として配分された費用は，費用収益対応の原則によって期末時点で再検討を加え，当期の収益に対応させる部分と，後の期間に繰り延べたり前の期間に繰り戻す部分とに分けたりする。さらに費用収益対応の原則は，後期に発生を予定される費用の中から，当期の収益に課すべき費用とみられるものを，当期の収益に対応させるため，当期に見越し計上することもある。

例えば経営活動で使用する機械の減価償却費は，費用配分の原則によって当期計上分が確定するが，しかしこの中で，当期の収益（売上）のための費用（売上原価）を構成する売却済製品の原価となる減価償却費は，損益計算上，当期の費用に計上する。しかし，後の期間の売上のための費用となる部分（繰越し対象の期末棚卸製品，仕掛品など）に課する減価償却費は，いったん当期の費用として計上しても，費用収益対応の原則が機能して，後の期間に繰り延べることとなる。

また，見越費用にかかる貸倒引当金，景品引換引当金，アフター・サービス引当金の設定によって計上する貸倒損失，景品費，アフター・サービス費などは，後の期間に確定するが，当期の売上を実現するために貢献した費用とみられ，これを当期の収益に対応させるために見積り計上する。これらの処理は，費用配分の原則によるものではなく，費用収益対応の原則にかかるものである。

費用配分の原則は，期間費用計上に関する原則であるが，この原則のみでは，

期間損益計算は完了しない。当該原則によって計上された費用は，さらに費用収益対応の原則によって再吟味される必要がある[(2)]。

費用配分の原則は，時の経過，財貨の消費量・残留量などを基礎として，費用をその発生した期間に配分することを要請する原則であるが，費用収益対応の原則は，収益を基礎として期間費用を最終的に計上するために機能する原則であり，これによって期間損益計算の正確性を保証するものとなる。

II　記録計算原則としての費用収益対応の原則と報告原則としての費用収益対応の原則

期間損益計算の実施のためには，当期において商品，製品，役務などの売上によって実現した収益の額を確定する。次いで，費用配分の原則によって当期の発生費用として配分された費用の中から，当期の実現収益のために要したとみられる費用部分を，費用収益対応の原則によって確定し，当期の費用に計上する。

例えば，当期仕入高の中，期末棚卸高として残存する部分は，当期の売上原価を構成しない。後の期間の収益のために貢献する費用として期末に資産として計上する。つまり，費用の繰延べを行う。

また当期に発生した販売費や一般管理費は，主として当期の売上のために消費した費用とみられ，それらを全額当期の売上に対応する費用として，当期費用に計上する。後の期間への繰延べの手続きは原則としてとらない。しかし，例えば販売関連で取り上げられる新市場開拓のための大規模な広告宣伝費のごときは，将来の売上高の実現に貢献する可能性があり，これを**開発費**として繰延べ処理を行う。

いま運賃について，仕入運賃と販売運賃の場合をみてみよう。材料や商品の仕入にかかる運賃のごとく財貨の取得に関連する付随費用は，直接に販売のための費用を形成しないで，材料や商品の取得原価を構成する（企業会計原則・貸借対照表原則五）。そこで，これは期末棚卸高の原価を構成する部分と，当期の

売上商品の原価を構成する部分とに配分し,その期末棚卸高に含まれる部分は,期末棚卸高の原価として後の期間に繰り延べる。

しかし,販売にかかる運賃は販売費として,すべて期間費用に計上する。このように仕入にかかる運賃と販売にかかる運賃とにつき処理を異にするのは,費用収益対応の原則の機能によって,当期収益に負担させることが適切か否かに基づくものである。

費用収益対応の原則は,上記のごとく発生費用の期間計上額の決定の基礎となるが,当期の収益に課すことを適当とする費用があるときは,これを見越し計上することを求めていくのである。貸倒償却やアフター・サービス費のごとき**事後費用**[3]を引当金として計上する場合がこれである。

費用収益対応の原則は,費用および収益の期間計上額を決定するための原則である。それは会計上の記録計算を指導する原則であるから**記録計算原則**(recording principle) としての性格をもっている。

ところが,費用収益の対応計算の結果,その対応関係を明瞭表示することを要求されることがある。これは**報告原則**(reporting principle) **としての費用収益対応の原則**として位置づけられる。この報告原則としての費用収益対応の原則を単に**対応表示の原則**[4]とも称している。費用収益対応の原則を,この対応表示の原則を指すものと狭義に解している見解も多い。

企業会計原則・損益計算書原則一Cで「費用及び収益は,その発生源泉に従って明瞭に分類し,各収益項目とそれに関連する費用項目とを損益計算書に対応表示しなければならない」と指摘しているのは,この報告原則としての費用収益対応の原則(対応表示の原則)を意味しているとみられる。

しかし,費用収益対応の原則は,すでにみたごとく費用認識における発生主義と,収益認識における実現主義とを調和化する必要から生じた原則であって,記録計算原則の1つである。それが報告原則と位置づけられるのは,同原則が明瞭性の原則に貢献するものと取り扱われているからである。また,記録計算原則としての費用収益対応の原則が基礎的に重視されて,報告原則としての対応表示の原則が機能するものとみられるのである[5]。

対応表示の原則は，財務諸表の区分表示の一方法として，相互に関連する2つの項目を比較し易いように対応的に表示することを求める報告原則である。損益計算書においては，各収益項目とこれに対応する費用項目とを比較対照し易いように，区分表示することを求めるのである。

一般に損益計算書が，**当期業績主義**（次章で詳述する）によって作成するときは，当期の営業活動の結果に基づく実現収益と，これに要した費用とを因果関係をたどって対応させて，業績利益（営業利益）の算定表示をする。そして，営業外活動に基づく費用収益は，別に営業外費用および営業外収益として区分表示する。ここでは，両者の因果関係はうすくなり，期間的な関連性の視点から対応表示を求めているのである。この段階で経常利益を算定する。

対応表示の原則が機能するのは経常利益の段階までであって，これ以降の損益項目にはとくに対応関係はみられない。すなわち，企業会計原則・損益計算書原則一で「損益計算書は，企業の経営成績を明らかにするため，一会計期間に属するすべての収益とこれに対応するすべての費用とを記載して経常利益を表示し，これに特別損益に属する項目を加減して当期純利益を表示しなければならない」と指摘しているのは，経常利益算定段階までは対応関係が存在しているとみているわけである。

他方，損益計算書を**包括主義**（次章で詳述する）で作成するとき，費用収益の因果対応は，当期業績主義ほどには重視しない。この場合には，通常，収益と費用とは，期間を基礎として比較対応表示し，処分可能利益の算定表示を主目的とし，業績利益のそれを従たる目的としているためである。

Ⅲ 対応関係の吟味

上記のごとく企業会計原則・損益計算書原則一では経常利益算定段階までには対応関係が存在しているとみていた。いま，このような対応関係がどのような中身のものかをもう少し掘り下げてみておきたい。

個別的対応 経常利益算定にかかる経常収益と経常費用とには期間的関連性による対応関係がみられ，経営活動の経常的業績の判断を下す際の重要な手掛りを与える。しかし例えば，売上高と営業費用との間には期間的対応関係より深い個別的対応関係がみられる。

売上高と営業費用中の売上原価との対応関係をみてみよう。そこには生産物としての給付を媒介として認識される対応関係，つまり個別的対応関係が存在している。棚卸資産の増減記録に継続記録法を採用している場合にはとくに個別的対応関係が顕著になる。その典型は継続記録法にあってとくに**個別原価法**を採用している場合である。

個別原価法を採用していなくとも，仕入・販売にかかる給付のフローの実際の状況が先入先出的である場合には，棚卸計算に継続記録法として先入先出法を採用すれば売上高と売上原価との間に個別的対応関係が成立することになる。しかし，給付のフローの実際状況が先入先出的であるのに，例えばインフレによる価格上昇分を利益に反映させないために政策的に後入先出法を採用すれば，売上高と売上原価との間には正確な個別的対応性は存在しなくなる。

また，継続記録法であっても総平均法を採用して払出原価を算定する場合には，期末に一括して売上原価が算定され，厳密な意味での個別的対応関係がみられなくなる。つまり，売上と売上原価との個別的対応関係を重視するに当たり，生産・販売の対象となる給付の実際のフローの状況をよく観察し，それに適合した棚卸計算法が採用される必要があるのである。

次に，売上高と売上原価以外の営業費（販売費および一般管理費）との対応関係をみてみよう。給付の原価の計算が製造原価を基礎に行われて売上原価を算定する場合は，販売費および一般管理費は**製造原価**に算入されない。しかし，これら販売費および一般管理費は売上高との関連性は深いのである。ただ，製造原価の算定領域に比べて販売費および一般管理費の存在領域の原価処理法が不十分・未発達であるために，本来行われるべき個別的対応の処理が行われないのである[6]。また，一般管理費は，製造過程と販売過程の両過程に関わって貢献しており，この点を考慮すると，厳密には一般管理費を製造費用（原価）

に属するものと販売費に属するものとに分け，個別的対応関係を重視して売上収益との対応関係を見出していくべきである[7]。そのような分離が難しいから，一般管理費を販売過程に属する販売費と同類視して一括処理するのは便宜的であるという批判が投げかけられよう。

　給付の原価の計算を製造原価に限定する限り，上記の難点が生じる。製造過程だけでなく販売過程を含む全営業過程に及ぶ原価計算，つまり**総原価**計算の実施も要請されることになる。とにかく企業会計原則では製造原価計算を基底とする売上原価算定を重視する立場をとっていることに留意すべきである。

　売上高と売上原価とを対応表示して売上総利益を算定する，そこからさらに販売費および一般管理費を対応させて営業利益を算定する。この営業利益算定段階に至る領域には可及的に個別的対応関係を重視して収益費用表示をすることが要請される。

　期間的対応　すでにみたように，企業会計原則は，経常利益算定段階までは対応関係が存在するとみているが，経常利益は上述の営業利益に営業外収益・費用を加減して算定する。営業外収益・費用は，主たる営業活動以外の活動から生じており，経常的に発生するものである。

　いずれも，その主要な項目は金融上の収益・費用であり（銀行・保険業に属する企業では，この種の金融上の収益・費用は営業収益・費用になることはいうまでもない），期間を媒介として費用収益の対応関係を把握するのであり，期間的対応がみられるとするのである。営業利益算定段階では生産された給付を媒介として個別的対応関係を重視していたが，営業外収益・費用の区分では個別的対応関係は希薄となり，期間を媒介とした期間的対応関係を認識するのである。

　もっともこのような金融的性質の営業外費用として一般に把握しても，例えばブドー酒製造業の企業のごときブドー酒熟成に長期間を要する場合には製造給付との関連性がみられ，給付との個別的対応関係を重視して原価性を有するものとして理解していく必要性もみられ[8]，このような場合の項目は，原価への算入を考え営業費用として把握していくべきであろう。しかし，通常は金融

上の収益・費用は期間的対応にかかるものとして営業外収益・費用として捉えていくことになる。

営業外収益には，受取利息および割引料，有価証券利息，受取配当金，仕入割引その他の金融上の収益，有価証券売却益，投資不動産賃貸料などが含まれる。この場合の**仕入割引**がなぜ金融上の収益に含まれるかの根拠は，仕入先に対する仕入代金にかかる負債につき，これを一定の契約期間内に支払ったとき，先方がその代金の一部の免除をした場合の免除額が割引料に相当するとみられるからである（このことにより，売上割引も金融上の費用に属するとみて，営業外費用として取り扱うのである）。また，ここでの有価証券売却益は流動資産として所有している有価証券を売却した場合の売却益であり，関係会社有価証券や投資有価証券のごとく長期所有にかかる固定資産としての有価証券を売却した場合の売却益は，特別利益（後述）として取り扱う。

営業外費用には，支払利息および割引料，社債利息その他の有価証券利息，社債発行費償却，社債発行差金償却，新株発行費償却，創立費償却，開業費償却，売上割引，有価証券評価損，有価証券売却損などが含まれる。

上記のごとき主として金融上の項目としての営業外収益・費用は，経常的に生起可能性を有するものであり，一般に個別的対応関係はみられないが，期間的対応関係はあるとして，経常利益算定段階で位置づけるのである。

Ⅳ 特別損益

特別損益 特別損益は，営業利益，経常利益と異なり経常性を有しない損益である。特別損益項目は，損益計算書で経常利益に加減算し，税引前当期純利益を算定する。税引前当期純利益から当期法人税・住民税を差し引き（還付税があるときはこれを加算して）[9]，当期純利益を算定する。

企業会計原則によれば，特別損益は**臨時損益**と**前期損益修正損益**に分けられる（注解注12）。**臨時損益**として，
① 固定資産売却損益

② 転売以外の目的で取得した有価証券の売却損益
③ 災害による損失

が含まれ[10]，**前期損益修正損益**として，

① 過年度における引当金の過不足修正額
② 過年度における減価償却の過不足修正額
③ 過年度における棚卸資産評価の訂正額
④ 過年度償却済債権の取立額

が含まれる。しかしこれらの列挙項目にあって，金額の僅少なものまたは毎期経常的に発生するものは，経常損益計算に含めることができる。

臨時損益としての，

① 固定資産売却損益は，土地，建物，機械，備品などの固定資産を売却した場合の損益（売却価額と帳簿価額及び売却費用の合計額との差額）である。固定資産は，本来売却目的の財貨ではなく，長期の使用目的財貨である。しかし，取替・経営改善のため，遊休財貨の処分のため，これを臨時的に売却することがある。そのさいの売却損益は経常性をもたず臨時損益とする。
② 転売以外の目的で取得した有価証券の売却損益は，通常投資目的で所有している有価証券を売却した場合の損益である。転売の目的で取得した有価証券の売却損益は，経常性を有しているので既述のごとく営業外損益項目に含める。
③ 災害による損失は，臨時的な火災・地震・風水害などによって商品，建物などが焼失・損傷を受けた場合の損失である。

さて**前期損益修正損益**としての，

① 過年度における引当金の過不足修正額は，例えば，修繕引当金，製品保証引当金，景品費引当金などの過年度における過大計上額に起因して今年度に戻入額として処理する場合，特別修繕引当金，退職給付引当金，工事補償引当金などの過年度不足計上による今年度追加計上額（また逆に過年度過大計上の訂正にかかる今年度戻入額）として処理する場合である。
② 過年度における減価償却額の過不足修正額は，過年度の減価償却費が不

足であると判明したとき，その不足分を今年度追加計上したさいの費用（または逆に過年度の減価償却費が過剰であったとき，その過剰分を減価償却累計額からの減額）の処理の場合である。

③　過年度における棚卸資産の訂正額は，例えば，棚卸資産の棚卸方法の変更による評価減または評価増を過去にさかのぼって計上した場合である。

④　過年度償却済債権の取立額は，取立不能額をすでに確定し，これを損失として計上済みであったものが，事情の変化によって一部または全部の支払をうけたとき，この収入額を過年度損益の修正額とする場合である。

〔注〕
(1)　阪本安一教授『全訂財務諸表論』1967年，137頁。
(2)　同上書，139頁。
(3)　**事後費用**（after cost）とは，収益が実現によって確定した後に，当該収益に関連して発生する費用である。
(4)　森田哲彌教授は，この「対応表示の原則」という用語よりも，むしろ「対照表示の原則」といった方がよいとされる。森田哲彌教授「費用収益対応の原則」『近代会計学大系Ⅱ（損益計算編）（黒澤清教授編）』1973年，41頁。
(5)　同上稿，41頁。
(6)　Paton, W. A. and A. C. Littleton, *An Introduction to Corporate Accounting Standards,* 1940, pp. 70-71.
(7)　番場嘉一郎教授『棚卸資産会計』1963年，230頁。
(8)　番場嘉一郎教授監修・野村健太郎編『フランス会計論』1982年，187頁を参照されたい。
(9)　事業税は税引前当期純利益から控除しないで，営業費用項目とする（「財務諸表等の監査証明に関する省令取扱通達」(四－七))。
(10)　会社計算規則119条2・3項では，このほか「減損損失」も含むとしている。

第5章　損益計算書の様式

I　企業会計原則上の損益計算書

損益計算書は，企業の一会計期間の経営成績を明らかにする書類である。すでに第4章でみたように，企業会計原則によれば損益計算書は企業の経営成績を明示することを主要目的としている。

損益計算書は，実現主義の原則および費用収益対応の原則を基礎として作成するが，形式的に，企業会計原則は，区分表示の原則（損益計算書原則二）および総額主義の原則（同一のB）を機能させることを求めている。

本来，企業の生産過程において，材料・労働力のごとく財貨・役務からなる生産要素を費消することによって新しい価値が形成されてくる。このような価値形成を通じて収益認識基準としての発生主義が把握される。現金収入ではなく，価値形成に着目する。これが**発生主義会計**であって「もっぱら企業に属する財貨・役務の経済価値の増加減少の事象を対象として，収益および費用を認識し計上することを会計処理の一般的基準として採用する会計[1]」である。

発生主義会計は，正確な期間損益計算を可能にし，1期間の企業業績を的確に測定することを可能にする。発生主義会計を厳格に解釈すれば，収益を発生主義に基づいて認識計上することは，財貨の生産による経済価値の増加の時点でこれを認識することである。

しかし，一般的な**見込生産の場合**，生産による経済価値増加の段階で客観的で確実な価額が把握されないことが多い。そこで，客観的で確実な価額を把握することを重視するときは，財貨が販売によって確実化する時点で収益として認識計上する。これが収益認識における**実現主義**である。これを広い意味における発生主義会計の次元に属するものとして一般に受容されている。

何故に客観的で確実な価額を得ることを重視するかといえば，一つには，会

計上の利益として分配可能性が考慮されるべきであるからである。企業利益は，最終的には配当や役員賞与金等として分配されるべきであり，貨幣性資産の裏付けを必要とする。貨幣性資産の裏付けは，一般に販売を通じて確保されうる。ちなみに，利益の分配可能性の要請は，保有中における財貨の価値増加は評価益ではあっても未実現として損益に計上することを要しないものとするのである。

また，客観的で確実な価額が得られることは信頼性に富む検証可能な証拠の入手を可能にして監査にも充分耐えうる内容を備えさせる。

しかし，客観的で確実な価額を強調するのであれば**現金主義**こそ最適である。現金主義では，財貨・役務の引渡しつまり販売の時点ではなく，その対価として現金を受領したときに収益を認識計上する。現金主義では，費用についても財貨・役務の費消の時点ではなく，費消すべき財貨・役務の取得の対価として，現金を支出したときに，認識計上する。つまり，現金の収入と支出の差額をもって損益とする。しかし，現金主義は，企業経営活動の実態描写を重視して財貨・役務の価値変動の把握を尊重する発生主義に比べて現金の流れにしか着目しないという点で問題を抱えている。

ところで，収益・費用の測定基準として，企業会計原則は「すべての費用及び収益は，その支出及び収入に基づいて計上し，……」(損益計算書原則一のA)といっている。これは**測定基準**における収支主義ないし取引価額主義と呼んでいる。これは，収益を収入額，費用を支出額に基づいて測定することを求める基準である。この場合の収入額・支出額は，現在の収入・支出に限られない。過去および将来の収入・支出も含意されている。つまり，企業と取引先ないし第三者との間で同意されまたは同意されるべき客観的な価額に基づいて，収益および費用が測定されるべきことを意味しているのである。このような収支主義ないし取引価額主義は測定基準であって，認識基準としての現金主義とは異なっている点に注意を要する。現金主義は，収益および費用の認識計上を行う基準として把握されているのである。

要するに，期間損益は，認識基準としての実現主義，測定基準としての収支

主義ないし取引価額主義（取得原価主義）を基礎として意義づけられる。実現主義・取得原価主義の体系が期間損益計算の根底に位置づけられているのである。

Ⅱ 損益計算書と区分表示の原則

　上にみたように，損益計算書は形式的には区分表示の原則と総額主義の原則を機能させることを求めている。**区分表示の原則**とは，「損益計算書は，企業の経営成績を明らかにするため，一会計期間に属するすべての収益とこれに対応するすべての費用とを記載して経常利益を表示し，これに特別損益に属する項目を加減して当期純利益を表示しなければならない」（損益計算書原則一）ことを示し，さらに損益計算書には営業損益計算，経常損益計算および純損益計算の区分を設けている（同二）。上記のように，**企業会計原則による損益計算書**は，最終的に表示すべきものは当期純利益であるとしている。

　当期純利益の算定に至るまでの狭義の損益計算書において，3区分方式，つまり，**営業損益計算**，**経常損益計算**，**純損益計算**の3区分の計算方式を求めていることに注目される。ここに営業損益計算においては，仕入，製造，販売，管理の諸機能の貢献による損益の算定をまず求める。経常損益計算においては，営業損益のほかに，さらに経常的意味の金融投資活動による業績も取り入れた損益の算定を求める。毎期の経常的活動に基づく比較的生起する確率の高い収益・費用による損益が表示される。従って，経常損益は企業間比較に適している。1974年（昭和49年）改正以前における旧企業会計原則では，**包括主義**ではなく**当期業績主義**による損益計算書方式をとっていたが，そこでは，経常的活動の業績の表示までを重視し，これを「当期純利益」として位置づけ，経常的活動によらない損益項目を利益剰余金計算書の記載項目としていたのである。以下に企業会計原則による損益計算書様式の雛型を示してみる。

損益計算書様式の雛型（売上高は「消費税抜き」とする）
企業会計原則による損益計算書
自平成　年　月　日　至平成　年　月　日

営業損益計算
　売　上　高　　　　　　　　　　　　　　　　　　×××
　売　上　原　価
　　期首商品（または製品）棚卸高　　　×××
　　当期商品仕入高(または当期製品製造原価)　×××
　　　合　　　　計　　　　　　　　　×××
　　期末商品（または製品）棚卸高　　　×××　　×××
　　　売　上　総　利　益　　　　　　　　　　　×××
　販売費及び一般管理費
　　給　　　　料　　　　　　　　　　×××
　　退職給付引当金繰入額　　　　　　×××
　　減　価　償　却　費　　　　　　　×××　　×××
　　　営　業　利　益　　　　　　　　　　　　　×××
経常損益計算
　営　業　外　収　益
　　受取利息・割引料　　　　　　　　×××
　　有価証券売却益　　　　　　　　　×××　　×××
　営　業　外　費　用
　　支払利息・割引料　　　　　　　　×××
　　有価証券評価損　　　　　　　　　×××　　×××
　　　経　常　利　益　　　　　　　　　　　　　×××
純損益計算
　特　別　利　益
　　固定資産売却益　　　　　　　　　×××
　　前期損益修正益　　　　　　　　　×××　　×××
　特　別　損　失
　　災　害　損　失　　　　　　　　　×××
　　前期損益修正損　　　　　　　　　×××　　×××
　　　税引前当期純利益　　　　　　　　　　　　×××
　　　法　人　税　等　　　　　　　　　　　　　×××
　　　当　期　純　利　益　　　　　　　　　　　×××

　上記損益計算書における「売上原価」について解説しておきたい。売上原価については，売上高に対応する商品の仕入原価または製品の製造原価を記載するが，商企業の場合は，期首商品棚卸高に当期商品仕入高を加算し，これから

期末商品棚卸高を控除する形で示すものとし,工企業(製造業)の場合は,期首製品棚卸高に当期製品製造原価を加算し,これから期末製品棚卸高を控除する形で示すものとする。これによって売上原価の計算過程が明瞭になる。

1	期首商品(製品)棚卸高	×××	
2	当期商品仕入高(当期製品製造原価)	×××	×××
3	期末商品(製品)棚卸高		×××
	売上原価		×××

Ⅲ 当期業績主義と包括主義

　発生主義会計において,発生主義に基づく費用の認識計上にさいして,費用配分の原則が重要な会計処理の指針となる。実現収益と発生費用との計上に係る期間的ズレを調整し,企業の経済的な努力と効果とを示すように費用と収益の対応表示を求める費用収益対応の原則が期間損益計算における重要な一般的指針として位置づけられる。

　当期業績主義(current operating performance basis)による損益計算は,当期の経常的な収益と費用とを対応表示することを要求する。期間利益の比較可能性を確保するため,規則的かつ反復的に発生する可能性ないし蓋然性の高い収益・費用項目のみを損益計算書に計上して経常的損益を表示し,臨時的・偶発的損益および前期損益修正的・非期間的損益項目は,期間損益計算に含めない。

　例えば,固定資産売却損益,災害による損失のごとき臨時損益,過年度における引当金や減価償却の過不足修正額,過年度における棚卸資産評価の訂正額,過年度償却済債権の取立額のごとき前期損益修正項目は,損益計算に含めない。これらの項目は,未処分利益の増減にかかるものとして利益剰余金計算書に記載する。

　これにより,損益計算書は,経常的企業活動による業績の表示を可能にし,収益力判断への基礎を提供する。しかし,例えば経常損益項目と臨時損益項目との区別を行うさい,会計担当者の恣意的判断が介入する余地を残し,損益計

算に歪みをもたらす可能性がある点で，当期業績主義に対して批判が加えられた。1974年（昭和49年）以前の旧企業会計原則は，当期業績主義をとっていた。その様式の概要を示すと，次のとおりである。

当期業績主義による損益計算

損 益 計 算 書

営　業　収　益	×××
営　業　費　用	×××
営　業　利　益	×××
営　業　外　収　益	×××
営　業　外　費　用	×××
当　期　純　利　益	×××

利益剰余金計算書

前期未処分利益剰余金	×××
当期利益剰余金処分額	×××
	×××
未処分利益剰余金増加額	×××
未処分利益剰余金減少額	×××
	×××
当　期　純　利　益	×××
当期未処分利益剰余金	×××

　他方，**包括主義**（all-inclusive basis）による損益計算は，1会計期間に関わるすべての収益および費用を計上して期間損益を算定する。経常的な経済活動から得られた収益・費用も，臨時的・偶発的項目および前期損益修正項目も，1会計期間の企業利益を構成するものとする。

　包括主義の下では，このように臨時的項目も前期損益修正項目も期間損益に含めるので，当期業績主義の下で存在していた期間外損益という概念は生じないものとなる。当期業績主義の下での期間損益と期間外損益の区別は，別の形つまり経常損益，特別損益という区別に改められた。期間利益概念の変更を受け，より広範囲の期間損益の中での上記の区別が行われることになった。包括主義の思考をとり入れた企業会計原則の損益計算書はすでに本章46頁で掲記したので，これを参照されたい。

包括主義損益計算書は，経常的な当期業績の表示を課題とせず，処分可能利益の算定表示を任務とするものであったことを注目しておきたい。

Ⅳ 「会社法（2006年7月26日）」における損益計算書の様式

従来の「商法」と「商法施行規則」を大幅に改正して，2006年7月26日に「会社法」，2007年2月7日に「会社計算規則（計規と略称）」として公表された。これによれば，計算関係書類として次のものを挙げている（会社法435条，計規2条3号）。①「成立の日における貸借対照表」，②「各事業年度に係る計算書類」，③「臨時計算書類」，④「連結計算書類」，である[2]。

ここで，②「各事業年度に係る計算書類」の中に含まれている損益計算書の記載内容は如何なるものであるかをみておきたい。具体的には，「売上高」，「売上原価」，「販売費及び一般管理費」，「営業外収益」，「営業外費用」，「特別利益」，「特別損失」に区分して表示しなければならない（計規119条1項）といい，簡素なものである。しかし，区分された各項目について細分することが適当な場合には，適当な項目に細分することができる（同119条1項ただし書）といっている。ただ，「特別利益」に属する利益および「特別損失」に属する損失については，「固定資産売却益」，「前期損益修正益」，「固定資産売却損」，「減損損失等」，「災害による損失等」に細分することを原則とし（同119条2・3項），金額が重要でないものについては，細分しないこととすることができるとしている（同119条4項）。

細分した各項目は，当該項目に係る収益・費用または利益・損失を示す適当な名称を付さなければならない（同119条7項）。「売上高」から「売上原価」を差引いた額（売上総損益金額）は，「売上総利益金額」または「売上総損失金額」として表示しなければならない（同120条）。これを基に損益計算書の様式を示すと次のとおりになる。

会社法による損益計算書の様式
損 益 計 算 書

売　　上　　高
売　　上　　原　　価
　　売上総利益金額（または売上総損失金額）
販売費及び一般管理費
　　営業利益金額（または営業損失金額）
営　業　外　収　益
営　業　外　費　用
　　経常利益金額（または経常損失金額）
特　　別　　利　　益
　　固 定 資 産 売 却 益
　　前 期 損 益 修 正 益
特　　別　　損　　失
　　固 定 資 産 売 却 損
　　減　　損　　損　　失
　　災　　害　　損　　失
　　前 期 損 益 修 正 損
　　　税引前当期純利益金額（または税引前当期純損失金額）
　　　法 人 税 還 付 額
　　　法　人　税　等
　　　法 人 税 等 調 整 額
　　　法 人 税 等 追 徴 額
　　　当期純利益金額（または当期純損失金額）
　　　包　　括　　利　　益※

※　損益計算書は，「包括利益」に関する事項を表示することが・で・き・る（計規126条）という規定に拠っているものである。

V　国際会計基準（IAS／IFRS）関連の損益計算書の様式

　先に示した「会社法による損益計算書の様式」における損益計算書の最終行で「包括利益」に注目される。これは，会社計算規則126条によって表示することができるとされていて，任意規定になっている。将来を睨(にら)んで，国際会計基準（IAS/IFRS）との調和が会社法会計で必要になることも想定して，導入

してもよいという任意規定を残しているわけである。

さて，これまで検討してきた我が国の損益計算の仕組みは，実は「原価主義・実現主義」を重視する収益・費用アプローチに基づいて記述してきたものである。材・サービスの受入・調達には取得原価を重視・記録し，製造原価・総原価も取得原価を基礎として算定し，製品・給付の収益を認識する際には実現主義を尊重するという会計思考であった。しかし，国際会計基準（ＩＡＳ/IFRS）は資産・負債アプローチを採用し，公正価値による測定を重視し，損益計算については，実現主義に加えて実現可能主義（realizable basis）をも適用するものとしている。そうすると，例えば売却可能証券の未実現利益も実現可能基準を適用して収益に記録することになる。そして，最終的に「包括利益」の算定を求めていくことになる。

「包括利益（comprehensive income）」は，元来アメリカ基準SFAS130が想定していたものであり，「包括利益＝純利益（net income）＋その他の包括利益（other comprehensive income）（純利益の計算に含まれないが，包括利益に含まれる収益，費用，利益，損失）」とされている。「その他の包括利益」の構成要素は，

- 「為替換算調整額」
- 「売却可能証券の未実現損益」
- 「ヘッジに関する純利得・損失」

である。これらの「その他の包括利益」の項目は，日本基準では，貸借対照表の純資産の部に示される。国際会計基準もアメリカ基準を受け入れ，「包括利益」の算定を重視している。

再分類修正（reclassification adjustments） 「その他の包括利益」の構成要素を純利益に含めるとすると，例えば，売却可能証券が売却されると，未実現利益は実現して「純利益」に含まれることになり，「純利益」と「その他の包括利益」との二重計上が行われることがあり得る。この二重計上を回避するためには，「再分類修正（reclassification adjustments）」という修正が必要となる。「売却可能証券の未実現損益」は当該証券の売却，「為替換算調整額」は在外事業体への投資の売却または清算，「ヘッジに関する純利得・損失」は当該ヘッジ資

産・負債の精算，のときに修正が必要となるのである。

〔注〕
(1) 日本会計研究学会スタディ・グループ報告『会計基礎概念－昭和59年度中間報告』1984年，4頁。
(2) この場合，②に係る「各事業年度に係る計算書類及びその附属明細書」の体系は次のとおりとされている（会社法435条2項，計規91条及び93条）。

　　（個別計算書類）　　　　　　　**（連結計算書類）**
　　① 貸借対照表　　　　　　　　　① 連結貸借対照表
　　② 損益計算書　　　　　　　　　② 連結損益計算書
　　③ 株主資本等変動計算書　　　　③ 連結株主資本等変動計算書
　　④ 個別注記表　　　　　　　　　④ 連結注記表
　　（附属明細書）　　　　　　　　　（附属明細書）

　ちなみに，旧法（「商法」と「商法施行規則」）において挙げられていた「営業報告書」は，「事業報告書」と名称を変え，計算書類ではなくなった。また，旧法における「利益処分案」は廃止され，新たに「株主資本等変動計算書」が作成されることになった。なお，「注記表」が会社法では計算書類に入れられることになったことに注目すべきである。

　参考までに「金融商品取引法」の財務諸表の体系は次のとおりである。
（個別会計）　　　　　　　　　**（連結会計）**
貸借対照表　　　　　　　　　　　連結貸借対照表
損益計算書　　　　　　　　　　　連結損益計算書
株主資本等変動計算書　　　　　　連結株主資本等変動計算書
キャッシュ・フロー計算書　　　　連結キャッシュ・フロー計算書
個別注記表　　　　　　　　　　　連結注記表
附属明細表　　　　　　　　　　　連結附属明細表

　以上から分かるように，金融商品取引法会計の財務諸表体系では「キャッシュ・フロー計算書」が含まれていることに注目すべきである。

第6章 資産の会計
―― その1 「当座資産」の処理 ――

I 資産の意義および評価

資産とは,「将来の期間に利用し得る価値」を表している。これを2つに分けると「貨幣性資産」と「費用性資産（非貨幣性資産）」とに大別できる。

例えば,現金,預金,受取手形,売掛金,一時的所有の市場性ある有価証券などは一般購買力または支払能力として役立つ性格をもっているので,これらを「貨幣性資産」として特徴づけることができる。

他方,例えば,材料,製品,機械,備品などは将来の期間に対する役立ちを期待され,将来費消されていくという性質をもっていて（「支出・未費用項目」と略称できる）,「費用性資産」として特徴づけることができる。将来の期間に対する役立ちという点から,繰延資産も含めることができる。「収益・費用アプローチ（収益から費用を控除して損益を算出するアプローチ）」では,当該繰延項目も将来の期間への収益創出に貢献するとみて資産として取り扱っていくのである。

ところで,見方を変えて,資産を上記のように2つに分けないで統一的に把握し,理解するという思考から資産を「用役潜在力（service potentials）[1]」とか「経済的便益（economic benefits）」として位置づける見解がある。国際会計基準（IAS/IFRS）では,資産とは「特定の企業が支配し,かつ,将来の経済的便益が当該企業に流入することが期待される資源である」と規定している。すなわち,①「将来の経済的便益であること」,②「特定企業の支配がみられること[2]」,③「過去の事象の発生結果であること[3]」,を強調している。

利潤獲得・追求を目的として企業の経営活動が展開されるが,ここでいう

「経済的便益」は，利益源泉としてのキャッシュ・フローを直接・間接に獲得する能力，つまり将来の収益獲得能力を本質とすると解しているのである。

　資産の価値をどのように決定していくかを**評価**というが，貸借対照表に計上する資産の評価基準として，原価主義と時価主義とがある。**原価主義**とは，貸借対照表に記載する資産を，実際の取得の際に必要となった実際の現金の支出額に基づいて評価する原則である。実際購入価額または製造原価として把握される。**取得原価主義**とも呼んでいる。

　現金，預金，受取手形，売掛金などの貨幣性資産は，一般購買力または支払能力の手段としての役立ちがあるので，原則として収入額または回収見込額（回収可能額）に基づいて評価するが，材料，製品，機械，備品などの費用性資産は，経営活動の進行・展開に伴い，費消され費用化していくので原則として支出額ないし取得原価に基づいて評価するのである。長期投資・利殖を目的とする投資有価証券，子会社・関連会社株式，出資金，長期貸付金などの項目も原則として，支出額ないし取得原価で評価する。

　他方，時価主義は，原価主義と対比して把握され，資産（または費用）の額を現在の市場価格（時価）に係る評価原則である期末（決算日）時点の市場価格に基づいて評価し，貸借対照表への計上額を決定する評価原則である。費用評価についても費用化部分を時価評価していく。時価評価といっても販売市場の時価を尊重する売却時価の場合と，購入市場の時価を尊重する購入時価（取替原価）とがある。

　さて，国際会計基準（IAS／IFRS）では資産の本質を「経済的便益」として規定しているので，将来キャッシュ・フローをもたらす便益を源泉とするといっている。当該資産の利用によって得られる将来キャッシュ・フローを特定の利子率（割引率）で割り引いた現在価値を当該資産の評価額とすることが合理的であると考えている。これを割引現在価値（割引現価）といっているが，これも広義の時価概念に含めることができる。割引現価での評価の採用として，例えば，ファイナンス・リース取引に係るリース資産（リース負債）の算定，固定

資産の減損に関する回収可能価額の算定,退職給付債務の測定等に適用されている。

II 当座資産の意義

さて,資産については,上述のように,貨幣性資産と費用性資産とに分けることができるが,他方,営業循環に関連しているかどうかとか(「営業循環基準」),短期・長期のいずれの保有に関連しているかどうか(「1年基準」),という観点から「流動資産(current assets)」と「固定資産(fixed assets)」とに分けることもできる。流動資産は,さらに,即時支払能力があるか否かの観点から「当座資産(quick assets)」,「棚卸資産(inventories)」,「その他の流動資産」とに分けることができる。

当 座 資 産	現金預金,受取手形,売掛金,短期貸付金,短期未収金,立替金,売買目的有価証券など
棚 卸 資 産	商品,製品,半製品,原料および材料,仕掛品および半成工事,消耗品など
その他の流動資産	前払金(前渡金),前払費用,繰延税金資産,未収収益など

III 当座資産の具体的各項目と処理

現金預金(cash and deposits) **現金**とは,手許現金を指し,紙幣,硬貨等の通貨のほか,送金小切手・他人振出小切手,送金為替手形,郵便為替証書,振替貯金払出証書等も含んでいる。

預金は広義の現金の一種であり,支払手段として極めて有効に活用できる。この点で,現金と区別せず,現預金として同一グループで取り扱うことが多い。預金は,銀行,信託会社等金融機関に対する預け金,貯金,掛金,金融信託のように即時的な支払能力に富んでいて,貸借対照表日の翌日から1年以内に満期が到来するものである。通常,期限が1年を超えた後に到来する預金は当座

資産に含めず，固定資産としての**投資その他の資産**に属するものとする。

受取手形（notes receivables）　**受取手形**は，取引関係の得意先との通常の売買取引の結果，取得した手形上の債権をいう。財務上，資金を融資する目的で保有する手形である融通手形(ゆうずう)は，「短期貸付金」の科目で処理するものとする。

売　掛　金（accounts receivable）　**売掛金**は商品・製品の販売，役務の提供のような得意先・顧客との主要な営業活動の取引によって得られた営業上の債権をいう。

主要な営業活動とはいえない機械，建物等の固定資産の売却処分等によって臨時的に生じた債権は売掛金とはしないで，未収金として取り扱う。

未　収　金（accounts receivable）　**未収金**は，機械，建物等の売却などのように企業の主要な営業活動に属しない臨時的，不規則的な取引の結果生じた債権をいう。

有価証券（securities）　**有価証券**は，短期的な一時所有の形で資金運用のために購入した株券，社債券，公債など，必要に応じて随時現金化しうるものをいう。長期所有の有価証券，例えば，他の企業との取引関係や支配・統制目的で長期に保有する有価証券や，市場性のない有価証券は，**投資その他の資産**に属するものとする。また自己株式（自社株式，treasury stock）を所有しているときは，他の有価証券と区別して取り扱う。

- **有価証券の評価**

上記の当座資産の中で，有価証券の評価については，重要な課題であるので，以下若干の検討を加えておこう。

2007年「金融商品会計基準」によると，<u>市場価格のないものを除き</u>[4]，「保有目的等の観点」から，次の4つ，①「売買目的有価証券」，②「満期保有目的債券」，③「子会社株式および関連会社株式」，④「その他の有価証券（持合株式を含む）」に分類し，その分類ごとに評価基準と評価差額の処理方法を示している（Ⅳ・2）。

売買目的有価証券	時価の変動により利益を得ることを目的として保有する有価証券
満期保有目的債券	満期まで所有する意図をもって保有する社債その他の債券
子会社株式および関連会社株式	子会社が発行する株式および関連会社が発行する株式
その他有価証券	親会社の発行する株式および上記以外の有価証券

　上掲の4つの項目の中，当座資産に含められる有価証券は，「売買目的有価証券」と「親会社が発行する株式」とである。これらの有価証券を売却したときに生じる損益は，損益計算書上，「営業外損益の部」に表示する。

　ちなみに，当座資産に含められない，「満期保有目的債券」，「子会社が発行する株式」，「それ以外の有価証券」の売却によって生じる損益は，損益計算書上，「特別損益の部」に表示する。

売買目的有価証券	時価で評価し，その評価差額（有価証券評価益または有価証券評価損）は当期の損益に含める（営業外収益または営業外費用として）。「評価差損益」を相殺して純額表示する。
満期保有目的債券	債券を債券金額より低い価額または高い価額で取得した場合は，その差額の性格が金利の調整と認められるときは，「償却原価法」によって，その差額を償還期に至るまで，当該債券の貸借対照表価額に加減する。この場合，当該加減額を有価証券利息に含めて処理する。
子会社株式および関連会社株式	取得原価によって処理する。
その他有価証券	時価で評価し，評価差額は「洗替法」に基づき，全部資本直入法か部分資本直入法のいずれかによって処理する。なお，資本の部に計上される評価差額は，税効果会計を適用し，資本の部において他の剰余金と区別して記載する。

　有価証券の評価は，上掲のごとく処理するが，売買目的有価証券を除くすべての有価証券について，時価が著しく下落したときは，回復する見込みがあると認められる場合を除き，時価をもって当該有価証券の貸借対照表価額とし（これを「切り放し法」という），評価差額は当期の損失として処理する。

　なお，「売買目的有価証券」は時価で評価し，その評価差額は損益として認

識されているので，減損処理する必要がない。

「その他有価証券」に関連する項目の具体例としては，「出資金」，「子会社出資金」，「金銭信託」，「証券投資信託・貸付信託の受益証券」，「ゴルフ会員権」などがある。

ここでの「ゴルフ会員権」としては，「株式型のゴルフ会員権」と「預託金型のゴルフ会員権」とがある。前者の「株式型のゴルフ会員権」は株主として会員になることを意味しており，取得原価をもって貸借対照表価額とする。当該会員権は株式とみなし，有価証券の減損処理の適用を受ける。後者の「預託金型のゴルフ会員権」は，取得原価をもって貸借対照表価額とし，預託保証金の時価の著しい下落が生じ，回復可能性が合理的に立証できないときは減損処理を行う。減損処理は，預託保証金を上回る部分（取得原価－預託保証金額）については，直接評価損を計上し，下回る部分（預託保証金－時価）については，貸倒引当金を設定するものとする。

〔注〕
(1) 資産を「用役潜在性」として一元的に説明する思考は，1957年アメリカ会計学会（AAA）の会計原則改訂版で，「資産」とは，企業資本の運用形態を表す経済的資源であり，その本質は，企業活動に役立つ用役潜在性であると規定されたことによる。
(2) 「特定企業の支配がみられること」とは，単なる法的所有権のみならず，ファイナンス・リースのごとく，リース料を支払って賃借し，法的所有権はリース会社に所属していても，実態がその資産をその企業が支配している状態（経済的帰属性）を意味し，貸借対照表にリース資産として計上する能力があると考える。
(3) 「過去の事象の発生結果であること」とは，資産は貨幣的な対価を支払って獲得していることを意味しており，この場合の対価とは，資産の交換や贈与も含まれる原価主義より広い概念であると解されている。
(4) 「市場価格のない有価証券」については，その貸借対照表価額について，「金融商品会計基準」は次のように規定している。
　①「社債その他の債券の貸借対照表価額は，債権の貸借対照表価額に準ずる」，②「社債その他の債券以外の有価証券は，取得原価をもって貸借対照表価額とする」（以上，19）

第7章 資産の会計
──その2 「棚卸資産」および「その他の流動資産」の処理──

I 棚卸資産の意義および内容

　販売準備・生産準備の対象になる資産を**棚卸資産**（たなおろし）という。具体的には，**商品，製品，半製品，原材料，仕掛品**等からなる。販売活動・一般管理活動において短期間に消費される**事務用消耗品**や，注文生産・請負作業について仕掛中の**未成工事支出金**も棚卸資産に含まれる（「棚卸資産の評価に関する会計基準（以下「棚卸資産会計基準」という）」3項，31項）。

　棚卸資産会計基準は，企業会計基準委員会（ＡＳＢＪ）より，2006年7月5日に企業会計基準第9号として公表された。2008年4月1日以後に開始する事業年度から適用することになった。

　「棚卸資産会計基準」が従来の会計基準と相違している点は，国際会計基準との調和・統一の方針から，これまでの原価法と低価法との選択適用を見直し，収益性の低下による簿価切り下げという考え方に基づき，評価基準や開示に関して整理された。「低価主義一本化」といえるが，時価主義強調の思考に適合しており，収益力の低下した棚卸資産を正味売却価額まで減額する会計処理を行うのである。

　棚卸資産は，企業の主要な営業過程，つまり，現金→棚卸資産→売上債権→現金，という循環の中に入っているので，また，貸借対照表日の翌日から起算して，1年以内に消費されるので（消費されて製品原価に算入され資金として環流してくるので），営業循環基準・1年基準を満たしており，流動資産として取り扱われる。長期にわたって使用される固定資産とは区別される。

II 棚卸資産の評価

　従来，**棚卸資産**については，企業会計原則によれば，取得原価をもって棚卸資産の貸借対照表価額とするとされた。この場合の棚卸資産の価額は，当該資産の購入代価または製造原価に，引取費用や関税，買入事務費，移管費，保管費等の付随費用を含むものとする。付随費用について重要性の乏しいものは取得原価に算入しないことができる。
　製品など生産品の取得原価については，その製造原価の算定が必要となる。製造原価は適正な原価計算基準に従って実際原価として算定され，予定価格または標準原価を適用して算定した原価によることができる。
　貸借対照表の棚卸資産は上記のごとく，取得原価をもって記載するが，しかし，時価が取得原価よりも下落した場合には，時価による方法を適用して算定することができる（低価法容認）とされた。しかし，国際会計基準の動向を睨んで，「金融商品に係る会計基準（金融商品会計基準）」によって，有価証券の減損処理や貸倒引当金の計上に関する基準が整理され，「固定資産の減損に係る会計基準（減損会計基準）」も制定されてきたことをうけて，企業会計基準委員会は，棚卸資産の評価法を時価の低価法に一本化すべきであると判断したのである。

　さて，棚卸資産の取得原価は，**費用配分の原則**（原価配分の原則ともいう）によって，各期間に配分する。この場合の費用配分の原則とは，棚卸資産の取得原価を払出原価としての費消原価と棚卸高としての未費消原価とに区別することを要求する原則である。この費用額および資産額の決定には，棚卸資産の売上数量・消費数量または在庫数量に，当該棚卸資産の単価を乗じて算定する。
　棚卸資産の有高計算には，**継続記録法**と**実地棚卸法**とがある。**継続記録法**は，商品や原材料などの入出庫のつどその数値を商品有高帳などの帳簿に記入して，1期間の売上高または消費高を把握し，同時に帳簿上で常時残高を把握する方法である。

第7章　資産の会計——その2　「棚卸資産」および「その他の流動資産」の処理—— 61

　他方，**実地棚卸法**は，決算期末（月次決算を必要とするときは各月末）で実際に商品などの在庫高を調査してその有高を決定する方法であり，この場合の売上原価または消費高は，期首在庫高＋当期入庫高（仕入高）－期末在庫高，という式によって間接的に求めていく。

　継続記録法は，**あるべき数値**としての帳簿残高が，実地棚卸法では実際に**ある数値**としての実際残高数値が把握される。実地棚卸法での残高数値から売上原価を間接的に算出すると，保管中の紛失高や盗難による減少高がすべて売上原価に算入されてしまうという欠点があり，また継続記録法により把握された残高が実際有高と一致しないことがあり得る。

　そこで，両方法を併用して両者による残高数値の差異を捉えて，その発生原因を調査して適切に処理すべきである。通常は，実際数値が帳簿残高数値より少なくなり，その差異数量に単価を乗じて出した**棚卸減耗損**が生じることが多い。棚卸計算に係る継続記録法としては，個別法，移動平均法，先入先出法，後入先出法などが挙げられる。

　ちなみに，国際会計基準（IAS2号）では後入先出法は認めていないことに留意が必要である。期末の棚卸資産の在庫数値が期末時点より遡りすぎており時価より乖離しすぎていると判断されたとみられる。

III 「通常の販売目的で保有する棚卸資産」と「トレーディング目的で保有する棚卸資産」との分離

　「棚卸資産会計基準」によれば，**棚卸資産**について，「通常の販売目的で保有する棚卸資産」と，活発な市場が存在する場合に市場価格の変動によって利益を得るための「トレーディング目的で保有する棚卸資産」とに分離して評価基準を取り扱っている。

　前者の「通常の販売目的で保有する棚卸資産」は，取得原価をもって貸借対照表価額とするが，期末における正味売却価額が取得原価よりも下落している場合には，当該正味売却価額をもって貸借対照表価額とする。この場合，取得

原価と当該正味売却価額との差額は当期の費用として処理する（棚卸資産会計基準7項）。

ここでの「正味売却価額」とは，「売価」——購買市場（当該資産を購入する場合に企業が参加する市場）と売却市場（当該資産を売却する場合に企業が参加する市場）とが区別される場合における売却市場の時価——から「見積追加製造原価」および「見積販売直接経費」を控除したものと定義される（同5項）[1]。

なお，企業が複数の売却市場に参加し得る場合には，実際に販売できると見込まれる売価を用いることとし，また，複数の売却市場が存在し，売価が異なる場合であって，棚卸資産がそれぞれの市場向けに区分できないときには，それぞれの市場の販売比率に基づいた加重平均売価等によることとする（同11項）。

棚卸資産会計基準は金融商品会計基準や減損会計基準と同様の思考をとり，収益性が低下した場合には時価を尊重して帳簿価額を切り下げる処理を採用している。品質低下や陳腐化が生じた場合だけでなく，収益性の低下によって投資額の回収が見込めなくなった場合は，帳簿価額を切り下げる。棚卸資産会計基準（36項）では，棚卸資産の収益性が当初の予想より低下した場合，回収可能な額まで帳簿価額を切り下げることとし，財務諸表利用者に的確な情報を提供することができるとする。

棚卸資産（inventories）は，通常，販売によってのみ資金の回収を図るという投資回収形態の特徴を踏まえて，評価時点における資金回収額を示す棚卸資産の正味売却価額（正味実現可能価額）が，その帳簿価額を下回っているときには，収益性が低下していると考えて，帳簿価額の切下げを行うことが適当である（同37項）。上記の理由から，棚卸資産会計基準は，通常の販売目的で保有する棚卸資産の会計処理として，収益性の低下に基づく評価切下げを行うことを求めているのである。

期末における正味売却価額（正味実現可能価額）表示の重要性　通常の販売目的で保有する棚卸資産の収益性の低下については，原則として，棚卸資産の取得原価と期末における正味売却価額（正味実現可能価額）——売却価額（実現可能価額）

から見積追加製造原価および見積販売直接経費を控除したもの——との比較によって判断することになる。

　棚卸資産の売却市場において，市場価格が存在する場合には，当該市場価格による価額を基礎として正味売却価額を計算するが，棚卸資産については，観察可能な市場価格が存在しない場合も多い。従って，売却市場において市場価格が観察できないときには，売却市場における合理的に算定された価額を売価（実現可能価額）とすることとし，このため，期末前後での販売実績に基づく価額を用いる場合や，契約により取り決められた一定の売価を用いる場合を含むものとする。

　しかし，実務上，収益性が低下していないことが明らかであり，事務負担をかけて収益性の低下の判断を行うまでもないと認められる場合には，正味売却価額を見積る必要はないと考えられている（8項および48項）。

　そして本来，正味売却価額（正味実現可能価額）は，将来販売時点の見込みであるため，期末時点の正味売却価額が突発的要因により，異常な水準となっているときには，期末における正味売却価額を用いるとしても，期末時点の売価ではなく，期末付近の合理的な期間の平均的な売価に基づく正味売却価額によることが適当である（43項）。

　営業循環過程から外れた滞留または処分見込の棚卸資産について，正味売却価額や合理的に算定された価額によって評価することが困難な場合には，①帳簿価額を処分見込価額（ゼロまたは備忘価額を含む）まで切り下げる方法や，②一定の回転期間を超える場合，規則的に帳簿価額を切り下げる方法などによって，収益性の低下の事実を適正に反映するよう処理するものとする（9項）。

　なお，製造業における原材料等の購入品の場合，正味売却価額が再調達原価に歩調を合わせて動くと認められるときは，継続して適用することを条件として再調達原価（最終仕入原価を含む）によることができる（10項）。

　ところで，小売業等の業種においては，売価還元法を採用している企業が多いが，この場合でも，期末における正味売却価額が帳簿価額よりも下落している場合には，当該正味売却価額をもって貸借対照表価額とする。ただし，値下

額等が売価合計額に適切に反映されている場合には，次の算式（売価還元低価法の原価率の算式），

$$\frac{（期首繰越商品原価＋当期受入原価総額）}{（期首繰越商品小売価額＋当期受入原価総額＋原始値入額＋値上額－値上取消額）}$$

にみるように，分母に「値下額」および「値下取消額」，を除外した売価還元法の原価率により求められた期末棚卸資産の帳簿価額は，収益性の低下に基づく簿価切下額を反映したものとみなすことができる (13項)。

　この場合，収益性の低下の有無に係る判断および簿価切下げは，原則として個別品目ごとに行うが，複数の棚卸資産を一括り(ひとくく)とした単位で行うことが適切と判断されるときには，継続して適用することを条件として，その方法によることとする (12項)(2)。

　「洗替え法」と「切放し法」の選択適用　棚卸資産会計基準では，前期に計上した簿価切下額の戻入れについて，当期に戻入れを行う方法（「洗替え法」）と，行わない方法（「切放し法」）のいずれかの方法を，棚卸資産の種類ごとに選択適用することができるとする (14項)。

　ちなみに，国際会計基準（IAS2）では，評価損を新しい年度の期首に戻入れて開示する「洗替え法」を採用していることを付言しておきたい。取得した際の原価と比べてどれほど評価切下げ額がみられるかを判断できる点では「洗替え法」が優れているといえる。

　評価損に係る「簿価切下額」の表示　棚卸資産の収益性の低下による簿価切下額は，売上原価に関連して表示するが，棚卸資産の製造に関連し不可避的に発生すると認められるときには製造原価として処理する。また，収益性の低下に基づく簿価切下額が，臨時の事象に起因し，かつ，多額であるとき（例えば，重要な事業部門の廃止，災害損失の発生のとき）には，特別損失に計上し，この場合は，当該簿価切下額の戻入れを行ってはならない (17項)。

　従来の棚卸資産の評価損に関して，「品質低下（物理的な劣化）」や「陳腐化（商品ライフサイクル変化による経済的劣化）」による評価損と，その他の発生原因

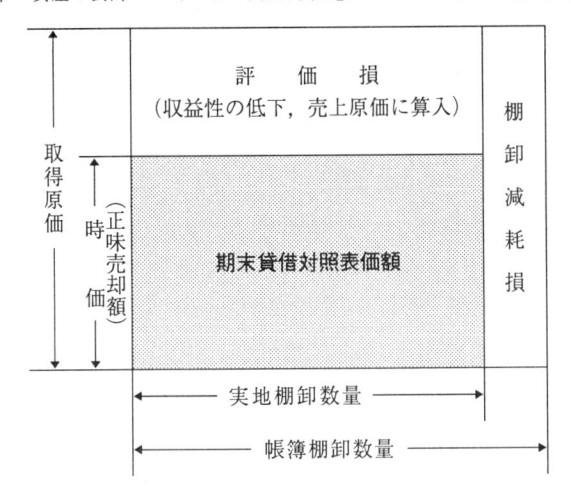

第7章 資産の会計――その2 「棚卸資産」および「その他の流動資産」の処理―― 65

```
                評　価　損
           (収益性の低下，売上原価に算入)        棚
取                                              卸
得    (                                         減
原    正
価    味                                         耗
      売    期末貸借対照表価額
      却                                        損
      額
      )
      時
      価
           ←―――― 実地棚卸数量 ――――→
           ←―――――― 帳簿棚卸数量 ――――――→
```

による評価損とを区別する処理を採ってきたが，2006年の新しい棚卸資産会計基準では，棚卸資産の収益性の低下という考え方を重視し，その下ではそれぞれの取扱いに相違を設ける意義は乏しいと判断された (39項)。従って，従来の「品質低下」や「陳腐化」，「正味売却価額の著しい下落による簿価切下額」も原則として売上原価に計上していくことになるのである[3]。

Ⅳ 「トレーディング目的で保有する棚卸資産」の評価基準

　棚卸資産の中には，活発な市場が存在する場合に市場価格の変動によって売却し利益を得るために保有するものがあり，これを「トレーディング目的で保有する棚卸資産」として把握し，「通常の販売目的で保有する棚卸資産」とは区別して取り扱い，異なった評価基準を適用する考え方がある。棚卸資産会計基準はこの立場を採っている。

　例えば，金の取引市場のごとく，活発な取引が行われるように整備された購買市場と販売市場とが区別されていない単一の市場の存在を前提として，当初から加工・販売の努力を行わないで単に市場価格の変動によって利益を得よう

とするのが「トレーディング目的で保有する棚卸資産」である。

これについては投資者にとっての有用な情報は，棚卸資産の期末時点の市場価格に求められると考え，当該棚卸資産は売買・換金に対して事業遂行上の制約がなく，市場価格の変動にあたる評価差額が企業にとっての投資活動の成果であると考えられる（60項）。従って，棚卸資産会計基準は，「トレーディング目的で保有する棚卸資産」については，市場価格に基づく価額をもって貸借対照表価額とし，その評価差額を当期の損益として処理するものとした（15項）。

金地金等の物品をトレーディング目的の棚卸資産として分類するための留意点や保有目的の変更の処理については，金融商品会計基準における売買目的有価証券に関する取扱いに準ずるものとされる（16項）。

トレーディング目的で保有する棚卸資産に係る損益は，原則として，純額で売上高に表示するものとする（19項）。

以上，棚卸資産の評価に関して2006年「棚卸資産会計基準」を中心としてその中身を窺ってきた。特定の棚卸資産に関して時価（正味売却価額・正味実現可能価額）が取得原価を下回るとき，時価を尊重して損益計算書において，売上原価算出と関連性をもたせて，正味売却価額評価損を表示していく処理としたのである。採用すべき時価評価としての正味売却価額（正味実現可能価額）について詳細に規定したのは，上記2006年基準の大きな特徴になっている。

V 「その他の流動資産」の処理

以上，流動資産の中に含められる「棚卸資産」の会計処理について眺めてきた。しかし，流動資産の中には「棚卸資産」（および前章でみた「当座資産」）のほかにも，「その他の流動資産」として取り扱われる項目がある。「営業循環基準」および「１年基準」を満たしているので流動資産に含められるが，「その他の流動資産」とされる項目である。具体的には，前払金（前渡金），未収金，立替金，短期貸付金，前払費用，繰延税金資産，未収収益などがこれである。

前払金(前渡金) (accounts for prepayments)　これは,主として商品・原材料などを購入した際の**手付金**のことをいう。手付金は,買主側で購入を取りやめた場合は,没収・還流され,返済請求権が付いているので,債権として取り扱われる。**前払金**とよく混同して間違われやすいものとして,**前払費用** (prepaid expenses) がある。前払費用とは,前払保険料(未経過保険料),前払利息のように次期に帰属すべき費用を当期に前払いした額を意味しており,サービスを受けるべき権利が残っているものをいう。前払金とは違っているので混同しないよう留意すべきである。

未収金 (accounts receivable)　物財を売却した場合に,売却した物財の代価の支払いを受けていない状態を未収金として取り扱う。主たる営業対象となっている商品・製品の未収の場合は,未収金の勘定に含めないで,売掛金として処理する。未収金として処理するのは,商品・製品以外の主たる営業活動の対象となっていない機械や車両などを売却した際の債権を対象としている。

立替金 (accounts receivable for employees)　立替金とは,従業員や取引先に対して一時的に金銭を立替払いした際に使用する勘定である。**貸付金**と混同されやすい。金銭の支払いが一時的であれば立替金とし,ある程度の履行期限を明確にした貸し金であれば貸付金とするのである。

短期貸付金 (short term debts)　短期貸付金とは借用証書や手形の差し入れを受けて,金銭の貸付を行った場合に生じる債権で,貸借対照表日(決算日)の翌日から起算して1年以内に入金期限の到来するものを指している。

仮払金 (suspense payment)　仮払金とは記録すべき勘定科目が未定の現金支出,金額の未確定な取引に対する支出,勘定科目・金額とも未確定の支出などを一時的に処理する勘定をいう。記録すべき勘定科目が決定したら,速やかに振替処理しなければならない。

未決算勘定 (suspense account)　取引が成立しているが,いまだ収入・支出がなく,勘定科目や金額が未確定な項目を一時的に処理する勘定である。記録すべき勘定科目や金額が確定したとき,即刻適切に振替処理すべきものである。

前払費用 (prepaid expenses)　前払費用とは,一定の契約に従い継続して役務

の提供を受ける際に,いまだ提供されていない役務に対して支払った対価をいう。流動資産に含むべき前払費用は,1年以内に費用になるものを意味する。時の経過につれて次期の費用となる。具体的には,前払地代,前払保険料などがある。

未収収益 (accrued revenue) 未収収益とは,一定の契約に従い継続して役務の提供を行う際に,すでに提供した役務に対して,いまだその対価を受けていないものをいう。その対価は,時の経過につれてすでに当期の収益として実現しているので,これを当期の損益計算書に収益として記録し,貸借対照表の資産に記録しておくべきものである。具体的には,未収地代,未収利息などがある。

株主・役員または従業員に対する短期債権 (short-term debts to stockholders, officers and employees) 「株主・役員または従業員に対する短期債権」とは,企業経営に利害関係をもっている株主・役員または従業員に対して,企業が短期に貸付金や立替金をもっているときに記録すべき勘定をいう。

関係会社に対する短期貸付金 (short-term debts to subsidiaries and companies applied by the equity method) 「関係会社に対する短期貸付金」とは,親会社にとって子会社,関連会社等の関係会社は,相互に密接な間柄であるので,これら関係会社に対して1年以内に返済を受ける契約で,受取手形,前渡金などで処理する場合の勘定である。

繰延税金資産 (deferred tax asset) 繰延税金資産というのは,「税効果会計 (tax effect accounting)」の適用によって生じる資産項目である。税効果会計とは,企業会計上と税務上の収益または費用（税務上では正確には益金または損金という）の認識時点の相違や,会計上や税務上の資産または負債に相違がある場合に,法人税等を適切に期間配分するための会計処理である。

簡単にいうと,税効果会計とは,「法人税等（法人税,住民税,事業税）の期間配分にかかる会計処理」の方法をいう。税金の発生主義による認識処理ということになる。なぜ税効果会計を必要とするかというと,企業会計上の利益計算と,法人税法上の課税所得の計算の原理が相違していて,両者間に「差異」が

みられることによる。

　一般に，課税所得は，企業会計上の税引前利益に対して，「損金算入・益金不算入項目」，「益金算入・損金不算入項目」（これらをまとめて「申告調整項目」という）を加減して算出し，これに基づいて法人税等を計算する。

　税効果会計を適用しない会計処理では，税務上の「課税所得」に基づいて計算した法人税等の額（例えば3月決算の会社であれば，6月に納付すべき税額をいい，これを「カレント・タックス」という）が，損益計算書上の「税引前利益」の次に計上される。

　もし，税引前利益と課税所得とに差異がある場合には，会計上の税引前利益の処理基準と異なる基準で計算された「カレント・タックス」が損益計算書に計上されることになり，両者の差異である申告調整項目が課税所得に与える影響が財務諸表に適切に反映されないことになる。従って，企業間の財務諸表の比較可能性を害することになる。税効果会計は，このような比較可能性を改善する目的をもつのである。

　設例を挙げて説明する。損益計算書上の税引前利益が，いま，2年連続して3,000百万円であるとする。しかし，この場合，第1期に計上した引当金のうち，600百万円が損金不算入，第2期に損金算入されたとする。この場合，課税所得が600百万円増減し，納税額も変わることになる。納税額の負担を平準化した税効果会計の方が企業経営実態を正しく表示しているといえる。

───＜設　例＞───
　以下の条件が存在するとき，「納税額方式」と「税効果会計方式」を取り入れた場合の損益計算書がどのように相違するかを示しなさい。
- 第1期，第2期とも税引前利益は3,000百万円である。
- 第1期に計上した引当金のうち，600百万円が損金不算入，第2期に600百万円が損金算入されたとする。
- 課税所得に対する税率は50％とする。

(解説)

納税申告書
(単位：百万円)

	第 1 期	第 2 期
税引前利益	3,000	3,000
	＋ 600	－ 600
課税所得	3,600	2,400
申告納税額	1,800	1,200

「納税額方式」の損益計算書

	第 1 期	第 2 期
税引前利益	3,000	3,000
当期法人税等	－1,800	－1,200
税引前当期純利益	1,200	1,800

「税効果会計方式」を採用した損益計算書

	第 1 期	第 2 期
税引前利益	3,000	3,000
当期法人税等	－1,800	－1,200
繰延法人税等	＋ 300	－ 200
税引後当期純利益	1,500	1,500

①**納税額方式** 「納税額方式」は，当期の法人税等の確定申告によって確定した納税額に基づいて，会計上で法人税等の処理を行う方式である。損益計算書に，当期納税額を法人税等として計上し，貸借対照表に確定申告に基づく要納付額を未払法人税等として記載する。

②**税効果会計方式** 「税効果会計方式」は，当期に納付すべき確定税額に，企業会計上と税務上との相違によって生じた，課税繰延効果または税金前払効果を調整して法人税等に計上する方式である。

「税効果会計」は，当期に発生した将来年度への課税繰延効果または課税前払効果を繰延税金に処理する方式であるが，会計上と税務上に，以下に示す「一時差異（temporary difference）」がある場合に，法人税等を適切に期間配分

するために処理することを求めていく。

- 企業会計上と税務上の収益または費用(益金または損金)の認識時点の相違
- 企業会計上と税務上の資産または負債の額での相違

　企業会計と税務計算との間には，収益と益金，費用と損金とに取り扱いが異なることによって差異が生じる。両者間の差異には，「永久差異」と「一時差異」がある。

　永久差異(permanent differences)　企業会計上は収益であっても，税務上では益金不算入となるもの(受取配当金益金不算入など)と，会計上は費用となるが，税務上では損金不算入となるもの(交際費限度超過額など)とがある。「永久差異」は，会計上と税務上との取り扱いが異なる絶対的な差異であり，課税の繰延・前払に影響しないため，税効果会計の対象とならない。

　一時差異(temporary differences)　これは企業会計上と税務上とで損益の期間帰属が異なることなどによる両者間の差異であり，将来年度において消滅する差異をいう。「一時差異」は，課税繰延・前払への影響をもたらし，調整を必要とするので税効果会計の対象となる。

　「一時差異」は「将来加算一時差異」と「将来減算一時差異」とからなる。前者の「将来加算一時差異」は，差異が解消する将来年度に課税対象額に含まれる一時差異をいい，例えば「利益処分に係る特別償却準備金」などが挙げられる。「将来加算一時差異」に税率を適用して，**繰延税金負債**が認識される。

　後者の「将来減算一時差異」は，差異が解消する将来年度において控除対象額に含められる一時差異をいい，例えば「不良債権の有税償却」などが挙げられる。「将来減算一時差異」に税率を適用して**繰延税金資産**が認識される。

　税効果会計に関して，重要な一時差異のすべてにこれを適用していけば，ある年度に発生したすべての取引，その他の事象に税効果を認識して，繰延税金資産または繰延税金負債を網羅的に計上でき，費用としての法人税等の期間比較を可能にする。

　税効果会計の処理方法としての「資産負債法」について眺めておく。「資産

負債法」は，繰延税金の資産性，負債性を明らかにして，法人税等の会計処理を行う方法である。将来年度に対する税金の前払または過去の税金の控除未回収額を**繰延税金資産**とし，将来年度に支払うべき税金負債を**繰延税金負債**として認識する。その後の年度に税率が変更されたときは，繰延税金を修正していく。

繰延税金資産の資産性とは何か。会計上の費用計上に対して税務計算の損金算入を将来に行う場合，企業会計上で法人税等の前払税効果が生じる。また，税法上の繰越欠損金に対して将来繰越控除されて，前払税効果が生じる。この前払税効果に対しては資産性を認めていくのである。

繰延税金負債の負債性にもふれておく。会計上の費用計上額を超えて税法上の損金算入が早期に行われる場合，企業会計と税務計算との間に「将来加算一時差異」が生じる。その結果，当期の税引前利益に対して法人税等納税額が過少となり，過少税額部分が繰延税金負債として計上される。

将来年度に会計上の費用額が税法損金算入額を超えるとき，税引前利益に対して法人税等納税額が過大となり，過大部分が繰延税金負債より取り崩される。繰延税効果を反映する繰延税金負債は，現在において発生している債務であって，将来，企業から現金が流出すると予想されるものとして負債性を認めていくのである。

〔注〕
(1) 「棚卸資産会計基準」は「正味売却価額」という用語を使用していることについてコメントしておきたい。「正味売却価額」とは，売却市場における売価から見積追加製造原価および見積販売直接経費を控除したものを指すとされている。

日本では，従来，当該用語については「正味売却可能価額（正味実現可能価額)」という用語を用いてきたし，国際会計基準ＩＡＳ２でも「正味実現可能価額（net realizable value)」といっている。正味実現可能価額といわないで正味売却価額ないし正味実現価額といっているのは，固定資産の減損に係る会計基準において，すでに正味売却価額という用語を用いたことがあり，それとの整合性を考慮したためであるとされている。

しかし，私見では，「売却価額」と「売却可能価額」とには，概念上の違いがあり，後者は，引渡しが完了しておらず，代金の授受がない状態であるので，これを売却価

第7章 資産の会計——その2 「棚卸資産」および「その他の流動資産」の処理—— 73

額とするのは疑念が残ると考えており，また，売却可能価額には時価評価の視点が重視されているとみる。従って，「売却可能価額」という用語を使用することの正当性を主張しておきたい。

(2) 「一括りとした単位」で行うことが適切と判断する場合として，2つが例示されている（棚卸資産会計基準53項）。
- 補完的な関係にある複数商品の売買を行っている企業において，いずれか一方の売買だけで正常な水準を超えるような収益は見込めないが，双方の売買では正常な水準を超える収益が見込めるような場合
- 同じ製品に使われる材料，仕掛品および製品を1グループとして扱う場合

(3) 損益計算書への「棚卸減耗損」や「正味売却価額評価損」の表示をみておく。

損益計算書

(単位：円)

売　上　高		1,500,000
売　上　原　価		
期首商品棚卸高	10,000	
当期仕入高	1,000,000	
合　　計	1,010,000	
期末商品棚卸高	15,000	
差　　引	995,000	
棚卸減耗損	600	
正味売却価額評価損	300	995,900
売　上　総　利　益		504,100
以下省略		以下省略

第8章 資産の会計
―― その3 「固定資産」および「繰延資産」の処理 ――

I 固定資産の意義および内容

　資産は一般に,「流動資産」,「固定資産」,「繰延資産」に分類されるが, この中, 固定資産はさらに,「有形固定資産」,「無形固定資産」,「投資その他の資産」に区分される (企業会計原則, 貸借対照表原則四㈠B)。

　有形固定資産 (tangible fixed asset) は「建物, 構築物, 機械装置, 船舶, 車両運搬具, 工具器具備品, 土地, 建設仮勘定[1]等」から成る(同上)。つまり, 長期使用に係る企業の主たる営業目的のために使用する有形資産が有形固定資産である[2]。有形固定資産に対する減価償却累計額は, 原則として, その資産が属する科目ごとに取得原価から控除する形式で記載する(同上)。

　無形固定資産 (intangible fixed assets) は「営業権 (のれん), 特許権, 地上権, 商標権等」から成る(同上)。これらは, 営業権を除いてすべて法的特権としての性質を有している。これら無形固定資産については, 減価償却額を控除した残高としての未償却残高を記載する (同上)。

　投資その他の資産 (investment and other fixed assets) は,「子会社株式その他流動資産に属しない有価証券, 出資金, 長期貸付金並びに有形固定資産, 無形固定資産及び繰延資産に属するもの以外の長期資産」から成る(同上)。

　これら固定資産を整理して図示しておく。

有形固定資産	建物, 構築物, 機械装置, 船舶, 車両運搬具, 工具器具備品, 土地, 建設仮勘定等
無形固定資産	特許権, 地上権, 商標権等, ソフトウェア, のれん
投資その他の資産	子会社株式その他流動資産に属しない有価証券, 出資金, 長期貸付金並びに有形固定資産, 無形固定資産及び繰延資産に属するもの以外の長期資産

II 有形固定資産

(1) 有形固定資産の取得原価

有形固定資産の取得は，購入，自家建設その他種々の方法によって行われる。**購入**によって取得した場合には，購入（買入）代金のほか，購入手数料，引取運送費，荷役費(にやく)，据付費(すえつけ)，試運転費，関税等の直接付随費用（固定資産を使用可能な状態にするまでの費用）を加えた額をもって取得原価とする。なお，購入に際して割引または割戻しを受けたときは，これを購入代金から控除する（連続意見書第三「有形固定資産の減価償却について」第一・四・1）。

有形固定資産を**自家建設**(じか)した場合には，適正な原価計算の基準・方法に従って算定した製造原価をもって取得原価とする（同第一・四・2）。製造原価は通常の場合，実際製造原価であるが，予定原価や標準原価を用いることも認められる。

有形固定資産を**現物出資**によって，つまり株主（出資者）から，金銭の代わりとして受け入れることによって取得した場合には，当該出資者に対して交付した株式の発行価額をその資産の取得原価とする。

有形固定資産を**交換**によって，つまり自社が所有している資産と交換して取得した場合には，交換に供された自己資産の適正な簿価をもって取得原価とする。自己所有の株式，社債等と交換によって固定資産を取得した場合には，当該有価証券の時価または適正な簿価をもって取得原価とする（同第一・四・4）。

有形固定資産を**贈与**によって取得した場合は，対価はゼロであるが，公正な評価額をもって取得原価とする（企業会計原則第三・五・F）。なお，**発見**などによって無償でこれを取得した場合も同様である。

また，国庫補助金や工事負担金等をもって取得した有形固定資産については，この国庫補助金や工事負担金等に相当する金額を当該資産の取得原価から控除することが会計上の処理として認められている（企業会計原則・注解注24）。このような処理法を**圧縮記帳**という。しかし，資産に対して公正な評価額を付すべ

きという観点からは批判の対象となる。

＜設 例＞

機械1台￥10,000,000を購入し，小切手を振出して支払った。なお，これについては，国庫補助金￥5,000,000を受け入れ，当座預金とした。そして，圧縮記帳を行った。

(借) 機　　　　　械　10,000,000　／　(貸) 当　座　預　金　10,000,000
　　 当　座　預　金　 5,000,000　　　　　 国　庫　補　助　金　 5,000,000
　　 機 械 圧 縮 損　 5,000,000　　　　　 機　　　　　械　 5,000,000

（注）圧縮記帳を行ったことによって，機械の資産価値が￥5,000,000として表示されることとなったことが分かる。

---

(2) 修繕費と資本的支出

修繕費 (repairs charges) とは，有形固定資産の技術的性能の低下に対して，正常な使用可能状態に回復するための支出額をいう。修繕費の計上には2つの方法があり，修繕引当金によって引当処理する方法と，実際に修繕した時点で修繕費を計上する方法とである。

発生主義会計では正確な期間損益計算を行うため，修繕費の合理的な見積りが可能なときには，予見計上によって修繕引当金を設定して，借方に修繕費を計上すべきである。しかし，修繕費の合理的な見積りが不可能な場合には，修繕を行う支出時に費用として計上していかざるを得ない。

ちなみに，修繕費と区別されるべきものとして，**改良費** (improvement charges)があるが，改良費は，有形固定資産の技術的性能を高めるが，耐用年数の延長をもたらす作業に要した支出額をいう。従って，当該支出額を**資本的支出** (capital expenditure) とみて，固定資産の資産原価に加算することになる。ここで，資本的支出とは，①資産の新規取得または追加購入によって固定資産の価値の増加をもたらすこと，②改良によって既存資産の耐用年数の延長をもたらすこと，である。

他方，資本的支出と対比すべきものとして**収益的支出** (revenue expenditure) があり，これは建物の定期的補修や塗装，機械の修繕などを行った期間のみに便益をもたらす支出である。当期の費用として処理することになる。

(3) 有形固定資産の減額と除却・売却

有形固定資産は通常，使用または時の経過により価値が減少する。この事実に着目して投下した取得原価の**費用配分**の手続きが**減価償却**である。

正規の減価償却手続きによって固定資産価額は計画的・規則的に減少していくが，特別の事情が生じた場合には，臨時的に減額する必要がある。会社計算規則（2006年法務省令13号）によれば「事業年度の末日において予測することができない**減損**が生じた資産または**減損損失**を認識すべき資産については，その時の取得原価から相当の減額をした額を付さなければならない（5条3項2号）」といっている。「減損」に係る処理は，計画的・規則的な減価償却とは異なり比較的新しく導入されたものである。

固定資産は確かに使用することを主たる目的とする資産ではあるが，しかし，時(とき)と条件によっては売却することもあり得る。その際に時価に関連する売却可能額が考慮されることになる。資産または資産グループの収益性の低下によって取得に係る投資額の回収が見込めなくなったとき，一定の条件下で回収可能額を反映させるため，その時点で取得原価を回収可能価額——正味売却可能価額と使用価値のいずれか高い額——まで減額しなければならない。これが「**減損会計**」である。

減損会計の適用については，中小企業会計指針が手掛りとなり，資産の使用状況に大幅な変更があった場合，減損の可能性について検討することとし，具体的には，固定資産としての機能を有していても将来使用の見込みが客観的にないこと，または固定資産の用途を転用したが採算が見込めないことのいずれかに該当し，かつ，時価が著しく下落している場合には，減損損失を認識することとしている（36項）[3]。

―<設　例>―

建物（取得原価¥10,000,000，減価償却累計額¥7,000,000）を除却した。撤去料¥500,000は小切手で支払った。

(借)	建物減価償却累計額	7,000,000	(貸)	建　　　物	10,000,000
	建物除却損	3,500,000		当 座 預 金	500,000

III 無形固定資産

(1) 無形固定資産の内容と評価

無形固定資産は，具体的形態は有しないが，長期にわたって営業活動のために利用され，収益獲得上有用な資産である。

これは，一般に「法律上の諸権利を表す資産」，「製品マスターに係る資産」，「経済上の優位性・超過収益力を表す資産」，とから成る。**「法律上の諸権利を表す資産」**としては，例えば，特許権，商標権，実用新案権，意匠権（以上4つを総称して「工業所有権」という），鉱業権，漁業権，水利権，借地権，地上権，著作権，その他の財産利用権（例えば，専用側線利用権，水道施設利用権，電気ガス供給施設利用権，電信電話専用施設利用権）等がある。

「製品マスターに係る資産」としては，ソフトウェアが挙げられる。

「経済上の優位性・超過収益力を表す資産」としては**のれん**が挙げられる。

法律上の権利を表す資産　「法律上の諸権利を表す資産」は，多くの場合，他企業から買入れるが，その際の取得価額は，これまでみてきた有形固定資産の取得の場合と同様に決定される。

ただ，特許権，実用新案権などのように，他企業から買入れないで，自企業で創造して獲得する場合がある。この場合，試験研究支出と，特許権出願手数料，登録費用等の合計額がその取得価額となる。試験研究支出については，その総額を取得価額とすべきだが，通常，支出時に試験研究費に計上し償却を行っているので，未償却残高だけを特許権の資産勘定に振り替える。

法律上の諸権利を表す無形固定資産は，地上権のごとき非償却資産を除き，有形固定資産と同様に当該資産の有効期間にわたり，減価償却によって原価配分を行う必要がある（企業会計原則，貸借対照表原則，五）。償却方法としては，鉱業権などに生産高比例法を用いるほかは，一般的には残存価額をゼロとする定額法による。減価償却の記帳は，帳簿価額から直接減額する直接法をとり，

貸借対照表の表示についても直接控除法による（同上）。

最初に製品化された製品マスターの完成に至るまでの制作費（ソフトウェア）について　「製品マスター」とは，「市場販売目的のソフトウェア」のことであるが，当該ソフトウェアが無形固定資産として扱われるのは，「最初に製品化された製品マスター」が完成するまでに要した制作費を意味している。財務諸表等規則の改正（2000年）で，ソフトウェアが無形固定資産として新たに追加された。ＩＴの発展により，企業の研究開発の重要要素としてコンピュータの開発が大きな比重を占め，ソフトウェア制作のための支出額が多額になってきた。ソフトウェアの制作過程で研究開発に相当する活動が含まれているので，ソフトウェアの制作費に係る会計処理を明確にする必要性が生じてきた（研究開発費等に係る会計基準，二）。

研究開発費に類似する概念として，日本では「試験研究費」と「開発費」とが挙げられてきたが，両者の範囲が必ずしも明確でなく，資産への計上も任意となっていたので，内外企業間の「比較可能性」を阻害すると批判されてきた。そこで企業の研究開発に関する適切な情報提供，企業間の比較可能性確保や国際的調和の視点から研究開発費に係る会計基準を整備することが求められてきた（同上）。

コンピュータの発達による情報化社会の進展にあって，企業活動におけるソフトウェアの果たす役割が大きくなってきたので，ソフトウェア制作過程における研究開発の範囲を明らかにして，会計処理基準を明確にする必要性が生じてきた。

ソフトウェア（software）は，正確にはコンピュータ・ソフトウェアのことをいい，①コンピュータに一定の仕事を行わせるためのプログラム，②システム仕様書，フローチャート等の関連文書，とから成る（研究開発費実務指針, par. 6）。

「研究開発目的のソフトウェア制作費」と「研究開発目的以外のソフトウェア制作費」とに分けることが求められる。前者の場合では研究開発に該当する部分はすべて発生時に費用として処理されるが，後者に係る研究開発費に該当

しないソフトウェア制作費は，その制作目的別に「販売目的のソフトウェア」と「自社利用のソフトウェア」とに区分し，前者についてさらに，「受注制作のソフトウェア」と「市場販売目的のソフトウェア」とに区分して，会計処理することが求められる（研究開発費等に係る会計基準，三）。

＜受注制作のソフトウェア＞　受注制作のソフトウェアについては，請負工事の会計処理に準じて処理する。従って棚卸資産として処理する。

＜市場販売目的のソフトウェア＞　ソフトウェアを市場で販売する場合には，製品マスター（複写可能な完成品）を制作し，これを複写したものを販売することになる。製品マスターの制作過程には，通常，「研究開発に該当する部分（最初に製品化された製品マスターが完成するまでの制作活動）」と「製品の製造に相当する部分」とがあり，①研究開発の終了時点の決定および②それ以降のソフトウェア制作費の取扱いが問題となる（同上，三・3）。

①研究開発の終了時点。新しい知識を具体化するまでの過程が研究開発である。従って，ソフトウェアの制作過程においては，製品番号を付すこと等により販売の意思が明らかにされた製品マスター，すなわち「最初に製品化された製品マスター」が完成するまでの制作活動が研究開発と考えるのである。製品マスターの完成は，工業製品の研究開発における量産品の設計完了に相当するものと考えるからである。

②研究開発終了後のソフトウェア制作費の取扱い。製品マスターまたは購入したソフトウェアの機能の改良・強化を行う制作活動のための費用は，「著しい改良」と認められない限り，資産に計上しなければならない。バグ取り等，機能維持に要した費用は，機能の改良・強化を行う制作活動には該当せず，発生時に費用として処理する。

製品マスターは，それ自体が販売の対象物ではなく，機械装置等と同様にこれを利用（複写）して製品を作成すること，製品マスターは法的権利（著作権）を有していること，および適正な原価計算により取得原価を明確化できるので，当該取得原価を「無形固定資産」として計上することにしている。

＜自社利用のソフトウェア＞　将来の収益獲得または費用削減が確実な「自

社利用のソフトウェア」は，将来の収益との対応等の観点から，その取得に要した費用を無形固定資産として計上する。

他方，独自仕様の社内利用ソフトウェアの「自社制作」の場合，または「受託制作」の場合は，将来の収益獲得または費用削減が確実である場合を除いて費用として処理される。

自社利用のソフトウェアで，取得に要した費用を無形固定資産として計上したとき，当該ソフトウェアの性格に応じて，見込販売数量に基づく償却方法を採用したり，その他合理的な方法によって償却する（研究開発費等に係る会計基準，三・3・③）。

経済上の優位性・超過収益力を表す資産について　「経済上の優位性・超過収益力を表す資産」としては「のれん（goodwill）」が挙げられる。「のれん」は会社法・第2編（会計帳簿）・第2節（のれん）に計上根拠規定をもち，無形固定資産に帰属するとされる（会社計算規則106条3項3号リ，107条2項2号ホ）。投資会社の投資勘定と被投資会社の公正価値評価による純資産の額との間に差額（差異）が生じるときに，「のれん」が生起する。「のれん」は企業結合会計基準に従えば，20年以内でのその効果が及ぶ期間にわたっての規則的償却が求められる。

「のれん」は，M＆A（合併・買収）の際，将来への経済的便益をもたらすと期待され，無形固定資産に含められる。しかし，「のれん」は，それ自体として識別できる資産ではなく，取得した識別可能資産の相乗効果から将来便益がもたらされるものである。無形固定資産として識別可能な資産の大半は，知的財産権に係る法的権利であって，識別不能な資産として「のれん」が挙げられる。

さて，「のれん」には上記のごとくM＆Aに絡んで取得した際に無形固定資産として計上されるが，一方，「自己創設」の「のれん」についてはどうか。資産として計上されるのは，外部からの有償取得のものに限定している。何故，自己創設の「のれん」の資産計上を否認するのか。それは市場での取引を経過

していないため，その価値を客観的に評価することが困難であるからと一般に解されている。

　しかし，「のれん」の計上を取得の場合に限定し，自己創設のものについて資産性を否認するのは不合理であると批判される。我々は，貸借対照表（個別であれ連結であれ）を観察する際，資産において自己創設の「のれん」は計上されていないこと，しかし，実際には，相当の価値が貸借対照表に潜在していることを見忘れてはいけない。

　「のれん」の減損について　2005年10月31日企業結合に係る会計基準の設定に関する意見書（三・3・(4)）によれば，株式の交換による企業結合のプロセスにおいて「買収対価の過大評価や過払いが生じている可能性」がある場合を指摘していて，このとき，企業結合年度においても「減損の兆候」が存在すると判定される場合があるといっている。

　また，被取得企業の時価総額を超えて多額のプレミアムが支払われた場合や，取得時に明らかに識別可能なオークション（せり売り・競売）または入札プロセスが存在していた場合も同様に取り扱われることがあると指摘している。

　従って，相乗（シナジー）効果が見込まれるとの前提に基づいて多額の買収プレミアムを支払う場合には，減損の兆候なしと認定されるだけの合理的な根拠があることが必要不可欠である。そうでなければ，統合前に経営者が株主に説明していた相乗効果は合理的裏付けに乏しいものであったと判断され，「そもそも事前に正しいM＆Aであったか」という点に経営責任を問われる可能性もあることは否定できない[4]，とみられる。

Ⅳ　投資その他の資産

　投資その他資産 (investment and other fixed assets) とは「子会社株式その他流動資産に属しない有価証券，出資金，長期貸付金並びに有形固定資産，無形固定資産及び繰延資産に属するもの以外の長期資産」から成る。

企業は，経営活動が順調に推移し，余裕資金を所有することがある。その場合，これを保有し続けるだけでは目減りしていくリスクもあり，また資金余剰の企業に対しては外部からM＆A（合併・買収）の対象とされてしまうこともある。

　そこで，この余裕資金を長期的な視点からより積極的に有望とみられる分野に運用することがある。長期的視点からの資金運用を企業会計ではこれを「投資」と捉(とら)えていく。

　他企業支配や強い影響力行使の目的で株式を取得したり，流動資産としては取り扱われない長期性の有価証券の購入に充当したり，長期期限の貸付を行ったりすることがある。これらを「投資その他の資産」に収容して処理していくのである。

　上記のごとき「投資その他の資産」は，一般に，非貨幣性資産としての性質をもつ投資形態に属しており，支出時点の取得原価を基礎にして評価するが，時間の経過につれて価値変動がみられるときは時価評価が採用されることがあり留意が必要である。

　金融商品会計基準(2006年8月)によれば，「投資」に属する有価証券は，流動資産に属する売買目的有価証券以外の有価証券を指し，「満期保有目的債券」，「子会社・関連会社株式」，「その他有価証券」などを含めている。

　＜満期保有目的債券(held-to-maturity seccuritiies)＞　金融商品会計基準によれば，「満期保有目的債券」とは，満期まで所有する意図をもって保有する社債その他の債券である。当該債券は，たとえ時価（公正価値）が算定できるものであっても，満期まで保有することによって約定(やくじょう)利息および元本(がんぽん)の受取りを目的としており，満期までの間の金利変動による価格変動のリスクを認めていく必要性がないので，「償却原価法」を採用する。

　満期日まで保有するという積極的な意思と能力が必要である（米国FAS115, par.10）。このように満期保有目的の範囲を厳格に把握しないと，満期までの期間に売却されて損益操作のおそれが生じてくるからである。とくに短期的に売買される目的の「売買目的有価証券(trading securities)」とは厳格に区別しなけ

ればならない⁽⁵⁾。

さて、上記の「償却原価法（amortized cost method）」とは、債券（または債権）を債券金額（債権金額）より高い価額または低い価額で取得した場合に、その差額が金利調整分であると認められるときは、償還期に至るまで一定の方法で逐次貸借対照表価額に加算または減算する方法である（金融商品会計基準意見書Ⅲ・四・2・⑵）。これには「利息法」と「定額法」とがある。原則として「利息法」が採られるが、簡便法として定額法も認められる。

「利息法」とは、債券（債権）の取得原価を債券（債権）の帳簿価額の一定率になるように複利をもって各期に配分する方法である。「定額法」は、その取得原価を受入日から償還日まで、期間に均等に配分する方法である。

① 利息法による処理：
　（借）現　金　預　金※1　×××　／（貸）有価証券利息※2　×××
　　　　投 資 有 価 証 券※3　×××
　　※1　額面金額×表面利率
　　※2　帳簿価額×実効利子率
　　※3　貸借差額

② 定　額　法（決算整理に際して行う）：
　（借）投 資 有 価 証 券　×××　／（貸）有価証券利息※　×××
　　※　（額面金額－取得価額）× $\dfrac{当期の月数}{償還期限までの月数}$

＜子会社・関連会社株式＞　「子会社株式（investment in subsidiaries）」とは、親会社の統一的指揮下にある子会社に対する投資株式を意味している。子会社に対する事業関係の維持投資としての性格をもっているから、「事業投資」と類似していて非金融資産として位置づけられるので、時価の変動を投資活動の成果とは把握しないで、取得原価をもって貸借対照表価額とするのである（「金融商品会計基準意見書」Ⅲ・四・2・⑶）。

連結会計を行う段になって、子会社株式は連結財務諸表で、子会社純資産の実質価額を反映するよう求められるから、連結手続をする際に、子会社の資産・負債を時価評価することを通じて、子会社純資産が支配獲得時における公

正評価額とされることになる。資産・負債の公正評価額の差額としての純資産額も公正評価額（つまり実質価額）となって，資本連結を通じて，連結貸借対照表に収容されていく。

「関連会社株式 (investment in associates)」は，支配には至らないが意思決定影響力を及ぼし得る関連会社に対する投資株式を意味している。関連会社は原則として，過半数投資に係る子会社に対するほど持分比率は高くないが（20%ないし50%），子会社株式と同様事実上の「事業投資」に関わるとみて処理するのが適当であり，取得原価をもって貸借対照表価額とする（同上）。

連結会計を行う段になって，関連会社株式は「持分法（もちぶんほう）」を適用して評価していく。連結上では，実質価額によって表示されていく。子会社株式は連結（全部連結）によって，関連会社株式は持分法（一行（いちぎょう）連結）によって，連結財務諸表で時価に係る実質価額が表示されていくわけである。

＜その他有価証券＞　以上取り上げてきた売買目的・満期保有目的のごとき保有目的が明確に認められた有価証券や，支配・統制目的の子会社株式・関連会社株式に含められない有価証券は，業務上の関係を有する企業の株式等から市場動向によっては売却を想定している有価証券まで多様な性格を有しており，一義的にその属性を定めることは困難である。これらを「その他有価証券」として取り扱っている。

これらは多様な性格をもっていて保有目的等を識別・細分化する客観的基準を設けることが困難であり，保有目的等自体も多義的で，かつ変遷していく面があることから，売買目的有価証券と子会社株式・関連会社株式との「中間的性格」を有するものとして一括して捉えるのである（金融商品会計基準, 75）。

「その他有価証券」は，売買目的有価証券に準じて時価をもって貸借対照表価額とするが，しかし，「直ちに売却することを目的としているものではないこと」を顧慮して，決算期末の1時点の時価ではなく，「期末前1ヵ月の市場価格の平均」に基づいて算定された価額によって期末の時価とするが，この方法を「継続して適用する」ことを認めるとされている（同上, 76）。

上記のごとく「その他有価証券」を時価で評価する際,取得原価との間で「評価差額」が生じることになる。

「その他有価証券」の時価の変動は,投資者にとって有用な投資情報であるが,当該有価証券は事業遂行上等の必要性から直ちに売買・換金を行うことには制約を伴うこともあり,評価損益を直ちに当期の損益として処理することは適切でない(同上,77)。

国際的動向を見ても,「その他有価証券」に類するものの評価差額は,当期の損益として処理しないで,純資産の部(資本の部)に直接計上する方法や包括利益(実現利益とは区別された利益概念)を通じて資本の部に計上する方法が採られている。そこで,「その他有価証券」の評価差額については,原則として当期の損益として処理しないで,税効果を調整の上,資本の部において他の剰余金と区別して記載する方法が採用された。

また,従来企業会計原則では,保守主義の観点から,低価法に基づく銘柄別の評価差額の損益計算書への計上が認められてきたこともあり,この考え方を取り入れ,「時価が取得原価を上回る銘柄の評価差額は,資本の部に計上し,時価が取得原価を下回る銘柄の評価差額は損益計算書に計上する方法によることもできる(これを「**部分資本直入法**(method of putting partial amount into capital)」という)」とした。ちなみに評価差額をすべて資本に計上する方法を「全部資本直入法(method of putting all amount into capital)」というが,これを原則として,低価法による部分資本直入法も選択肢として認めている(金融実務指針,par.73)。

「部分資本直入法」を適用した場合における損益計算書への損失計上方法については,「その他有価証券」の評価差額が毎期末の時価と取得原価との比較により算定されることとの整合性を重視して,「洗替え方式(期末に評価替えした金額を翌期首に元の金額に振り戻す方法)」によることとした。この場合,洗替え前の金額(つまり取得原価)が繰越金額となっているから,期中で対象有価証券を売却した場合には,取得原価と売却価額との差額が実現した売買損益として当期の損益に含めることになる。

＜市場価格のない有価証券＞　上でみてきた評価原則は市場価格ある有価証券に適用されることを想定してきたが，市場価格のない有価証券については，取得原価または償却原価法に基づいて算定された価額をもって貸借対照表価額として計上する。

　しかし，市場価格のない株式について，財政状態の悪化によってその実質価額が著しく低下したときには相当の減額をすることが求められる(金融商品会計基準，83)。「減損処理（強制低価法）」による考え方がとられているわけである。

＜外貨建(だて)有価証券＞　外国通貨を基礎として運用・保有している「外貨建有価証券」については，企業会計審議会による新しい「外貨建取引等会計処理基準（1999年10月22日）」によれば，金融商品としての有価証券の評価に対応させる形で，原則として「決算時レート（為替(かわせ)相場）」による保有目的別の換算方法を採用した。例外は，子会社株式・関連会社株式であり，これを「取得時レート」で換算するものとした。

　①満期保有目的債券——外貨による原価(償却原価)を決算時レートで換算することとし，当期償却額は期中平均レートで換算する。そのさいの「換算差額」は当期の損益として処理する。

　②その他有価証券——金融商品会計基準において，時価評価を行うこととされている「売買目的有価証券」や「その他有価証券」に属する外貨建有価証券に関する換算は，その円貨額による時価評価額を求める過程としての換算であることから，このような有価証券の算定には決算時の為替相場を用いるのである。

　有価証券を時価評価したことによる評価差額は，金融商品会計基準に基づいて処理する。従って，「売買目的有価証券」の評価差額は，当期の損益として処理し，「その他有価証券の評価差額」は税効果会計を適用した上で資本の部に計上する。「価格変動リスク」と「為替変動リスク」とを分解して取り扱った際の為替変動リスク部分の残額は為替差損益として処理することもできる。この場合，税効果会計を適用するときは，税効果適用後の評価差額が資本の部に直入される。

③**子会社株式・関連会社株式**──「子会社株式」,「関連会社株式」については,外国通貨による取得原価を取得時レートで換算することとする。

上述の外貨建有価証券の時価評価に関連して,「減損処理」を行うに際して,外貨による時価(時価のない株式については実質価額)を決算時レートで換算し,「換算差額」が当期の有価証券評価損として処理される。

＜**長期貸付金**＞　長期貸付金は,他の金銭債権と同様,債権金額から貸倒見積額に基づいて算定した貸倒引当金を控除した金額で貸借対照表に計上する。

V　繰延資産の処理

繰延資産 (deferred charges)とは,すでに代価の支払いが完了し,または支払義務が確定し,これに対応する役務(用役)の提供を受けたが,その効果が将来の数期間にわたって発現するものと期待される費用をいう。これらの費用は,その効果が及ぶ数期間に合理的に配分するため,経過的に資産として計上することができるのである(企業会計原則注解 注15)。

繰延資産は,ある支出額の全部が,適正な期間損益計算を目的として,費用収益対応の原則に基づいて支出の行われた期間のみに負担させる費用としてではなく,数期間にわたる費用として取り扱う場合に生ずる項目である。

繰延資産は,棚卸資産や固定資産と同様,費用性資産ではあるが,換金性を持たない点で相違している。また,繰延資産は,**前払費用**と類似点が多いので明確に区別しておかなければならない。両者とも費用としての支出がすでに完了しているが,繰延資産は,支出の対価としての役務をすでに提供しているのに対し,前払費用は対価としての役務の提供をいまだ受けていない点で異なっている。

また前払費用が単純に時の経過に即応して費用化するのに対して,繰延資産は将来の収益に対して効果を及ぼす客観的な測定が一般に困難であり,従ってその償却期間の正確な決定が困難な項目であることである。

繰延資産は前払費用とは性格が異なっているので、貸借対照表の資産の部においては、独立した表示区分として表示される。また、国際会計基準の最近の資産に対する考え方は、将来の経済的便益の創造を強調する点にあり、将来キャッシュ・フロー流入を期待し難い項目は資産性を認めない傾向にある。この点で繰延資産の資産性に疑念が投げかけられる。

会社法でも、繰延資産の資産計上を認める規定を積極的に設けることはしていない。それを受けて会社計算規則（2006年法務省令13号）において、繰延資産に関する特別の規定は設けず、「繰延資産として計上することが適当であると認められるものは」繰延資産に属するものとし（106条3項5号）、繰延資産の計上の適否については、企業会計の基準その他の慣行（会社法431条、会社計算規則3条）に委ねるものとしている。

繰延資産の計上根拠規定を会社法では設けないで会計慣行に委ねることとしたことは、会社法施行において計上することができないとする趣旨ではないことには注意が必要である。そこで、会計慣行に関して留意されるのが財務諸表等規則であり（第36条）、そこでは、繰延資産として、①創立費、②開業費、③株式交付費、④社債発行費、⑤開発費の5項目に限定して列挙している。

配当に係る分配可能額の計算上は、繰延資産は、原則として、資産扱いはせず、資本金・準備金のごとき配当拘束に係る額を超えて計上されている繰延資産の額は、分配可能額から減額するとされている（会社計算規則186条1号）。

| ① 創 立 費 | 創立費とは、会社の法律上の成立までの間に支出された設立費としての性質の費用をいい、具体的には、定款および諸規則作成費、株式募集費、株式申込証・目論見書・株券等の印刷費、創立事務所費、設立事務のために使用する使用人の給料手当、創立総会費、発起人の報酬、設立登記の登録税などである。これらは、原則として、支出時に営業外費用として費用処理されるが、しかし、支出の効果が将来の数期間に及ぶとみられ、会社の成立のときから5年以内に定額法によって償却することを前提として繰延処理が認められる。 |

② 開 業 費		会社成立後営業開始（開業）までに支出した開業準備のための費用である。上記の創立費は，会社設立のための費用であるが，開業費はこれとは異なり，会社の営業開始のための費用であり，会社成立後に支出されるところに特色がある。具体的には，土地・建物等の賃借料，広告宣伝費，通信交通費，事務用消耗品費，支払利子，使用人の給料，電気・ガス・水道料等である。<u>これも原則として，支出時に営業外費用として費用処理するが，繰延処理も認められ，開業のときから5年以内のその効果の及ぶ期間にわたって定額法によって償却しなければならない。</u>
③ 株式交付費		これは株式募集のための広告費，金融機関および証券会社の取扱手数料，株式申込証・目論見書・株券等の印刷費，変更登記の登録免許税等の株式交付に係る費用をいう。株式発行費でも，会社設立時のものは創立費に属するものとして，ここでの株式交付費とは区別して取扱うべきである。<u>原則として，支出時に営業外費用として費用処理するが，株式交付のときから3年以内のその支出効果の及ぶ期間にわたって，定額法により償却しなければならない。</u> 　なお，従来，自己株式の処分に係る費用は，旧商法施行規則において限定列挙されていた新株発行費には該当しなかったため，繰延資産として計上することはできないと解されていたが，企業会計基準委員会（ASBJ）は，2006年8月11日実務対応報告19号「繰延資産の会計処理に関する当面の取扱い」では，新株の発行と自己株式の処分に係る費用を合わせて株式交付費としている。その理由は，会社法では，新株の発行と自己株式の処分の募集手続は募集株式の発行等として同一の手続によるとされたこと，また，株式の交付を伴う資金調達などの財務活動に要する費用としての性格は同じであることから，これらに係る費用を整合的に取り扱うこととしたためである。
④ 社債発行費		社債（bonds）は，一般大衆への資金公募により生じた会社の多数の部分に分割された債務で，債券としての有価証券で発行されるものをいうが，社債発行費は，社債発行のために直接必要とした費用である。 　社債発行費には，社債募集のための広告費，金融機関および証券会社の取扱手数料，社債申込証・目論見書・社債券等の印刷費，社債登記の登録免許税等が含まれる。 　<u>社債発行費は，原則として，支出時に営業外費用として，費用処理するが，繰延処理も認められ，社債の償還までの期間にわたり，原則として利息法により償却しなければならない。</u>

	ちなみに，新株予約権の発行に係る費用についてふれておくと，資金調達など財務活動に係るものについては，社債発行費と同様の会計処理ができるとされている。ただし，繰延資産に計上した場合は，新株予約権の発行のときから，3年以内のその効果の及ぶ期間にわたって，定額法により償却しなければならない。 　ただし，新株予約権が社債に付されている場合で，当該新株予約権付社債を一括法により処理するときは，当該新株予約権付社債の発行に係る費用は，社債発行費として処理する（同上「繰延資産の会計処理に関する当面の取扱い」）。
⑤ 開　発　費	開発費（development cost）とは，現に営業を行っている企業が新技術または新経営組織の採用，資源の開発，新市場の開拓等のために支出した費用，生産能率の向上・生産計画の変更等により，設備の大規模な配置替えを行った場合の費用をいう。経常費の性格を持つものは含めない。 　<u>開発費は，原則として，支出時に費用処理することとする。しかし繰延資産に計上することもできる。この場合，その支出のときから5年以内のその効果の及ぶ期間にわたって，定額法その他合理的な方法により規則的に償却しなければならない。支出の効果が期待されなくなった場合には，未償却残高を一時的に償却しなければならない。</u> 　開発費のうち，研究開発費に該当するもの（例えば，研究開発（R＆D）目的のために導入する技術・特許等に係る技術導入費，特許権使用に関する頭金など）は，従来，旧商法施行規則において，繰延資産に計上することが認められていたが，「研究開発費等に係る会計基準」により，発生時の費用として処理しなければならないとされている。

　従来，「繰延資産」としては上掲表の5項目のほか，「社債発行差金」や「建設利息」も挙げられていた。しかし，社債発行差金については，2006年8月11日ASBJによる企業会計基準10号「金融商品に関する会計基準」によって，社債金額から直接控除することとされた。

　つまり，従前は，旧商法において金銭債務の貸借対照表価額を債務額であるとしてきたから，社債を社債金額よりも低い価額で発行した場合には，当該差額を繰延資産として計上することとしてきた。しかし，会社計算規則において，払込みを受けた金額が債務額と異なる社債については，事業年度の末日におけ

る適正な価格を付すことができるとされたため（6条2項2号），これを契機として，従来，繰延資産として取り扱われてきた社債発行差金に相当する金額は，国際会計基準との調和も勘案して，社債金額から直接控除することとされた。

また，「建設利息」については，旧商法規則291条（建設利息に関する規定）が削除されたので，繰延資産として計上できなくなったのである。

〔注〕
(1) **建設仮勘定**とは，建物，機械装置などの建設または製作のために支出した金額（手付金）や，その建設のために使用する材料，貯蔵品などの買入代金を，完成までの間，一時的に処理する未決算勘定をいう。従って，設備建設のための前渡金や，そのために取得した機械等で保管中のものは，建設仮勘定として処理される。
(2) 近年，リース取引が活発に行われているが，この場合のリース物件を**リース資産**として固定資産に上げる考え方が採用されるようになってきた。リース取引に係る当該物件については，経済的実質において，所有資産と同様，資産計上を認めるのである（2006年7月5日「リース取引に関する会計基準（案）」（企業会計基準委員会））。
(3) **減損会計**を適用する際，「減損損失累計額」が生じるが，その表示方法は以下のとおりである（減損会計基準第四・1，減損会計適用指針57項）。
 −各有形固定資産の金額から直接控除する方法（計算規則111条1項）
 −減価償却を行う各有形固定資産に対する減損損失累計額について，当該各有形固定資産の項目に対する控除項目として，減損損失累計額の項目をもって表示する方法（同2項本文）
 −減価償却を行う各有形固定資産に対する減損損失累計額について，これらの有形固定資産に対する控除項目として，減損損失累計額の項目をもって一括して表示する方法（同2項ただし書）
(4) 近藤浩・山本直道「シナジー効果が『のれん』に与える影響と留意点」『経理情報』2006年8月20日号，75頁。このことは，株式買取請求権の問題も生起させることになろう。
(5) さらに，これら「満期保有目的債券」や「売買目的有価証券」と区別されるものとして，「売却可能有価証券（available-for-sale securities）」が挙げられる。企業が「長期投資目的」で保有する有価証券および金融機関が投資勘定で保有する有価証券がこれに該当する。この分類に属する証券は，時価評価の対象となり，未実現損益は貸借対照表の純資産の部に表示する（ＦＡＳ115, par.79）。

第9章　負債の会計

I　負債の意義および内容

　負債（liabilities）は，企業が所有する資産の中から将来返済を予定する際の債務である。その返済（弁済）の期限の長短の規準によって，**流動負債**（current liabilities）と**固定負債**（fixed liabilities）とに分けられる。

　貸借対照表の貸方科目としての資金の調達または持分（資産に対する価値拘束）の関係からみた場合の概念でもある。すなわち，資産は資金の運用形態を示すものとして位置づければ，負債と資本とは借方側で運用している資金の調達源泉を示すものであり，資金提供者との持分関係から把握すると，負債は**債権者持分**，資本は**株主持分**を示している（また資本を「資金の元手である」という広義の概念で捉えられ，株主持分としての資本は，返済義務がないところから**自己資本**というとき，負債を**他人資本**ということができる）。

　負債の大部分は，返済義務を伴う債務である。債務は，<u>金銭債務</u>（金銭で返済すべき債務），<u>物品引渡債務</u>（前受金のごとく，将来商品の引渡しを約束して買主から受け取った手付金），<u>役務提供債務</u>（前受家賃のごとき，賃貸料の前受分）からなる。

　しかし，負債には債務でないものもあり，合理的な期間損益計算を行うために設定する負債項目，例えば修繕引当金のごときがある。支出の発生は将来の期間に属するが，その支出の原因となる事実が当期に発生しているとみて設定するものである。返済義務を伴わない会計的負債といえる。

　しかし，この会計的負債を強調する思考は最近の国際会計基準の趣旨からみて限定的に理解していかなければならない。将来キャッシュ・フローの流出の犠牲を伴っているものもあるからである。

　「会社計算規則」（2006年法務省令）も返済義務を伴わない項目も負債として認めているが「原則として債務額を付さなければならない（6条1項）」といって

いる。第6章の「資産」について検討したように,資産を将来の経済的便益の流入という捉え方があり,これとの対応関係から,「負債」を将来の経済的便益の流出(犠牲)と考えられるのである(IASC, Framework for the Preparation and Presentation of Financial Statements, 1989)。この視点から,例えば,ファイナンス・リース取引に基づく「リース債務」は経済的便益の流出に基づくものとみられ,負債概念として把握することができる。

負債は,「流動負債」に属する負債と「固定負債」に属する負債とに区分しなければならない(会社計算規則107条1項)。流動負債,固定負債については**営業循環基準**および**1年基準**に従って区分されるが,これらいずれかに属することになる具体的項目については会社計算規則107条2項に定められている。

また,「引当金」については,会社計算規則によって1年基準に従って,流動負債(107条2項1号ニ)または固定負債(同項2号ハ)に属するものとして取り扱われていて,とくに引当金の部に属する規定を設けていない。

従って,会社計算規則上では,法的債務性を有しない引当金をとくに区分することなく,流動負債または固定負債に区分して表示することを原則としている。しかし,会社法は「公正な会計慣行に従う」ことを規定しているので,引当金を流動負債・固定負債とは別個の独立項目として表示することを認める慣行があれば,表示上の問題であるとしてそのように取り扱っても差し支えない。

なお,会社法以外の法令の規定による準備金等の規定が存在しているが,会社計算規則(147条)で規定していて,これら会社法以外の法令の規定によって計上が強制される準備金等として,電気事業法上の渇水準備金,保険業法上の責任準備金,商品取引法上の商品取引責任準備金などが挙げられる。これらは会計上では利益留保性の性格をもっているが,各法律の規律に従って負債の部に表示せざるを得ないものである。

II 流動負債の処理

流動負債(current liabilities)は,「主たる営業活動」によって生じた支払手形,

買掛金などの金銭債務のほか，1年以内に返済期限の到来するその他の負債（短期借入金，未払金，未払費用，前受金，預り金，前受収益，引当金など）によって構成される。

支払手形（notes payable）　金銭債務として位置づけられ，約束手形の振出しまたは為替手形の引受けに伴って生ずる手形債務である。

設備の建設，有価証券の購入，その他通常の取引以外の取引に基づいて発生した手形債務とは区別すべきである。これらは，固定資産，有価証券等の物品の購入により発生した手形債務，営業保証金の代用として振り出した手形債務等の区別を示す名称を付した科目をもって掲記するものとする（財務諸表規則取扱要領138）。

買　掛　金（accounts payable）　買掛金は，通常の取引に基づいて仕入先との間で発生した営業上の未払金をいい，これには通常の取引に基づいて発生した役務の提供による営業上の未払金，例えば電気・ガス・水道料，外注加工賃等の未払額を含めることができる。

未　払　金（vouchers payable）　通常の取引に基づいて発生した債務であるが，物品税，広告料，販売手数料，売上割戻金等の未払額もこれに含めるのである（同第120）。

未払費用（accrued expense）　未払費用は継続的な役務の給付（提供）を内容とする契約に基づいて貸借対照表日までに提供された役務に対する未払額で当該事業年度の費用として計上したもの，例えば未払賃金・給料，未払利息，未払賃借料等をいう（同第128）。

前　受　金（advances received）　前受金は，受注工事・受注品等に対する前受金をいい，不動産業の不動産賃貸料，倉庫業の倉庫保管料，映画配給業等の前受額，オプション取引に係る受取オプション料，選択権付債券売買取引等に係る受取選択権料も前受金に含める（同第118および第119）。

預　り　金（deposits received account）　預り金は，従業員・役員などから現金を一時的に預かった場合の金銭債務である。企業が従業員に支払う給与のうち，その所得税を控除して，当該控除分を企業側が従業員に代わって税務署に納付

する場合に，企業側が一時的に預かっている所得税も預り金勘定で処理する。

前受収益（deferred income）　前受収益は，貸借対照表日後の収益に属すべきもので，貸借対照表日（決算日）までに支払いを受けたもの，例えば前受賃貸料，前受利息，前受手数料等をいう（同第129）。

引 当 金（allowances, provisions）　「流動負債」には以上で取り上げてきた項目のほか短期の負債性引当金が含まれるが，これについては「引当金」のところで記述することにする。

繰延税金負債（deferred tax liabilities）　「流動負債」の中には，繰延税金負債も含められ，これは，繰延税金のうち，将来の税金支払いを増加させる影響である**税効果**[1]を示す貸借対照表項目である。将来加算一時差異に起因して把握される。

これは，他方で借方側の，「繰延税金資産（deferred tax assets）」と対をなすものであり，将来の税金の支払いを減少させる影響である税効果を示す貸借対照表項目が繰延税金資産である。将来減算一時差異と繰越欠損金等に起因して把握される。関連する資産・負債の分類に基づいて，貸借対照表上，流動と固定の区分に分類される。

Ⅲ　固定負債の処理

固定負債（fixed liabilities）は，社債，長期借入金等の債務，退職給付引当金・特別修繕引当金のように通常1年を超えて使用される見込みの引当金が含まれる。

固定負債の貸借対照表上での表示区分は，社債，長期借入金，引当金，繰延税金負債，のれん，その他の負債，とされる（会社計算規則107条）。

社　債（bonds）　社債は，企業が債券を発行して資金を広く一般から借り入れた場合の債務を表すための勘定である（ちなみに，他の企業が発行した社債を購入した場合には，社債勘定は使わず，有価証券の勘定で資産に計上する）。社債は，取締役会の決議によって，社債の総額，各社債の金額，発行価額，利率，償還の

方法・期限などの事項を定めて募集することができる。

　社債の発行形態は，①券面額（額面額）で発行する**平価発行**，②券面額より低い価額で発行する**割引発行**，③券面額を超える価額で発行する**打歩発行**，の三つがある。発行価額は，その社債の契約利子率と市場利子率を勘案して決められる。社債の契約利子率が市場利子率と同一の場合，①の平価発行が行われる。契約利子率が市場利子率より低い場合，社債の実効利子率（利回り）が市場利子率に等しくなるよう調整するため，②の割引発行が行われる（わが国ではこのケースが多い）。

　新株予約権付社債(bonds with stock purchase warrants)　新株予約権付社債とは社債に新株予約権を付与したものであり，会社法（2006年）によって，「転換社債型新株予約権付社債」と「転換社債型新株予約権付社債以外の社債」の発行が認められた。

　「転換社債型新株予約権付社債」とは，募集事項において，社債と新株予約権がそれぞれ単独で存在し得ないこと，及び新株予約権が付された社債を当該新株予約権行使時における出資の目的とすること（会社法236条1項2号及び3号）を，あらかじめ明確にしている新株予約権付社債のことをいう。当該社債は，従来の転換社債と経済的実質が同一であると考えられる。

　当該社債について，社債と新株予約権がそれぞれ単独で存在し得ないことをあらかじめ明確にしている場合とは，以前の転換社債と経済的実質が同一となるように，例えば以下のいずれかが募集事項に照らして明らかな場合である（「会社法による新株予約権及び新株予約権付社債の会計処理に関する実務上の取扱い」（2006年12月27日），Q3）。

① 　新株予約権について取得事由を定めておらず，かつ，社債についても繰上償還を定めていないこと。
② 　新株予約権について取得事由を定めている場合には，新株予約権が取得されたときに社債も同時に償還されること，かつ，社債について繰上償還を定めている場合には，社債が繰上償還されたときに新株予約権も同時に消滅すること[2]。

次に「**転換社債型新株予約権付社債以外の場合**」について眺めてみる。転換社債型新株予約権付社債以外の新株予約権付社債に関して，その発行に伴う払込金額は，社債の対価部分と新株予約権の対価部分とに区分する。社債の対価部分は，普通社債の発行に準じて処理し，新株予約権の対価部分は，新株予約権の発行者側の会計処理に準じて処理する（**区分法**）。

また，新株予約権が行使されたときの会計処理については，転換社債型新株予約権付社債の発行時に区分法を採用している場合に準じて処理するのである。

長期借入金（long-term loans payable） 長期借入金は，1年を超える期間を支払期日とする借入れに係る債務をいう。長期借入金にあって，株主・役員・従業員など企業内部者や関係会社からのものは区別して表示することが求められる（財務諸表規則52条・53条）。

資産除去債務（asset removal obligation） 有形固定資産の解体，撤去等の処分および原状回復が必要となることがあり，これを資産除去債務として負債に計上するものである。そしてこれに対応する除去費用を有形固定資産に計上する会計処理を行う。

企業会計基準委員会（ASBJ）は，企業の将来の負担を財務諸表に反映させることは投資情報として役立ち，かつ国際財務報告基準（IFRSs）との調和化にも応えるとして，資産除去債務の会計処理を検討し，2007年5月30日「資産除去債務の会計処理に関する論点の整理」を公表した。

資産除去債務の発生原因は，有形固定資産の取得，建設，開発または通常稼動に係る使用によって生じるものであり，当該債務を負債として計上していく。

上記「論点整理」によれば，資産除去債務の具体的な範囲として，有形固定資産の除去に関連する債務を法令または契約で要求される法律上の義務だけでなく，それらとほぼ同等の法律上の義務に準じるものも含まれると考えている。

繰延税金負債（deffered tax liabilities） 流動負債に含めず，固定負債として取り扱われる繰延税金負債は次に掲げる項目である。①有形固定資産，無形固定資産もしくは投資その他の資産に属する資産または固定負債に属する負債に関連する繰延税金負債，②特定の資産または負債に関連しない繰延税金負債で

あって，1年以内に取り崩されると認められないもの，以上である（会社計算規則，107条2項二・ハ）。

　の・れ・ん（goodwill）「のれん」は，会社法・第2編（会計帳簿）・第2節（のれん）に計上根拠規定をもっている。「のれん」は，借方の資産に計上される場合がよく注目されるが，他方，貸方の負債に計上される場合についても眺めておかなければならない。

　資産としての「のれん」は，吸収型再編簿価株主資本額——承継する財産（吸収合併存続会社の自己株式を除く資産）に付すべき価額から，承継する財産（負債）に付すべき価額および吸収合併消滅会社が発行していた新株予約権の吸収合併の直前の帳簿価額の合計額を減じて得た額——が，吸収型再編対価簿価より小・さ・い場合に生じる（会社計算規則13条1項1号）。他方，負債としての「のれん」はこれと逆の場合である。

　「逆の場合」とは，吸収型再編簿価株主資本額が，対価として交付される存続会社の株式以外の財産の帳簿価額（吸収型再編対価簿価）より大・き・い場合である（同上2号）。ただし，対価に株式が含まれる場合には，「のれん」ではなく，株主資本で調整することになるので，負債として「のれん」が計上されるのは，対価に株式が含まれていないときに，吸収合併によって減少する財産の帳簿価額が吸収合併によって増加する財産の価額よりも小さい場合ということになる（適用指針243条）。

　「のれん」の償却について眺めてみる。これについては長らく「償却不要説（否償却説）」と「償却必要説（要償却説）」とが対立してきた。「償却不要説」は，「のれん」は企業活動の継続によって，その価値は増大することはあれ，減少することはなく，償却は必要ないとする。他方「償却必要説」は，「のれん」は企業活動の継続によって，その価値が維持されるとは考えにくく，有償取得の「のれん」は減少することもあり得ると考える。

　2003年10月「企業結合会計基準（企業会計審議会）」は，本書第8章の無形固定資産の処理で取り上げたように「償却必要説」に立ち，20年以内の「のれん」の効果の及ぶ期間にわたって，定額法その他の合理的な方法により規則的に償

却することとする（三2，(4)）。ちなみに，国際会計基準は償却を必要とするという立場ではないが，ＩＡＳ36号「資産の減損」に従った「のれん」の減損テストを毎年（減損の兆候となる事象が生じた場合や状況に変化が生じた場合には，さらに頻繁に行う）行う必要があるといっている（IFRS 3 号55項）。

さて，固定負債に計上される「負ののれん」を眺めてみる。我が国の上記「企業結合会計基準」では，「負ののれん」は「想定された発生原因に合理性を見出すことは困難な場合が多い」ため，「承継した資産の取得原価総額を調整する要素とみて，正の値である「のれん」と対称的に，規則的な償却を行う」とされ，償却額は営業外収益に表示するといっている（上記基準の「適用指針」(15)）。「規則的な償却基準」を採用しているのである。

他方，国際会計基準は，次の事項によって実施するとする（IFRS 3 号56項）。①被買収企業の識別可能資産・負債および偶発負債の識別と測定および企業結合の原価の測定を再度見直す。②見直し後に残った超過額は，利益としてただちに認識する（同上57項）。

「負ののれん」についてIFRSが上記のごとき処理法に到達した理由をみておこう。大半の企業結合は，交換取引に属し，各当事者が受け取りまたは犠牲にする価値は等しいという大方の合意に基づき，①「被買収企業の識別可能資産に割り当てられる価値が過大評価されている」，②「被買収企業の識別可能負債又は偶発負債に抜け落ちている項目があるか，またはそれらの項目に割り当てられている価値が過小評価されている」，③「企業結合の原価に含まれている項目に割り当てられている価値が過小評価されている」と判断される。

従って，企業結合の会計処理の一環である価値の評価が適切に行われ，被買収企業の識別可能負債及び偶発負債が適切に識別及び認識されていれば，「負ののれん」が発生することは稀であると判断された。

また，企業結合に係る取引について，割安購入（lucky buy）――事業の売手が経済的理由以外の理由でその事業を手放したいと考えていて，公正価値より低い価格でも対価として受け入れる意思がある場合などに発生するもの――が行われることがあり，これによって生じる「負ののれん」は，直ちに損益として

認識することが表現上の忠実性を満たすと判断した（同57項）とされる。
　とにかく，「のれん」は，それが「正のものであれ負のものであれ」，その償却の処理法について日本基準と国際基準とで相違が残っていることに注目しておくべきである。

Ⅳ　引当金の処理

　「会社計算規則（2006年2月7日）」によれば，引当金について「将来の費用又は損失（収益の控除を含む）の発生に備えて，その合理的な見積額のうち当該事業年度の負担に属する金額を費用又は損失として繰り入れることにより計上すべきものとし（6条2項1号）」，そして，「退職給付引当金」，「返品調整引当金」のごとき項目も含むとしている。
　引当金の計上の可否については，「債務性の有無にかかわらず[3]」，つまり債務性がなくても，企業会計の基準その他の会計慣行により判断されることになり（会社法431条），引当金については，債務額ではなく適正な価格により評価することができることとされた（会社計算規則6条2項1号）。これによって，「退職給付引当金」であれば退職給付債務の額ではなく，これを現在価値に割り引いた額という適正な価格で計上できることを引当金となると明確にした。また，「返品調整引当金」等のように将来の収益の控除に備えるために計上すべき項目も引当金とされる。
　つまり，会社法では，将来の費用または損失の発生に備えて，その合理的な見積額のうち当該事業年度の負担に属する金額を費用または損失として繰り入れ，引当金に計上すべきことを明確にした。
　旧商法施行規則86条1項では，同規則43条に規定する法的債務性を有しない引当金を，流動負債・固定負債とは別に，「引当金の部」を設けて表示することを認めていたが（つまり旧商法施行規則では，引当金を「債務性のない負債」であるという思考に拘泥していた），会社計算規則では，財務諸表等規則と同様，引当金については，1年基準に従って，流動負債または固定負債に属するものとし

て取り扱っていて,「引当金の部」に関する規定をとくに設けていなかった。

従って, 会社計算規則の下では, 法的債務性を有しない引当金については, これをとくに区分することなく, 流動負債または固定負債に区分して表示することを原則的な取り扱いとしたが, 法的債務性のない引当金をとくに「引当金の部」に表示するか否かは, 表示上の問題にすぎず, 公正なる会計慣行に従っていて, 流動負債・固定負債とは別に表示することを認める慣行があれば, そのような取り扱いを行うことができるとした。

以下, 具体的な引当金の諸項目を眺めていきたい。

製品保証引当金 (allowance for guarantee of goods) 製品の販売に際して, 当該製品に欠陥があったとき, 一定条件のもとで無償で補修に応ずるなどの約束をしている場合に, その補修や無償取替えの費用およびその保証責任をあらかじめ認識するための引当金である。当該製品の販売時に (実務的処理として年度末に), 後日行う補修などの支出を, 費用として認識し, 顧客に対する製品保証責任に係る引当を行う。

<設 例>
当期の売上製品につき年度末に保証修繕費の見積額¥1,000,000を計上した。
 (借) 保 証 修 繕 費 1,000,000 / (貸) 製品保証引当金 1,000,000

売上割戻引当金 (allowance for sale rebate) 一定期間内における売上高が一定額を超えるときに事後的に対価の一部を減免する取引形態のもとで, 減免予定額をあらかじめ見積計上するための引当金である。

返品調整引当金 (allowance for liability for buy-back) 医薬品業, 出版業, 化粧品製造業などのように, 返品率の高い製品を販売している企業が当該製品販売の際の価額による買戻しに係る特約を結んでいる場合における事業年度の末日において繰り入れるべき引当金をいう。返品によって生ずる売上収益の減少および買戻義務を認識するための引当金である。

この引当金は, その他多くの引当金と異なり, 返品によって収益が減少することを認識していくのである。

賞与引当金 (allowance for giving a bonus) 従業員などに支給する賞与をあら

かじめ見積計上した場合に設定する引当金である。

工事補償引当金（allowance for guarantee of constructing facilities）　建設業者がその建築物の売却に際して一定条件のもとで無償補修などの約束をしている場合に，当該補修費用および保証責任を示すための引当金である。さきの製品保証引当金と類似の引当金であり，これと一緒に取り扱って製品保証引当金ということがある。

退職給付引当金（allowance for retirement benefits）　従業員・使用人が退職した後に当該従業員・使用人に退職一時金，退職年金その他これらに類する財産の支給をする場合における事業年度の末日において繰り入れるべき引当金をいう。

退職給付は，一般に「退職一時金」と「退職年金」によって構成される。従来，退職一時金についてのみ引当金を設定し，「退職給与引当金」といっていたが，「退職給付会計基準（2000年）」では，この両者を含む退職給付の全体に対して退職給付引当金の設定が求められた[4]。この場合の退職年金は「確定給付型年金」を指している。

貸借対照表に計上すべき退職給付引当金の額は，次の式，

　　退職給付引当金＝退職給付債務－年金資産，

として計算される[5]。

修繕引当金（allowance for repairs）　使用中の固定資産について修繕を定期的に行う場合，次期以降に行う修繕のための費用をあらかじめ見積計上する際の貸方項目として設定するのが修繕引当金である。固定資産の継続的な使用を通じて，修繕を必要とする価値減少の事実が進行しているとみて，発生主義の視点から修繕費を計上し，修繕引当金を設定するのである。

将来特定の支出を生ぜしめる可能性の高い引当金であり，負債性引当金としての性質を有している。

特別修繕引当金（allowance for repairs of specific facilities）　大型の船舶，銑鉄製造用の溶鉱炉・熱風炉，ガラス製造用の連続式溶解炉などのように特定の固定資産について，特別の修繕に要する費用を計上するために設定するのが，特

別修繕引当金である。当該引当金は，その特定の対象となった資産に特別修繕を行ったときに取り崩していく。

債務保証損失引当金 (allowance for risk on giving security for borrowings) 他企業の借入等の債務の保証を引き受けている場合，当該企業が債務の返済を行わないことによる債務保証損失の発生する可能性が高いときに設定するのが債務保証損失引当金である。

─＜設　例＞──────────────────────
　A社の借入れに係る債務保証をしているが，同社の財政状態が悪化してきたので，決算に際し，¥1,000,000の債務保証損失引当金を設定した。
　　（借）債務保証損失引当損　1,000,000 ／（貸）債務保証損失引当金　1,000,000
　A社が倒産し，保証した債務¥3,000,000を小切手で支払った。
　　（借）債務保証損失引当金　1,000,000 ／（貸）当座預金　3,000,000
　　　　　債務保証損失　　　　2,000,000

損害補償損失引当金 (allowance for compensation for damages) 特許権侵害，公害などで損害補償を求める訴訟を受ける裁判が進行しているが，敗訴の見込みが強く，損害賠償損失を生ずる可能性が高いときに設定するのが，損害補償損失引当金である。

貸倒引当金 (allowance for doubtful debts) 売掛金，受取手形などの売上債権，貸付金等の営業外債権などの現金での回収に危険が見込まれるとき，過去の経験率などに基づいて貸倒損失を見積り，これに見合って設定するのが貸倒引当金である。

─＜設　例＞──────────────────────
　期末決算に際し，貸付金残高¥10,000,000に対し，１％の貸倒損失を見積り計上する。
　　（借）貸倒損失　100,000 ／（貸）貸倒引当金　100,000
　翌期のある時点で得意先のＴ社に対する前期に発生した貸付金¥200,000が貸倒れとなった。
　　（借）貸倒引当金　100,000 ／（貸）貸付金　200,000
　　　　　貸倒損失　　100,000

以上，引当金の具体的諸項目について眺めてきた。これを性質の観点から大別すると，貸倒引当金のごとく，資産を評価基礎（対象）として設定され，「資産の部」において当該資産の控除形式で表示する**評価性引当金**と，製品保証引当金などのごとく，「負債の部」において表示する**負債性引当金**とから構成されていることが分かる。

V　偶発債務の処理

偶発債務（contingent liabilities）とは，いまだ現実の債務ではないが，将来一定の事実が生起したときに債務（確定債務）となる可能性がある**潜在的債務**をいう。偶発債務については「注記」が要求され（財務諸表規則58条），偶発債務の具体的項目としては，「債務の保証，引渡済の請負作業又は売渡済の商品に対する各種の保証，係争事件に係る賠償義務，先物売買契約，受注契約その他現実に発生していない債務で将来において当該事象の負担となる可能性のあるもの（財務諸表規則取扱要領146）」が挙げられる。

会社計算規則（2006年2月7日）によれば，「保証債務，手形遡求義務，重要な係争事件に係る損害賠償義務その他これらに準ずる債務（負債の部に計上したものを除く）があるときは，当該債務の内容及び金額は注記しなければならない（134条1項5号）」とされる。

要するに，偶発債務は特定の費用または損失として発生する可能性を有しているが，その発生の確実性の程度が高くなく，未だ引当金として処理するに至らない項目である[6]。

しかし，例えば係争事件の進展の程度によって，費用または損失として発生する可能性が高くなる場合があり，このような場合，見積債務として発生する可能性が高くなる場合がある。その際に，見積債務として引当金（つまり損害補償損失引当金など）の設定が要求されることになる（企業会計原則・注解注18）。

当初の偶発債務から確定債務への移転の中間段階に到達したものが引当金として処理されるべきものである。しかし，このような中間段階へ到達したか否

かについては，慎重な判断が求められ，環境変化に対応して個別の企業責任において適切に行われなければならない。

〔注〕
(1) **税効果会計**について。「税効果会計」は，会計上での法人税等の会計処理法として把握され，国際会計基準によっても支持されている方式である。税効果会計によって，
- 当期における税法適用影響（current tax consequences）──当期納税額・税金還付額
- 将来年度における税法適用影響（future tax consequences）──将来年度への繰延税金

の処理が対象となる。税効果会計は，法人税等の会計の目的は，当期に発生した取引，その他の事象に税法を適用した結果として生じる，当期および将来年度の税法適用影響（tax consequences）を適切に会計に反映させることである。当期分の税法適用影響は当期分納税額または税金還付額として財務諸表に反映される。

将来年度の繰延分税効果は，一時差異・欠損金に基づく，将来年度への課税繰延効果または税金前払効果として，財務諸表に示される。一時差異・欠損金によって生じる将来年度への税金影響額は繰延税金に反映される。従って，税効果会計は，当期分税効果としての未払法人税等・未収法人税等と，将来分税効果としての繰延税金負債・繰延税金資産との両方を取り扱い対象とすることになる。

繰延税金負債の負債性 企業会計上の費用計上額を超えて税法上の損金算入が早期に行われる場合，会計と税務計算との間に，「将来加算一時差異」が生じる。その結果，当期の税引前利益に対して法人税等納税額が過少となり，過少税額部分が繰延税金負債に計上される。

将来年度に会計上の費用額が税法損金算入額を超えるとき，税引前利益に対して法人税等納税額が過大となり，過大部分が繰延税金負債より取り崩される。この繰延税効果を反映する繰延税金負債は，現在において発生している義務であって，将来，企業から現金が流出すると予想されるものとして負債性が認められるわけである。

繰延税金資産の資産性 会計上の費用計上に対して税務計算の損金算入を将来に行う場合，会計上で法人税等の前払税効果が生じる。また，税法上の繰越欠損金に対して将来に繰越控除されて前払税効果が生じる。

この前払税効果について資産性が認められるわけである。繰延税金資産については，将来の回収見込みについて毎期見直しを行い，計上に当たって慎重な認識が求められる。

(2) 「**転換社債型新株予約権付社債**」の会計処理については，その発行に伴う払込金額が以下のいずれかの方法によって処理する（「会社法による新株予約権及び新株予約権付社債の会計処理に関する実務上の取扱い」Q3）。
① 社債と新株予約権のそれぞれの払込金額を合算し，普通社債の発行に準じて処理する（**一括法**）。

② 転換社債型新株予約権付社債の発行に伴う払込金額を，社債の対価部分と新株予約権の対価部分に区分した上で，社債の対価部分は，普通社債の発行に準じて処理し，新株予約権の対価部分は，新株予約権の発行者側の会計処理に準じて処理する（**区分法**）。

なお，転換社債型新株予約権付社債を社債の対価部分と新株予約権の対価部分とに区分する場合には，「金融商品会計基準注解（注15）」に準ずる方法によることになるが，社債と新株予約権それぞれの払込金額が明らかに経済的に合理的な額と乖離する場合には，当該払込金額の比率で配分する方法を適用することは適当でない。この場合には，区分法における他の方法を適用することになる。

上記の「一括法」による会計処理を上記「会社法による新株予約権及び新株予約権付社債の会計処理に関する実務上の取扱い」によって示しておこう。

転換社債型新株予約権付社債の発行者側の会計処理（一括法）

1．前提条件
 (1) 転換社債型新株予約権付社債の発行
   転換総額：500,000千円
   払込金額：450,000千円（割引発行）
   期　　間：×1年4月1日から×11年3月31日（10年間）
 (2) 社債発行差金は，償還期間で定額法により償却する。
 (3) 決算日は3月31日である。
 (4) ×3年4月1日に，上記転換社債型新株予約権付社債のすべてについて新株予約権の行使の請求があり，新株を発行した。
 (5) 新株予約権の行使に際して，出資をなすべき1株当たりの金額（転換価格）は50千円とする。新株の発行時に出資された額はすべて資本金とする。
 (6) 社債利息については考慮しないものとする。

2．会計処理
 (1) 発行時（×1年4月1日）　　　　　　　　　　　（単位：千円）

（借）現 金 預 金	450,000	（貸）社　　　　債	500,000
社債発行差金	50,000		

 (2) 決算日（×2年3月31日）

（借）社債発行差金償却	5,000	（貸）社債発行差金	5,000

 (3) 決算日（×3年3月31日）

（借）社債発行差金償却	5,000	（貸）社債発行差金	5,000

 (4) 新株予約権行使時（×3年4月1日）

（借）社　　　債	500,000	（貸）資　本　金	460,000(注1)
		社債発行差金	40,000(注2)

> (注1) 権利行使により資本金に振り替える額は，新株予約権が行使された転換社債型新株予約権付社債の社債金額（発行時における社債金額と払込金額との差額に係る未償却残高（社債発行差金残高）がある場合には当該金額を加減した金額）
>
> (注2) 50,000千円×$\frac{8年}{10年}$＝40,000千円

(3) 郡谷大輔，和久友子（編）『会社法の計算詳解』中央経済社，2006年，24頁。

(4) 従来，「**退職一時金**」と「**退職年金（企業年金）**」の2種の退職給付について，異なる処理を行っていた。「退職一時金」については，各期末に「引当金（退職給与引当金）」を設定するが，「退職年金」については，基金に拠出すべき掛金相当額を年金費用として処理していた。しかし，「退職給付会計基準」では，「退職一時金」と「退職年金」とを一括して退職給付として把握し，この両者を退職給付引当金の設定対象として包括的に取り扱うことになった。

(5) 「**退職給付債務**」とは，退職給付見込額（退職時に見込まれる退職給付の総額）のうち，期末までに発生していると認められる額を，一定の割引率と予想される退職時から現在までの期間（残存勤務期間）に基づいて割引計算した現在価値をいう（保険数理計算における現価方式を適用する）。ここでの「割引率」は，長期国債，政府機関債など安全性の高い長期債券の利回りに基づいて決定する。

他方，「年金資産」は，企業年金制度に基づき退職給付に充てるために積み立てられている資産をいい，期末における公正な評価額（時価）により測定していくのである。

(6) 国際会計基準は，「偶発債務を認識してはならない（ＩＡＳ37号27項）が，経済的便益をもつ資源の流出が必要となる可能性がわずか（remote）な場合を除き注記が求められる（同28項）。」

また，「共同連帯責任を負っている場合，他の者が支払うと期待される部分は，偶発債務として取り扱われる。このとき，信頼できる見積りができないというきわめて稀な状況を除いて，当該債務のうち経済的便益をもつ資源の流出の可能性の高い部分については，引当金を認識しなければならない（同29項）。」といっている。

第10章　純資産／資本の会計

I　純資産の意義

　従来，日本の会計制度では，貸借対照表の貸方において，負債とは区別された項目を「資本」といってきた。報告主体の所有者に帰属するものと考え，これを「資本」として位置づけてきた。しかし，国際会計基準は，資産と負債の定義を明確化し，その差額概念をとり，所有者に帰属するものを資本という思考をとってきた。これを「株主持分 (stockholders' equity)」といってきた。この国際基準と調和化する目的で，日本でも上記の差額概念を重視して，資産から負債を控除した金額を「純資産」ということにした (2006年会社計算規則105条1項)。

　しかし，差額概念を採って「純資産」といっても，「資本」とか「株主持分」といっていないことに注意が必要である。国際会計基準では，「株主持分」と称しているが，日本基準では「株主持分」という用語を避けて，「純資産」といっている。その理由は，次の点にある。すなわち，我が国での企業の成果計算として，国際基準が提唱する資産・負債アプローチによる損益計算（**包括利益計算**）を許容してはいるが，日本基準として従来から行われてきた収益・費用アプローチによる損益計算（**当期純利益計算**）の概念をも温存させたいとしたことにあった。

　具体的にいうと，金融商品会計基準に取り扱われている「その他有価証券」に係る「評価差額(※1)」や，為替換算に係る「為替換算差額(※2)」を，日本の制度会計では，損益計算書に記録せず，直接，貸借対照表の純資産の部に計上することにしたいとか，また，「新株予約権」や，連結会計を行う際の「少数株主持分」を純資産に計上したいとする場合に，これらは，実現概念による測定には入れにくかったり，親会社支配株主の立場を重視する会計主体論の観点

からは,損益計算書の記入事項として認識し得ない「中間区分項目」であったりすることを理由として,株主資本には含め得ないとする。

しかし,国際会計基準(IAS/IFRS)では,資産・負債アプローチを採り,会計主体として親会社支配株主の視点のみならず,株主全体の立場を重視する経済的単一体説を採っているので,これを利益概念(包括利益)に取り入れ,株主資本にも含めるものとしている。将来の会計基準の国際的統一化の方向を見据えて,このような思考をも勘案しておかなければならない。

(※1) **その他有価証券の評価差額金について。**「有価証券」については,その属性を考えて,「売買目的有価証券」,「満期保有目的有価証券(債券)」,「子会社及び関連会社株式」などに分類されるが,さらに,これらの保有目的に該当しない有価証券があり,日本の「金融商品会計基準,18(2007年)」では,これを「その他有価証券」といっている。これに対しては時価評価を行うものとするが,「直ちに売却することを目的としているものでないこと」また,「その他有価証券に付すべき時価に市場における短期的な価格変動を反映させることは必ずしも求められないと考えられることから,期末前1カ月の市場価格の平均に基づいて算定された価額をもって期末の時価とする方法を継続して適用することも認められる」としていて,そのときの時価をもって,評価差額が出た場合,「洗い替え方式」に基づき損益計算書に計上せず,貸借対照表の純資産に計上するものとしている(税効果会計を適用して)。これを純資産(資本)直入方式という。

反面,時価が取得価額を下回る銘柄の評価差額は,保守主義の原則の観点から,損益計算書において,当期の損失として処理することを求めている。

(※2) **為替換算差額(為替換算調整額)について。** 為替換算額ないし為替換算調整額(foreign currency translation adjustment)とは,海外に存在している子会社,つまり「在外子会社」の財務諸表を決算日レート法で換算する場合の子会社純資産についての換算差額である。基本的に,資産・負債が決算日レート(相場)で換算されるにも拘わらず,持分は取得日レートで換算されることから生じている。在外子会社の純資産を親会社が短期的に流動化する可能性が低いため,純資産(資本)直入方式を取り入れて処理するものとする。

さて,会社計算規則(108条1項)および企業会計基準委員会の表示基準にいう「純資産の部」の内容を以下に掲げておこう(2005年12月9日企業会計基準委員会「貸借対照表の純資産の部の表示に関する会計基準」)。

個別企業会計に係る計算書類

〔純資産の部〕
I　株主資本
　1　資本金　　　　　　　　　　×××
　2　新株式申込証拠金　　　　　×××
　3　資本剰余金
　　(1)　資本準備金　　×××
　　(2)　その他資本剰余金　×××
　　　　資本剰余金合計　　　　×××
　4　利益剰余金
　　(1)　利益準備金　　×××
　　(2)　その他利益剰余金
　　　　××積立金　　×××
　　　　繰越利益剰余金　×××
　　　　利益剰余金合計　　　　×××
　5　自　己　株　式　　　　　△×××
　6　自己株式申込証拠金　　　　×××
　　　　株主資本合計　　　　　　×××
II　評価・換算差額等
　1　その他有価証券評価差額金　×××
　2　繰延ヘッジ損益　　　　　　×××
　3　土地再評価差額金　　　　　×××
　　　　評価・換算差額等合計　　×××
III　新株予約権　　　　　　　　×××

　　　　純資産合計　　　　　　　×××

連結会計に係る連結計算書類

〔純資産の部〕
I　株主資本
　1　資本金　　　　　　　　　　×××
　2　新株式申込証拠金　　　　　×××
　3　資本剰余金　　　　　　　　×××

　4　利益剰余金　　　　　　　　×××

　5　自　己　株　式　　　　　△×××
　6　自己株式申込証拠金　　　　×××
　　　　株主資本合計　　　　　　×××
II　評価・換算差額等
　1　その他有価証券評価差額金　×××
　2　繰延ヘッジ損益　　　　　　×××
　3　土地再評価差額金　　　　　×××
　4　為替換算調整勘定　　　　　×××
　　　　評価・換算差額等合計　　×××
III　新株予約権　　　　　　　　×××
IV　少数株主持分　　　　　　　×××
　　　　純資産合計　　　　　　　×××

　左側部分の表示では，個別企業会計に係る計算書類の「純資産の部」が明らかにされ，右側部分の表示では，連結会計の実施に係る連結計算書類の「純資産の部」が示されている。両者の相違している点は，連結会計に関しては，本国の親会社のほか，海外現地国で子会社を抱えている場合には連結を行っていくので，「為替換算調整勘定」が生じるが，これを特別に「評価・換算差額等」の中で掲示していき，子会社に対する投資に関して少数株主が存在しているとき，「少数株主持分」が生じるので，経済的単一体説の立場からこれを純資産の部に掲記していくのである。

　上記の図の表示から分かるように，日本の企業会計基準では，資産・負債の差額として「純資産の部」を把握し，これには，「株主資本」と，「評価・換算

差額等」や「新株予約権」から構成していくとするのである。

「純資産の部」を報告主体（企業）の所有主に帰属する項目として理解しているが，「報告主体に係る所有者」を親会社支配株主の観点を重視して狭義に理解して位置づけたものが「株主資本合計」ということになり，親会社支配株主以外の少数株主（非支配株主）も含めた株主全体の立場を重視して広義に位置づけていくのが，「純資産合計」ということになる。

広義に理解して新株予約権を株主全体の立場を重視した広義の純資産に含めていくことについては，後で詳論することにしたい。とにかく，「報告主体に係る所有者」を狭義に理解して位置づけている株主資本の部も重要であるが，すべての株主の立場を考慮すると「純資産の部」が極めて意義深い項目となることを強調しておかなければならない。支配株主の視点のみならず，全体投資者の観点を重視する経済的単一体説に基づいて純資産を理解していく思考を見落としてはならない。

II　株主資本の処理

貸借対照表の「純資産の部」は，個別企業会計に係る貸借対照表については，「株主資本」，「評価・換算差額等」，「新株予約権」に，連結会計に係る貸借対照表については，「株主資本」，「評価・換算差額等」，「新株予約権」，「少数株主持分」に区分することが求められる（会社計算規則108条1項）。

そこで，まず，個別貸借対照表であれ，連結貸借対照表であれ，「純資産の部」には「株主資本」が掲記されるが，これは，株主からの出資額とその運用から得られた成果としての利益（その留保額を含む）で，損益計算書を経由して計上されたものをいう。損益計算書での実現過程（実現＋実現可能基準）を重視し，その連携（articulation）をはかった上で導き出されている。

「株主資本」の構成内容をみると，「資本金」，「新株式申込証拠金」，「資本剰余金」，「利益剰余金」，「自己株式（控除項目）」，「自己株式申込証拠金」に区分しなければならない（同上規則108条2項）。

なお，連結貸借対照表における自己株式は，「当該株式会社が保有する自己株式」に，「連結子会社および持分法を適用する非連結子会社・関連会社が保有する当該株式会社の株式の帳簿価額のうちの持分相当割合」を加算した額ということになる（同上108条9項1号）。

資本金（capital stock）「資本金」とは，株主・出資者が企業経営のために払い込んだ金額であり，債権者を保護するためにも，会社の資産を確保すべき基礎金額となる。

株主が企業に払い込んだ金額が資本金である。しかし，払込金の2分の1を超えない額を「資本金」として計上せず，その額を「資本準備金」とすることもできる（会社法445条2項・3項）。

株主総会の決議によって，資本金の額を減少させることができる。

会社法では時代の流れに即応して，従来存続してきた最低資本金規制を撤廃し，自己株式の取得も自由にして，資本制度の柔軟化を図った。資本金，準備金，剰余金については，株主資本の内部の諸項目として資本金から準備金へ，準備金から資本金へ，資本金から剰余金へ，剰余金から資本金への振替えが，自由に行えるようになった（会社法445条ないし465条，会社計算規則48条ないし50条）。

株式会社の資本金は，「払込み又は給付をした財産の額[1]」とし，とくに最低金額を定めていない（会社法445条1項）。会社設立時の定款においても「設立に際して出資される財産の価額又は最低額」と定めてはいるが，最低額を指定していない（会社法27条4号）。従って，会社法上，資本金は「0円」でも設立可能とされ，設立後も資本金「0円」で存続可能となった（会社計算規則74条）。

会社を設立し，営業開始によって会社財産状況は取引の発生によって大きく変化していく。資本金が巨額であっても，赤字で倒産することもある。むしろ収益性が重視されるのであって，資本金が小さくても健全経営を続けている会社もある。

これによって，資本金の存在意義が問い直され，資本金の名目金額を維持することが直ちに会社の信頼性を担保する制度とはならないという考え方が生じてきた。会社法上，最低資本金規制が廃止されて，資本金1円でも設立可能と

なり，会社の設立が容易となり，起業し易くなった。しかし，大切なことは，その設立後に経営が順調に存続・発展していけるかどうかである。そこに疑問符がついて倒産したりすると，社会的に大きな損害を与えることになる。

＜設 例＞

会社の設立に当たり，株主からの払込金額¥10,000,000をすべて資本金として処理することにした（原則的処理法）。
　（借）現　金　預　金　10,000,000　／　（貸）資　　本　　金　10,000,000

＜設 例＞

会社の設立に当たり，株主からの払込金額¥10,000,000につき，その2分の1（最大限比率）を資本準備金に充当することにし，残額を資本金として処理することにした（例外的処理法）。
　（借）現　金　預　金　10,000,000　／　（貸）資　　本　　金　5,000,000
　　　　　　　　　　　　　　　　　　　　　　　資　本　準　備　金　5,000,000※
　　※　具体的項目は「株式払込剰余金」とされる。

新株式申込証拠金（subscription money for new stock）　「新株式申込証拠金」とは，会社が新株式の発行を行う際，株主・出資者が当該発行の対価として払込期日前または払込期間前に会社に払い込んだ出資金をいう。これは直ぐに払込資本とすることが予定されているので，株主資本の部において，資本金に次いで表示される。

資本剰余金（capital surplus）　資本剰余金とは，上掲した資本金，新株式申込証拠金のほかの剰余金にあって「資本取引（株主の払込資本の増減をもたらす取引）」から生じた項目のことをいう。「資本準備金」と「その他資本剰余金」とから成る。

ここに，「剰余金」とは，株主資本のうち資本金（新株式申込証拠金を含めて）を超える部分の金額を言っているが，会社法上では，株主資本にあって資本金以外に「**準備金**」を規定し，これを分配不能な額としているので，これと，さらに分配可能な額を区別し，「**その他剰余金**」という分け方にしている。分配可能性基準によって「準備金」と「その他剰余金」とに分けたのである。

「剰余金」にあって，なぜ「準備金」と「その他剰余金」に分けたのかといえば，上記のように「準備金」に分配不能性をもたせて債権者を保護するため，会社の財政基盤を強固にしたいという意図を読み取ることができ，法律の定めによって会社側に準備金を設定させようと欲したことにある。

まず，**準備金**にあって，「資本準備金」の中に具体的に含められる項目は，法律によって積立てが強制されたり，配当規制がなされるものとして，「株式払込剰余金」，「合併差益」，「分割差益」，「株式交換差益」，「株式移転差益」等があり，さらに，「その他資本剰余金を原資とする配当の際に積み立てられたり」，「資本金やその他資本剰余金を減少させて計上したり」するための資本準備金がある。

<株式払込剰余金 (additional paid-in capital)>
　会社の設立時および払込みを伴う株式の発行（つまり増資）の場合，原則として，払込金額の全額を資本金とするが，2分の1を超えない額は，資本金として計上しないことができる（会社法445条2項）。この場合，資本金としない金額は資本準備金として計上され（同3項），これを「株式払込剰余金」勘定として処理していく。表示区分では資本準備金に入れられる。

<合併差益 (capital surplus resulting from the merger)>
　株式会社または持分会社が合併した際，合併後存続する会社において合併により受入れる純資産額が，交付する株式および金銭等の価値よりも多い場合に，当該差額を合併差益として，資本準備金の区分に入れる。

---<設　例>---

A社は，諸資産および諸負債の帳簿価額がそれぞれ¥12,000,000，¥4,000,000のB社を吸収合併した。A社はB社の株主に1株当たり¥50,000の株式100株を交付し，さらに合併交付金¥1,000,000を小切手を振り出して渡した。

(借) 諸 資 産	12,000,000	(貸) 諸 負 債	4,000,000
		現　　　　金	1,000,000
		資　本　金	5,000,000
		合　併　差　益	2,000,000

<分割差益 (split surplus)>
　1つの会社を2つ以上の会社に分割することを**会社分割** (partition of corporation)という。この会社分割の際，新株の発行価額と資本金への組入額との間に差額（超過額）が生じることがあり，これを**分割差益**という。

```
─<設 例>─
    A社は，新設の子会社B社に対して諸資産¥30,000,000と諸負債¥10,000,000を
  分割した。B社はその対価としてA社にB社新株式100株をA社に発行・交付した。
  なお，この場合，B社の資本金への組入額は¥10,000,000であった。
    (借)諸   資   産  30,000,000  / (貸)諸   負   債  10,000,000
                                     資   本   金  10,000,000
                                     分   割   差   益  10,000,000※
    ※ (30,000,000－10,000,000)－10,000,000＝10,000,000
```

<株式交換差益 (surplus resulting from exchangement of stocks)>

　株式交換とは，既存の会社間で100％株式保有に係る完全親子会社関係を創設するために，一方の会社が他方の会社の株主と株式の交換を行うことであり，その際，取得した完全子会社株式の評価額と，交付株式の資本金への組入額との差額（超過額）が生じることがあり，これを**株式交換差益**という。資本準備金の区分に表示する。

```
─<設 例>─
    A社は，次の財政状態のB社を完全子会社化するために，株式交換を行った。A
  社は，B社株式と交換に，B社株主に対してA社株式を発行交付した（B社の純資
  産額を子会社株式の評価額とする）。このうち¥1,000,000を資本金に組み入れた。
                       B社貸借対照表
      資         産   5,000,000 | 負         債   3,000,000
                                 | 資   本   金   2,000,000
                       5,000,000             5,000,000
  (解 答)
    (借) B 社 株 式  2,000,000※ / (貸) 資   本   金  1,000,000
                                       株式交換差益  1,000,000
    ※ 5,000,000－3,000,000＝2,000,000
```

<株式移転差益 (surplus resulting from transfer of stocks)>

　自らが完全子会社となって100％株式保有に係る完全親会社を新たに設立するために，その会社の株主が完全親会社に株式を移転することがあり，これを**株式移転**という。

　その際，取得した完全子会社株式の評価額と資本金への組入額との差額（超過額）が生じることがあり，これを**株式移転差益**という。資本準備金の区分に表示する。

<設　例>
　A社およびB社の財政状態は以下のようであり，株式移転により完全親会社（持株会社）であるC社を設立した。C社は，A社およびB社の株主に対して各々の株式と交換にC社の新株式を発行・交付した。
　このうち，¥4,000,000は資本に組み入れることにした。

A社貸借対照表

資　　産	6,000,000	負　　債	3,000,000
		資　本　金	3,000,000
	6,000,000		6,000,000

B社貸借対照表

資　　産	5,000,000	負　　債	3,000,000
		資　本　金	2,000,000
	5,000,000		5,000,000

(解　答)
　　（借）A 社 株 式　3,000,000※1 ／（貸）資　本　金　4,000,000
　　　　　B 社 株 式　2,000,000※2 　　　 株式移転差益　1,000,000
　※1　6,000,000−3,000,000＝3,000,000
　※2　5,000,000−3,000,000＝2,000,000

<資本金及び資本準備金減少差益(surplus resulting from capital and capital-reserve reduction)>
　「その他資本剰余金」として取り扱われるものとして，「資本金及び資本準備金減少差益」が挙げられる。**資本金減少差益**と**資本準備金減少差益**の合計額のことをいう。
　前者は，従来，**減資差益**と呼ばれてきたものであり，減資を行った際，資本金減少額が払戻金額や未処理損失の処理額を超えるときのその超過額のことである。
　後者は，商法改正によって利益準備金の積立限度額の変更をうけて，資本欠損の塡補や資本金組入れ以外の目的で，取り崩しを行った際の資本準備金のことである。
　上記のような事項が生じるとき，「資本金及び資本準備金減少差益」（その他資本剰余金として取り扱う）の勘定で処理することになる（資本の払戻しとして配当可能性をもつ）。

　　（借）資　本　金　　×××　／（貸）資本金及び　　×××
　　　　　資本準備金　　×××　　　　　資本準備金減少差益

利益剰余金（earned surplus）　**利益剰余金**とは，「損益取引（事業活動）」から生じた剰余金のことを言い，具体的には，「利益準備金」と「その他利益剰余金」とから成る。

まず，**利益準備金**（legal reserve）であるが，これは法律によってその積立てが強制されたり，配当が制限されたりする利益性の準備金のことをいう。

次いで，**その他利益剰余金**（other earned surplus）であるが，これは，利益準備金以外の利益剰余金のことをいう。これには，任意積立金のように株主総会などの決議に基づいて設定される項目とそれ以外のもの（繰越利益剰余金）に分けられる。

自己株式（控除項目）　**自己株式**（treasury stock）は，自社が一旦発行して市場に提供した株式を，経営上の目的により市場から再取得して，処分したり消却したりしないで手許に置いている株式のことをいう。**自社株式**とも呼んでいる。

従来，自己株式の取得については種々の厳しい規制が設けられていたが，柔軟な取り扱いが認められ，一層自由な処理ができるようになった。これをＭ＆Ａ（合併・買収）など経営戦略の展開に活用することも可能になった。

自社株式といえども資産価値があるので，本来，借方の資産の中に掲示されるべきである。しかし，自己株式を取得することは資本の払戻し取引（資本取引）にも該当するという考え方から，会社法上で資本（株主資本）の控除項目にするという位置づけがなされた（会社法440条1項，会社計算規則166条ないし170条）。

自己株式申込証拠金（subscription money for treasury stock）　自己株式を取得するため，その対価として払込期日前または払込期間前に会社に払い込まれた出資金のことを言う。すぐに払込みに充当されることが明確であり，株主資本の自己株式（控除項目）の次に表示するものとしている。

Ⅲ　評価・換算差額等の処理

　本章のはじめで述べたように，日本の制度会計では「純資産」の項目には含めているが，「株主資本」の項目の中に含めないものとして**評価・換算差額等**がある。具体的には，「その他有価証券評価差額金」，「繰延ヘッジ損益」，「土地再評価差額金」，「為替換算調整勘定」がある。
　これらの項目は，損益計算書に記録しないで，直接，貸借対照表の純資産に計上したいという意向を汲みとってそこに記録するものである。損益計算書には，広義の実現主義（実現＋実現可能）を取り入れていて，「開放された活発な市場があり，その時の時価で売却が可能であり，かつ売却について事業上の制約がない状態」を満たした成果概念を，損益計算書の当期純利益とするが，上記の「評価・換算差額等」に属する項目はこの基準を満たすことができないと考えているのである。
　しかし，国際会計基準は，資産・負債アプローチによる成果計算方式を取っており，純資産の増加に係る部分を成果（包括利益）とする慣行を重視している。この慣行を尊重していくと，日本の会計思考では，収益・費用アプローチを重視した当期純利益の表示をしているので，純資産の増加項目ではあるが，損益計算書には記録し難い項目は，直接，貸借対照表の純資産の部に記録するほかないのである。
　上記の諸項目に対しては，税効果会計適用後の金額を計上するので，税効果に係る金額を評価差額等から直接控除して，純資産に計上していくことになる[2]。
　その他有価証券評価差額金（valuation difference on other securities）「その他有価証券」とは，「金融商品会計基準」によれば「直ちに売却することを目的としているものでないこと」に合致する有価証券のことを言う。当該有価証券は「付すべき時価に市場における短期的な価格変動を反映させることは必ずしも求められないことから，期末前1カ月の市場価格の平均に基づいて算定され

た価額をもって期末の時価とする方法を継続して適用すること」が認められている。

当該有価証券を時価評価することによって生じた差額が「その他有価証券評価差額金」である。損益計算書への記録を経由しないで，貸借対照表の純資産の部に直接計上するものとする。

繰延ヘッジ損益（deferred hedge gain and loss） 企業の事業活動の展開の過程で，種々のリスクに晒されていて，具体的には「金利リスク（資金の借入れ・貸出しに係る金利変動のリスク）」，「為替リスク（為替相場の変動に係る損失のリスク）」，「株価リスク（株価の変動に係るリスク）」，「自然災害に係るリスク」などである。

会計記録の対象とするヘッジ会計では，「金利リスク」，「為替リスク」，「株価リスク」を取り扱っている。ここで「**ヘッジ**（hedge）」とは，上記のごときリスクの増大に備えて，企業がその防衛を行うためのリスクを削減する措置のことをいう。ヘッジを行うための手段として「デリバティブ（derivative）」を活用している。

このようなヘッジ手段に係る損益についてその発生時でなく，ヘッジ対象の損益が認識されるまで遅らせ，ヘッジ対象とヘッジ手段の損益を同一期間に認識する方法として，「繰延ヘッジ法」が設置されている。

「繰延ヘッジ法」を採用すると，ヘッジ手段に生じる損益をヘッジ対象についての損益が生じる期間まで繰延べることになる。「繰延ヘッジ損益」は，会社法では，税効果会計を適用して繰延税金資産負債を控除した金額を純資産の部の「評価・換算差額等」において計上するのである。

土地再評価差額金（land revaluation difference）「土地の再評価に関する法律（1998年3月31日）」によって「企業経営の健全性の向上に寄与すること」を目的として，土地（事業用土地）の再評価が認められた。上記の土地再評価法を適用した企業で，土地の帳簿価額より時価が高かった場合の差額（評価益といえる）について，税効果会計を適用した税効果調整後の金額を，損益計算書を経過しないで，貸借対照表の純資産の部（「評価・換算差額等」）に直入した項目が「土地再評価差額金」である。

> **＜設　例＞**
> 事業用土地の再評価時点で，土地の帳簿価額が￥10,000,000で，その時点における時価（再評価額）が￥20,000,000であった。この差額金（再評価益）に税効果会計を適用する（実効税率40％として繰延税金負債（￥10,000,000×40％）を算定）を控除した金額を貸借対照表に記入する。
> 　（借）土　　　　地　10,000,000　／　（貸）繰延税金負債　4,000,000
> 　　　　　　　　　　　　　　　　　　　　　　土地再評価差額金　6,000,000

　為替換算調整勘定（translation adjustment account）　複数の会社が投資関係で結ばれていて，一方の会社が他方の会社の株式（普通株）の過半数を保有していくと，原則として前者が「親会社」，後者が「子会社」となり，親会社が連結会計を行わなければならない。とくに子会社が海外で事業を展開している場合にはこれを「在外子会社」として取り扱い，換算（translation）を行って連結会計を実施していくことになる。

　在外子会社の財務諸表を親会社使用通貨に換算する際に，決算日レート法を適用することによって決算日の為替レート（相場）で換算する資産・負債の円貨額と，取得日ないし発生日レートで換算する円貨額との間に差額が生じてくる。これが「為替換算調整勘定」である。

　外国為替相場の変動に由来するものであって（つまり2国間の経済環境の変動の相違による）在外子会社の経営業績とは無関係に生じてくる。しかし，日本企業にとって海外子会社の存在国の通貨よりも円安になった場合，ラッキー状態となり多額の差額（差益）が得られることになる。これを損益計算書を経由しないで，貸借対照表の純資産の部の「評価・換算差額等」に直入していくのである。

　外国為替相場が大きく変動していくと，為替換算調整勘定の金額に大きく影響していくので，経営管理上無視できない重要項目となる。

　以上，「評価・換算差額等」で取り上げられている「その他有価証券差額金」，「繰延ヘッジ損益」，「土地再評価差額金」，「為替換算調整勘定」を順次その中身を窺ってきた。これら諸項目は，企業経営実績とは関係の薄い経済環境要因

によって生じているものといえる。すなわち,証券市場,不動産市場,外国為替市場(外為市場)の相場の変動によって影響を受けるもので,経営努力の及び難い外部環境・市場要因の変化に伴って生じる項目であるからである。

　しかし,経営者の管理能力と無縁の領域であると決めつけることには問題がある。経営責任者は,専門の事業活動のみならず,日常絶えず,市場の変動にも注意を払い,それに対して事前にどのように対処していくべきかの管理能力も問われているからである。株主・投資者から企業の経営を委任されているという視点を忘れると,その企業の経営存続性・持続可能性は危うくなる。

Ⅳ　新株予約権の処理

　新株予約権(stock purchase warrants)とは,将来の一定の期間において権利者が特定の会社の一定数までの株式を一定の金額で購入することができる権利を与える契約のことをいう。上場会社にあって,現在の株価が1株500円であるとして,権利行使期間(例えば1年後から3年後までの期間)に1株600円で当該会社の株式を取得することができる権利を,株主に対して1株につき1個(1個あたりの株数1,000株)を有するなどと定めることができる。

　権利行使期間が到来したとき,株価が1,000円であれば,株主は権利を行使して600円を支払えば時価1,000円相当の株式を取得できることになる。しかし,権利行使期間が到来しても,株価が500円以下で低迷していれば,権利者であっても,有利性がないので予約権を行使しないこともあり得る。

　とくに,会社の取締役,執行役,従業員に対して職務に精励・向上するために,インセンティブ(労働刺激)として発行される新株予約権を**ストック・オプション**(stock option)と呼んでいる。子会社を有する親会社が,その子会社の取締役,従業員などに親会社の新株予約権を与えることもある[3]。

　ストック・オプションは取締役,執行役,従業員等の報酬として付与する自社株式オプションであるが,このような取引のほか,財貨またはサービスを提供する者に対して自社株式を原資産とするオプションを付与する取引や,さら

に，それらの者に対して自社株式（新株または自己株式）を交付する取引もストック・オプションとして取り扱われる（企業会計基準第8号「ストック・オプション等に関する会計基準」2005年12月27日）。

〈対象勤務期間にわたり費用として認識〉

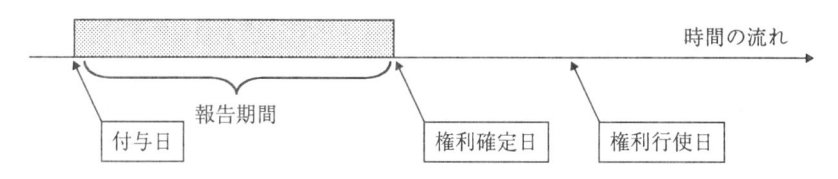

```
          ┌─────────────┐
          │▓▓▓▓▓▓▓▓▓▓▓▓▓│                          時間の流れ
──────────┴─────────────┴──────────────────────────────────→
          └──────報告期間──────┘
         ┌─────┐         ┌───────┐      ┌───────┐
         │付与日│         │権利確定日│      │権利行使日│
         └─────┘         └───────┘      └───────┘
```

権利確定日以前の会計処理

　会社が，従業員等に対してストック・オプションを付与した場合，従業員等からのサービスの取得に応じて，費用として借方に記録する（同上基準，4）。なぜ，費用として処理するかといえば，従業員等に対して行う現金による報酬または給与の支払いと同様に，労働サービスに対する対価であるという考え方に基づいて人件費（労務費）として取り扱っているからである。

　「対象勤務期間にわたり」，「付与日のストック・オプションの公正な評価単価（**株式オプション価格算定モデル法**[4]等の算定技法の利用による見積り）を基に」会計処理する。

　例えば，「対象勤務期間」が3年である場合（報告期間がちょうど3年に重なっているとする），3年にわたって，

　　　（借）人件費(給料手当)　　××　／　（貸）新　株　予　約　権　　××

として記録する。貸方側に新株予約権の勘定を立てているが，これは株主資本には含めない純資産の部に表示するものとする。なぜ，負債の側に入れないかというと将来キャッシュ・フロー（経済便益）流出を伴うものでないからである（国際会計基準は資産・負債アプローチによる損益計算を採っており，資産は将来経済便益の流入，負債は同流出という思考であり，これとの調和・統一を図っている）。

権利確定日以後の会計処理

　「権利確定日以後」，該当する従業員等によってストック・オプションが行使された場合，新株予約権のうち行使に対応する部分を払込資本（資本金または資

本準備金）に振り替えられる（同上基準，8）。実際に払込みが行われたのであり，従業員等は株主としての地位を獲得することにもなる。

（借）現　金　預　金　　××　／　（貸）払　込　資　本　　××
　　　新　株　予　約　権　　××　／

確定したストック・オプションが行使されなかった場合は，新株予約権のうち行使されなかった部分をその期の利益として損益計算書に計上する(同上基準，9)。

（借）新　株　予　約　権　　××　／　（貸）新株予約権戻入益　　××

利益として処理するのは，借方側において対象勤務期間に人件費として記録してきたこととの対応処理とみられる。

V　少数株主持分の処理

個別企業会計の実施に係る個別計算書類における「純資産の部」の取り扱いは上記のごとく「新株予約権」の項目までの範囲であるが，連結会計を行う場合は，新株予約権の次に，さらに「少数株主持分」の項目までを含めて，連結計算書類における「純資産の部」とする。

連結会計の実施については，会社法上では，「会計監査人設置会社は，法務省令で定めるところにより，各事業年度に係る連結計算書類を作成することが・・・・・できる（444条1項）」と規定され，さらに「事業年度の末日において大会社（資本金額が5億円以上または負債総額が200億円以上の会社）であって金融商品取引法（旧証券取引法）24条1項の規定により有価証券報告書を内閣総理大臣に提出しなければならないものは，当該事業年度に係る連結計算書類を作成しなければならない（同条2項）」と定めている。

会社法上では，すべての会社に連結計算書類の作成を義務づけているわけではない。しかし，大会社であってかつ金融商品取引法に係る上場会社等で有価証券報告書を作成すべき会社に対しては連結計算書類の作成を強制し義務づけている。

一方，金融商品取引法上では，上場会社等で有価証券報告書を作成すべき会社に対して連結財務諸表の作成・開示が強制されている（同法24条および「企業内容等の開示に関する内閣府令」1条）。

会社法上では「連結計算書類」，金融商品取引法上では「連結財務諸表」といい，用いている用語が相違しているが，取り扱っている書類の範囲が異なっている。しかし，連結会計の実施を求めている点で共通している。

とにかく，上記のごとく，会社法上あるいは金融商品取引法上において連結会計の実施が求められる場合，会社が子会社を保有しているときには，当該子会社に対しては（完全子会社を除き）少数株主が存在している。その場合，「少数株主持分」を連結上の「純資産の部」において表示していく必要性が生じてくる。連結会計では個別企業会計とは異なった対応が求められるということである。

連結上では，少数株主持分は，「純資産の部」において，「株主持分」には含められず，それとは区分された広義の株主持分の取り扱いとなっている。つまり，純資産のうち「株主持分」の部分は，親会社支配株主の立場を重視する観点（親会社説）が採られている。

広範囲の領域にわたる「純資産の部」の部分は，親会社支配株主のみならず株主全体の観点を重視する経済的単一体説の立場を取り入れた思考が導入されているのである。「広狭」の違いはあるが，いずれにしても株主の立場を重視して，株主の持分を意味しているということでは違いがない。株主の強く注目する項目であることにおいて共通性があるのである。

〔注〕
(1) 「**払込み又は給付をした財産の額**」とは，「**払込金額等**」から，「**設立に要した費用の額**」を控除した差額をいう（会社計算規則74条1項）。
　「**払込金額等**」：
　(a) 出資の履行によって払込みを受けた金銭の金額
　(b) 発起設立における金銭以外の給付財産は，給付を受けた日の財産価額
　(c) 株式会社からの給付の財産は，給付をした日の株式会社の直前の帳簿価額

「設立に要した費用の額」：
- (a) 定款に係る印紙税
- (b) 払込み銀行等への手数料
- (c) 検査役の選任があった場合の報酬
- (d) 設立登記の登録免許税

(2) 『日本経済新聞』の行う財務分析では,「株主資本」の項目と「評価・換算差額等」の項目とを加えて(「純資産」のサイドからみると「純資産」から「新株予約権」と「少数株主持分」とを控除して),算出される部分を**自己資本**と呼称し,自己資本利益率などのデータを算出している(『日本経済新聞』2007年6月6日刊)。つまり,日本経済新聞の側に立ってみると,会社法のいう株主資本の取り扱い項目では,投資収益性の判断を行う際のデータとしては狭きにすぎ,株主資本のほかに,評価・換算差額等を含めた方がよいと判断しているわけである。しかし,新株予約権や少数株主持分を含めないことについては明確でない。筆者は,株主全体の観点の収益性を考慮したとき,これをも含めた純資産の項目について投資尺度を重視する思考にも有意義であると考えている。

(3) **資金調達手段の多様性**を重視して,**転換社債**や**新株引受権付社債**などとして,社債権者が選択的に行使できる新株引受権を付着させてオプション(株式の選択購入権)を認めることもある。

　最近重視されている考え方は,M＆A(合併・買収)にからんで,とくに買占め・敵対的買収に対抗するために,**企業防衛の手段**として新株予約権を発行することである。すなわち,新株予約権の発行は,株式という発言権の付着した証券を発行する行為であり,株主の発言権・議決権を増加させる効果を生む行為でもある。

　敵対的買収を意図する投資ファンドが株式を買い増してきたとき,合理的な経営を目指すものでなく,会社に回復し難い損害をもたらす事情があるとき,株主全体の利益保護を重視する視点から,新株予約権を第三者発行によって企業防衛の目的を達成できるのである。

(4) 「株式オプション価格算定モデル」とは,ストック・オプションの市場取引において,一定の能力を有する独立第三者間で自発的に形成されると考えられる合理的な価格を見積るためのモデルであり,市場関係者の間で広く受け入れられているものをいい,例えば**ブラック・ショールズ・モデル**や**二項モデル**等が考えられている(「ストック・オプション等に関する会計基準」48)。

第11章 貸借対照表の様式

I 貸借対照表の意義

貸借対照表は，企業の財政状態を明らかにするため，貸借対照表日（決算日）におけるすべての資産，負債および資本を記載し，株主，債権者その他の利害関係者にこれを正しく表示するものでなければならない（「企業会計原則」貸借対照表原則一）。つまり，貸借対照表（balance sheet）とは，企業の**財政状態**（資金の調達源泉と運用状況）を明らかにする書類である。

貸借対照表において，資金の調達源泉を示すものを貸方側に資本と負債を記載し，運用状況を示すものとして借方側に資産を記載する。従って，このように貸方側と借方側の記載内容を比較対照して分析すれば，企業の財政状態の良好性を判断していくことができる。

財政状態を株主，債権者その他の利害関係者に正しく表示するには，上記のように，貸借対照表日におけるすべての資産，負債および資本を記載することが要求される。これを**貸借対照表完全性の原則**（ないし**記載項目網羅性の原則**）と称している。この原則は，企業の収益力を判断できるよう，資産としての財産価値のある項目，将来の経済的便益（economic benefits）の性質を示すものを表示し，負債としては法的確定負債，将来の支払義務（経済的便益の犠牲分）を示していく。

しかし，**正規の簿記の原則**[1]に従って処理された場合に生じた**簿外資産**および**簿外負債**は貸借対照表の記載外におくことができる（同上，貸借対照表原則一）。貸借対照表完全性の原則は，すべての資産および負債を記載することを求めているが，しかし，正規の簿記の原則に基づく簿外資産，簿外負債を記載外におくという例外的処理を認めている。これを，一般に重要性の原則の適用の場合に相当するものとみているのである。

Ⅱ 重要性の原則と簿外資産・簿外負債

「企業会計は，定められた会計処理の方法に従って正確な計算を行うべきものであるが，企業会計が目的とするところは，企業の財務内容を明らかにし，企業の状況に関する利害関係者の判断を誤らせないようにすることにあるから，重要性の乏しいものについては，本来の厳密な会計処理によらないで他の簡便な方法によることも，正規の簿記の原則に従った処理として認められる(「企業会計原則」注解注1)。」

この説明によって，**重要性の原則**は，正規の簿記の原則の適用に当たって必要であることを明示しているのである。重要性の原則[2]を適用することにより，簿外資産，簿外負債を記載外とすることが認められる。その適用の具体例として，次の5つを挙げている（同上注1後段)。

(1) 消耗品，消耗工具器具備品その他貯蔵品等のうち，重要性の乏しいものについては，これを資産とせずに，その買入時又は払出時に費用として処理する方法を採用することができる。

(2) 前払費用，未収収益，未払費用及び前受収益のうち，重要性の乏しいものについては，経過勘定項目として処理しないことができる。

(3) 引当金のうち，重要性の乏しいものについては，これを計上しないことができる。

(4) 棚卸資産の取得原価に含められる引取費用，関税，買入事務費，移管費，保管費等の付随費用のうち，重要性の乏しいものについては，取得原価に算入しないことができる。

(5) 分割返済の定めのある長期の債権又は債務のうち，期限が1年以内に到来するもので重要性が乏しいものについては，固定資産又は固定負債として表示することができる。

以上(1)～(4)の項目（(5)を除く）を簿外資産と簿外負債の例示の場合として簡単に要約して示すと次のようになる。

簿外資産の例示	重要性の乏しい消耗品等の未消費分（(1)）
	重要性の乏しい前払費用，未収収益（(2)）
	重要性の乏しい資産購入付随費用（(4)）
簿外負債の例示	重要性の乏しい未払費用，前払収益（(2)）
	重要性の乏しい引当金（(3)）

（注） (5)の例は期間損益数値に影響を及ぼさず，貸借対照表の表示面での相違をもたらすにすぎない。

　上記の場合の若干例を取り上げて説明してみよう。(1)は文房具等の消耗品を購入し，これを費用として処理したが（消耗品費），そのうち決算日においてまだ消費されずに若干の消耗品が残存している場合に，貸借対照表完全性の原則を厳密に解するとこれを資産（消耗品）とすべきであるが，重要性が低いときには，これを当期の費用として損益計算書に計上し，資産としなくても，その会計処理法が毎期継続性を保持している限り，費用の期間的配分は歪められるおそれはない。

　また，簿外負債については，例えば(2)，(3)は，未払費用や引当金などにつき重要性が乏しいときは，重要性の原則を適用してそれを計上しなくても，この処理法を毎期継続して行っていれば，期間損益を歪めるおそれはない。

Ⅲ　貸借対照表の区分表示の原則

　貸借対照表は，「資産」，「負債」，「純資産」に区分して表示しなければならない（会社計算規則105条1項）。また，資産の部又は負債の部の各項目は，当該項目に係る資産又は負債を示す適当な名称を付さなければならない（同第2項）。

　「資産の部」については，「流動資産」，「固定資産」，「繰延資産」に区分しなければならない（同規則106条1項）。そして，「固定資産」に係る項目は，「有形固定資産」，「無形固定資産」，「投資その他の資産」に区分しなければならない（同2項）。

　「負債の部」については，「流動負債」，「固定負債」に区分しなければならな

い (107条)。

「純資産の部」は，株式会社については，「株主資本」，「評価・換算差額等」，「新株予約権」の3区分に区分しなければならない (108条1項一)。子会社を有する場合，連結会計を行う株式会社については，「株主資本」，「評価・換算差額等」，「新株予約権」，「少数株主持分(もちぶん)」の4区分に区分しなければならない (同二)。持分会社 (合名会社，合資会社，合同会社の総称)(3)については，「社員資本」，「評価・換算差額等」の2区分に区分しなければならない (同三)。

株式会社の場合について整理すると次のようになる。

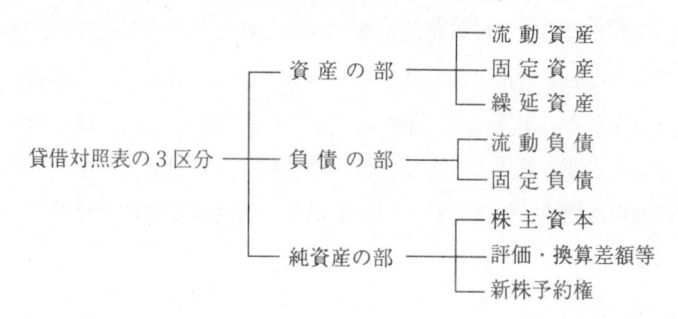

```
                     ┌─ 資産の部 ─┬─ 流動資産
                     │           ├─ 固定資産
                     │           └─ 繰延資産
                     │
貸借対照表の3区分 ─┼─ 負債の部 ─┬─ 流動負債
                     │           └─ 固定負債
                     │
                     └─ 純資産の部 ┬─ 株主資本
                                   ├─ 評価・換算差額等
                                   └─ 新株予約権
```

「純資産の部」については，株式会社でも子会社を有して連結会計を行う場合は，さらに1区分，「少数株主持分」が増え，持分会社については，2区分とされ，「社員資本」と「評価・換算差額等」で十分とされることとなった。

以上は，会社法に従った場合の，資産，負債，純資産の各区分における表示区分を示したものであるが，株式会社であって大規模上場(じょうじょう)会社 (大株式会社) になっている場合は，「有価証券報告書」を政府大臣に提出して財務諸表を公開しなければならないが，当該会社については，財務諸表等規則に準じた名称を付していくことになる。

Ⅳ 貸借対照表の様式

以上に眺めてきた貸借対照表の区分表示の原則を尊重して，会社計算規則および同会計基準が定めている規定に従って，貸借対照表の概要に係る様式を示

すと次のようになる（勘定式で示す）。

貸借対照表の様式例（個別企業会計の場合）

貸借対照表
×1年3月31日現在　　（単位：円，千円，百万円）

(資産の部)		(負債の部)	
1　流動資産		1　流動負債	
現金及び預金	××	支払手形	××
受取手形	××	買掛金	××
売掛金	××	前受金	××
売買目的有価証券	××	引当金（短期）	××
商品・製品・半製品	××	未払金	××
原材料・仕掛品・半製品	××	未払費用	××
消耗品・貯蔵品	××	前受収益	××
器具及び備品	××	繰延税金負債（短期）	××
前払費用	××	その他の流動負債	××
未収収益	××	流動負債合計	×××
繰延税金資産（短期）	××	2　固定負債	
貸倒引当金	△××	社債	××
流動資産合計	×××	長期借入金	××
2　固定資産		引当金（長期）	××
(1)　有形固定資産		繰延税金負債（長期）	
建物及び付属設備	××	のれん（負）	××
構築物	××	その他の固定負債	××
機械及び装置	××	固定負債合計	×××
車両運搬具	××	負債合計	×××
土地	××	(純資産の部)	
減価償却累計額	△××	1　株主資本	
有形固定資産合計	×××	(1)　資本金	×××
(2)　無形固定資産		(2)　新株式申込証拠金	××
特許権	××	(3)　資本剰余金	
借地権	××	資本準備金	××
商標権	××	その他資本剰余金	××
実用新案権	××	資本剰余金合計	×××
意匠権	××	(4)　利益剰余金	
ソフトウエア	××	利益準備金	××
のれん（正）	××	その他利益剰余金	××
無形固定資産合計	×××	任意積立金等	××

(3) 投資その他の資産			利益剰余金合計	×××
関係会社株式	××	(5)	自 己 株 式	△××
出 資 金	××	(6)	自己株式申込証拠金	××
長 期 貸 付 金	××		株 主 資 本 合 計	×××
繰延税金資産（長期）	××	2	評価・換算差額等	
貸 倒 引 当 金	△××	(1)	その他有価証券評価差額金	××
投資その他の資産合計	×××	(2)	繰延ヘッジ損益	××
固 定 資 産 合 計	×××	(3)	土地評価差額金	××
3 繰 延 資 産		(4)	為替換算調整勘定	××
創 立 費	××		評価・換算差額等合計	×××
開 業 費	××	3	新 株 予 約 権	
社 債 発 行 費 等	××		自己新株予約権	××
繰 延 資 産 合 計	×××		純 資 産 合 計	×××
資 産 合 計	×××		負債・純資産合計	×××

（注）　△はマイナスを示す。

<u>上掲の様式例は，個別企業会計に係る個別貸借対照表の場合であって，連結会計に係る連結貸借対照表の場合については，若干より詳細になる。とくに「純資産の部」において，すでに述べているように，少数株主持分の項目の記載が必要となる。</u>

V　貸借対照表の要旨の公告

すべての株式会社について貸借対照表の新聞等への公告義務が課せられている（会社法440条1項）。大会社にあっては，貸借対照表のほか損益計算書の公告も義務づけられている（同項）。公告媒体（メディア）を官報や日刊紙を使って行う場合には，紙面使用による費用の関係もあって，**要旨による公告**が認められている（同2項）。

要旨の記載例は以下のごとくである。

貸借対照表の要旨様式例（個別企業会計の場合）

<table>
<tr><th colspan="2" align="center">貸 借 対 照 表
×1年3月31日現在　（単位：円，千円，百万円）</th></tr>
<tr><td>

（資産の部）
Ⅰ　流　動　資　産　　　　　××
Ⅱ　固　定　資　産　　　　　××
　┌─────────────┐
　│　1　有形固定資産　　　　│
　│　2　無形固定資産　　　　│
　│　3　投資その他の資産　　│
　└─────────────┘
　＊　非公開会社の場合は不要
Ⅲ　繰　延　資　産　　　　　××
　　　資産の部合計　　　　　××

</td><td>

（負債の部）
Ⅰ　流　動　負　債　　　　　××
Ⅱ　固　定　負　債　　　　　××
Ⅲ　引当金（引当金ごと表示）　××
　　　負債の部合計　　　　　××
（純資産の部）
Ⅰ　株　主　資　本　　　　　××
　1　資　　本　　金　　　　××
　2　新株式申込証拠金　　　××
　3　資　本　剰　余　金　　××
　　(1)　資　本　準　備　金　××
　　(2)　その他資本剰余金　××
　4　利　益　剰　余　金　　××
　　(1)　利　益　準　備　金　××
　　(2)　その他利益剰余金　××
　5　自　己　株　式（△）　△××
　6　自己株式申込証拠金　　××
Ⅱ　評価・換算差額等　　　　××
　1　その他有価証券評価差額金　××
　2　繰延ヘッジ損益　　　　××
　3　土地再評価差額金　　　××
Ⅲ　新　株　予　約　権　　　××
　　　純資産の部合計　　　　××
　　　負債及び純資産合計　　××

</td></tr>
</table>

　上記の様式例は，公開会社の場合を示しており（会社計算規則166条ないし170条），非公開会社の場合は，点線での囲み部分の表示は不要となる。

　なお，規模の大小を問わず公開会社（発行する全部又は一部の株式の内容として譲渡制限がついていない株式会社）の場合は，「資産の部」，「負債の部」の各項目は，公開会社の財産の状態を明らかにするため重要な適宜の項目に細分することが求められている。すなわち，当該項目に係る資産，負債を示す適当な名称を付さなければならない（会社計算規則167条4項，5項，168条4項，5項）。

Ⅵ 臨時計算書類と連結計算書類の開示

　株式会社は，事業年度に属する一定の日（臨時決算日）において臨時貸借対照表，臨時損益計算書を作成することができるとされている（会社法441条1項）。半期報告や四半期報告が可能となった。監査役設置会社や会計監査人設置会社では，臨時計算書類について，監査役および会計監査人（委員会設置会社にあっては，監査委員会及び会計監査人）の監査を受けなければならない（同上2項）。

　臨時計算書類も株式会社の本店での開示義務が定められており，これを作成した日から**5年間**にわたり本店に備え置いて閲覧の便に供さなければならない（同上442条1項2号）。

　また，株式会社が子会社を保有している場合，会計監査人設置会社であるときは，連結計算書類（企業集団に係る連結貸借対照表，連結損益計算書）を作成することができる（同上444条1項）。この場合，連結計算書類は，電磁的記録をもって作成することができる（同上2項）。

　連結計算書類は，監査役（委員会設置会社にあっては監査委員会）及び会計監査人の監査を受けなければならない（同上3項）。

　<u>以上は会社法上での措置であって，金融商品取引法上での取り扱いは，より厳格になっていることに留意すべきである</u>。例えば，金融商品取引所に有価証券を上場している「上場会社」は，有価証券報告書を内閣総理大臣に提出しなければならないとされており，その有価証券報告書には連結財務諸表の記載が求められているからである（金融商品取引法24条）。株式会社で上場会社であれば，連結財務諸表の作成・開示は強制されていることを知らなければならない。

　会社法上では連結会計の実施は許容規定の適用を受け，連結計算書類の作成・開示は任意とされていて，会社側の裁量的判断とされていても，金融商品取引法によって，少なくとも上場会社は連結財務諸表の作成・開示は必要とされている[4]。それが，投資者，債権者等の利害関係者の保護に寄与するのみならず，グローバル化の影響を受けていることを見落してはならない。

〔注〕
(1) **正規の簿記の原則**とは，正確な会計帳簿の作成を要求する原則であり，この正確な会計帳簿に基づく財務諸表の作成を要求する原則である。正確な会計帳簿は，すべての取引に関する歴史的記録と，この歴史的記録に基づいて取引の因果関係を組織的に整理した分析的記録（つまり勘定記録）から成り立つ。この二つの系統の会計記録は，複式簿記においては形式的にも実質的にも完備している。……。株式会社の場合には複式簿記を採用しなければ，正規の簿記の原則の要求に合致することは実際上できない（以上，黒澤清他『新企業会計原則訳解』中央経済社，1979年，106〜110頁）。この解釈は今日においても尊重されるのである。

(2) **重要性の原則**の企業会計処理上での実際の適用に関しては，企業の業種，規模，経営実態等を考慮して経験を積んだ会計担当者の判断にも委ねられる。例えば，購入時に費用として処理する消耗品の金額につき1回当たりどれだけまでの購入額であれば購入時の費用とするかについては，当該企業の費用規模（ないし消耗品資産の規模）に応じて決定されるべきである。

(3) 旧商法で存在していた**有限会社**は，会社法では無くなり，**株式会社へ統一**されることになった。

　また，ここでいう**合同会社**とは，会社法（平成18年5月1日施行）によって持分会社の一形態として新たに設けられたものであって，合資会社や合名会社と同様に，定款による内部自治を定めた法人格のある事業体であるが，出資者全員の責任を株式会社と同様に有限責任としている点に特徴がある。類似する海外の事業体としてアメリカのＬＬＣ（Limited Liability Company）があり，これをモデルとして日本に設置された。

(4) この金融商品取引法の措置をうけて，会社法上でも金商法適用によって有価証券報告書を内閣総理大臣に提出しなければならない上場会社は，連結計算書類を作成すべきことを求めることとしている（444条2項）。

第12章　株主持分等変動計算書

I　株主持分等変動計算書の意義

　すでに第10章「純資産／資本の会計」で取り上げたように，**純資産**についてその全体を期中の増減変化とその残高とを明示するために，会社法では計算書類の1つとして「**株主資本等変動計算書**」の作成を求めることになった。「株主資本等」といっているのは「株主資本」のほかにいくつかの項目を含んでいるからである（会社計算規則127条）。すなわち，「評価・換算差額等」，「新株予約権」がこれである（「連結株主資本等変動計算書」の場合は「少数株主持分」の項目がさらに付け加わる）。

　株主資本のほかに上記の諸項目を含めて「株主資本等」に係る期中の増減変動の開示を求める計算書類が「株主資本等変動計算書」である。

　株主資本等変動計算書が，会社法上で作成を求めるに至った理由は，以下のごとき項目が挙げられる。

① 損益計算書（**当期純利益**を算定する計算書）を経由しないで，「その他有価証券評価差額金」などにみるように，貸借対照表の純資産の部に直接計上する項目（つまり資本直入項目）などが加わってきたこと。

② 自己株式の取得が，原則として自由となったことにより，自己株式の取得，処分，活用，消却などが増加すると期待・予想され，「自己株式処分差額」の生起や「法定準備金」の取崩しなど株主資本の変動要因が増加してきたこと。

③ 会社法の新しい規定によって，いつでも資本の部の計数の変動が可能となったり，いつでも剰余金の配当等を行うことができることになったので，頻繁に純資産の部の構成要素の変動が生じることになり，この状況を明確にする計算書を必要とすることになったこと。

以上である。これらの状況を考えてみると、従来の貸借対照表のみでは資本の部の変動を明瞭に示すことができず、資本の部に係る計算書作成を要求する気運が高まってきた。これをうけて、企業会計基準委員会（ASBJ）は2005年8月30日に公開草案第8号（基準ED8号）を公表し、「株主資本等変動計算書」の作成を提案した。そして、会社法・会社計算規則において、当該計算書の作成を求めることになった（会社計算規則127条）。

Ⅱ 株主資本等変動計算書の内容

株主資本等変動計算書は、企業の貸借対照表の純資産の部にあって、「株主資本」とそれ以外の項目、すなわち、「評価・換算差額等」、「新株予約権」、「為替換算調整勘定」を含めた項目に係る期中の増減変動の開示を求めている。主として、株主に帰属する部分としての「株主資本」の各項目の変動事由を報告するために作成するものである（上記ASBJ「基準ED8号」1項）。

株主資本等変動計算書の作成・開示によって、増資（減資）、配当、自己株式の取得・消却、その他株主資本の係数の変動や発行済株式数等の変動、評価・換算差額など、「その他包括利益」といわれる部分の変動や、「新株予約権」の変動までを把握していくことができる。

「当期純利益」の中身・内訳（うちわけ）を損益計算書で明示し、次いで、それを含む「純資産の部」のすべてを含み、その構成に係る内訳の数値を「株主資本等変動計算書」で示すことになった[1]。当該計算書と貸借対照表・損益計算書との間の連携を示すと次頁の図のごとくである。

財務諸表の連携図

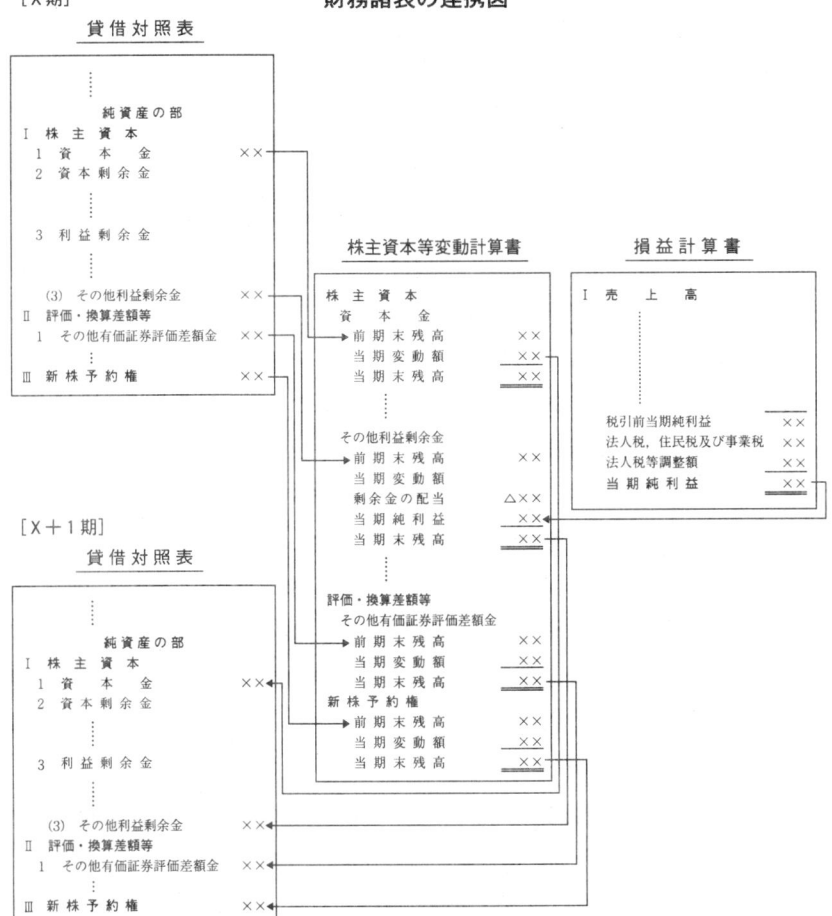

[X期]
貸借対照表

```
          純資産の部
Ⅰ 株 主 資 本
  1 資 本 金                 ××
  2 資本剰余金

  3 利 益 剰 余 金

    (3) その他利益剰余金      ××
Ⅱ 評価・換算差額等
  1 その他有価証券評価差額金  ××

Ⅲ 新 株 予 約 権           ××
```

[X+1期]
貸借対照表

```
          純資産の部
Ⅰ 株 主 資 本
  1 資 本 金                 ××
  2 資本剰余金

  3 利 益 剰 余 金

    (3) その他利益剰余金      ××
Ⅱ 評価・換算差額等
  1 その他有価証券評価差額金  ××

Ⅲ 新 株 予 約 権           ××
```

株主資本等変動計算書

```
株 主 資 本
  資 本 金
    前 期 末 残 高          ××
    当 期 変 動 額          ××
    当 期 末 残 高          ××

  その他利益剰余金
    前 期 末 残 高          ××
    当 期 変 動 額
    剰 余 金 の 配 当        △××
    当 期 純 利 益          ××
    当 期 末 残 高          ××

評価・換算差額等
  その他有価証券評価差額金
    前 期 末 残 高          ××
    当 期 変 動 額          ××
    当 期 末 残 高          ××
新 株 予 約 権
    前 期 末 残 高          ××
    当 期 変 動 額          ××
    当 期 末 残 高          ××
```

損益計算書

```
Ⅰ 売 上 高




  税引前当期純利益          ××
  法人税,住民税及び事業税    ××
  法人税等調整額            ××
  当 期 純 利 益            ××
```

(注) 株主資本等変動計算書については，各項目を<u>縦に並べる様式</u>で示している。

Ⅲ 株主資本等変動計算書における「包括利益」算定の可能性

　すでにみたように，株主資本等変動計算書の構成内容は，評価・換算差額等のいわゆる「その他の包括利益」の変動が示されることになり，「包括利益」の算定の可能性の途(みち)が示された。国際会計基準（IAS/IFRS）では，資産負債アプローチを重視して，損益計算として何より「包括利益」の表示を求めている。

　日本の会社法による損益計算書では最終行（ボトムライン）として実現主義（広義）認識基準を取り入れた当期純利益を表示することにとどまっていて，包括利益算定にまでは至っていない。しかし，会計の国際的調和を重視して，包括利益算定を拒否していない。損益計算書における当期純利益の項目を生かして，株主資本等変動計算書においてこれを引き継ぎ，さらに「その他の包括利益」の表示を行うことによって「包括利益」を算定できる構造になっている。

　しかし，損益計算書それ自体においては，包括利益を算定表示しないことにしている。この点で，国際会計基準とは違っており，損益計算として包括利益算定重視の国際基準とは同じでない。日本基準では，当期純利益表示を行いたいという根強い支持があり，国際的・グローバル視点からは乖離(かいり)性がみられる。将来の長期的視点から国際的統一が強化されていくと，この点での見直しが行われるかもしれない。

　国際会計基準は，資産・負債アプローチを重視し，株主取引を除いた純資産の増加額を利益（包括利益）として理解したいという意向である。

　「包括利益」を損益計算書の最終行（ボトムライン）に位置づけたいという思考からすれば，「その他の包括利益」という用語を使うこと自体を疑問とするわけである。

　米国でも，財務会計基準審議会（FASB）が1997年に新基準（No.130）を設定し，「包括利益」の開示を制度化した。損益計算書に，純利益の項目を表示するものの，その他包括利益を損益構造に取り入れて，最後のボトムラインとし

て「包括利益」を表示するという様式である。損益計算書の様式における業績として「包括利益」を表示しようとするのである。

　しかし，米国でも，「その他の包括利益」を構成している項目は市場動向によって大きく変動・左右されるものであり（ボラティリティが高いということ），経営者責任とは関係が薄いという見解もある。いずれにしても資産・負債アプローチを尊重して，「包括利益」を表示することの重要性は高まってきた。日本の制度会計にとっても，常にその動向を注視していく必要がある。

Ⅳ　株主資本等変動計算書の様式

　株主資本等変動計算書は，貸借対照表の「純資産の部」の1事業年度における変動額に関して，具体的には**株主資本**，**評価・換算差額等**，**新株予約権**の変動事由と金額を報告するために作成する（連結ベースの「**連結株主資本等変動計算書**」を作成する場合は，純資産の部において「**少数株主持分**」の表示が必要となるので，さらに上記諸項目に続けて「**少数株主持分**」に係る数値を記録する。）。ストック（在高）としての純資産について，事業年度中のフロー（価値の流れ）の増減変化を明らかにし，純資産の中身の変化を分析しやすくする目的をもっている。

　その表示様式を，企業会計基準6号「株主資本等変動計算書に関する会計基準（2005年12月27日）」に従って，「横に並べる様式」（「縦に並べる様式」も提案されている）で示すと次頁のとおりである。

144

株主資本等変動計算書（個別会計ベース）
自平成X年4月1日 至平成X+1年3月31日

	株主資本									評価・換算差額等*2			新株予約権	純資産
	資本金	資本剰余金			利益剰余金				自己株式	株主資本合計	その他有価証券評価差額金	繰延ヘッジ損益	評価・換算差額等合計*3		合計*3
		資本準備金	その他資本剰余金	資本剰余金合計*3	利益準備金	その他利益剰余金*1	利益剰余金合計*3								
						×××剰余金 ×××剰余金									
前期末残高	×××	×××	×××	×××	×××	×××	×××	△×××	×××	×××	×××	×××	×××	×××
当期変動額*4														
新株の発行	×××	×××		×××						×××				×××
剰余金の配当						△×××	△×××		△×××					△×××
当期純利益						×××	×××		×××					×××
自己株式の処分								×××	×××					×××
株主資本以外の項目の当期変動額（純額）										××× *5	××× *5	×××	××× *5	×××
当期変動額合計	×××	×××	−	×××	×××	×××	×××	×××	×××	×××	×××	×××	×××	×××
当期末残高	×××	×××	×××	×××	×××	×××	×××	△×××	×××	×××	×××	×××	×××	×××

*1 「その他利益剰余金」については、その内訳科目の前期末残高、当期変動額の各金額及び当期末残高の各金額を注記により開示することができる。この場合、その内訳科目の前期末残高、当期変動額及び当期末残高の各金額を個別株主資本等変動計算書に記載する。

*2 「評価・換算差額等」については、その内訳科目の前期末残高、当期変動額の各金額及び当期末残高の各金額を注記により開示することができる。この場合、その内訳科目の前期末残高、当期変動額及び当期末残高の各金額を個別株主資本等変動計算書に記載する。

*3 各合計欄の記載は省略することができる。

*4 「株主資本」の各項目の変動事由及びその金額の記載は、概ね個別貸借対照表における表示の順序による。

*5 株主資本以外の各項目は、当期変動額を純額で記載することに代えて、変動事由ごとにその金額を記載することができる。また、変動事由を個別株主資本等変動計算書に記載する場合には、概ね株主資本の各項目に関係する変動事由の次に記載する。

（「株主資本等変動計算書に関する会計基準」様式を参照）

この様式をみて、横の欄に、「株主資本」、「評価・換算差額等」、「新株予約権」、「純資産会計」が示されているが、これは個別企業会計に係る「個別株主資本等変動計算書」の様式の場合であり、連結会計ベースでの「連結株主資本等変動計算書」の様式の場合は、純資産としてさらに「少数株主持分」の項目が加わるので、上掲様式における「新株予約権」の次に続けて「少数株主持分」を掲示する必要がある。

一方、縦(たて)の欄には、「前期末残高」、「当期変動額」、「当期変動額合計」、「当期末残高」を示し、1事業年度中における変動状況を明らかにしている。このうち、「当期変動額」の内訳項目として「剰余金の配当」が示されていることに注目しておきたい。従来とは異なった取り扱いとなっている。

上掲の株主資本等変動計算書の様式によって、個別会計ベースであれ、連結会計ベースであれ、「純資産の部」を構成する各項目の変動の実績を詳細に分析していくことができる。

V 「剰余金の配当」について

(1) 「剰余金の配当」の意義

会社法上、会社財産の払戻しを行うことを「**剰余金の配当等**」として規制し、「剰余金の配当」と「自己株式の有償取得」とを合わせて取り扱うことにした。これらは、両者とも「会社財産の払戻し」という点で共通性があり、**払戻規制**として位置づけた。

前者の「剰余金の配当」は、利益の配当、中間配当、資本金および準備金の減少に伴う払戻し(有償での減資など)などを示しており、会社財産の払戻しとなる。

「剰余金の配当」には、剰余金、つまり「その他利益剰余金」、「その他資本剰余金」という利益性・資本性の剰余金の払戻しを含んでいるので、剰余金の配当といっていて、従来のように「利益の配当」とはいわなくなった。「剰余金の配当」の対象となる「剰余金の額」は次のようになる[2]。

「剰余金の額」の図示

```
Ⅰ　株　主　資　本
  1　資　　本　　金
  2　新株申込証拠金
  3　資　本　剰　余　金
    (1)　資　本　準　備　金
    (2)　その他資本剰余金
  4　利　益　剰　余　金
    (1)　利　益　準　備　金
    (2)　その他利益剰余金
         （さらに細目表示可能）
```

「その他資本剰余金」と「その他利益剰余金」→ 剰余金の額

　ちなみに，会社法では，剰余金の配当等が可能な額を**分配可能額**（461条）という概念を使っている。

　自己株式を株主から現金で取得することと，株主へ現金交付によって配当を行うこととは，株主への払戻しや分配を行うという点で共通しており，剰余金の配当として取り扱っても違和感がない。「自己株式の取得」と「剰余金の配当」とを類似した処理としたのである。

　「剰余金の配当」について会社法が規制しているのは，債権者保護をはかっていることにある。物的会社である株式会社については，その株主は有限責任であり，会社財産についてしか責任を負わないので，剰余金の配当・払戻しが安易に行われないようにするためである。

　配当・払戻しの対象となる剰余金としては「その他利益剰余金（繰越利益剰余金）」と「その他資本剰余金」とから成るが，利益からの配当という点を強調すると前者の「その他利益剰余金」から配当に充当していくべきこととなる。しかし，剰余金として「その他資本剰余金」も充当の対象となるので，狭義に「配当」という言葉を使わずに，広義の「分配」という用語を採用することになった。「分配」という用語を使うことによって，財産の払戻しに係る自己株式の有償取得も「剰余金の分配」の同じ範疇で取り扱っていくことを可能とし

た。

(2) 配当規制の弾力化

従来,配当としては「年次配当」と「中間配当(6カ月配当)」の年2回のみであった。しかし,会社法では「いつでも何回でも」剰余金の配当(分配)ができるようになった(453条)。四半期配当なども可能になった。ただし,債権者保護とのからみで,純資産額が300万円を下回る場合は,配当できないこととした(458条)。

「剰余金の配当」を行う場合,その都度,株主総会の決議によって次の事項を決定しなければならない(454条1項)。すなわち,①「配当財産の種類(株式配当を除く)」,②「配当財産の帳簿価額の総額」,③「株主に対する配当財産の割当て」,④「剰余金の配当が効力を生ずる日」,以上である。

株式会社において,剰余金の配当は,上記のように株主総会の決議を必要とするが,「取締役会設置会社」については,1事業年度の途中において,1回に限り取締役会の決議によって剰余金の配当(配当財産が金銭であるものに限る)をすることができる旨定款で定めることができる(454条5項)。また,「会計監査人設置会社」は,定款に定めるところにより,剰余金の配当を取締役会の決議によって決定することができる(459条)。「中間配当」については,決議機関を従来のように株主総会を通さずに取締役会に任せることによって,中間配当を行いやすくしたものと評価できる。配当規制の弾力化を図ったのである。

(3) 配当に伴う準備金の計上

「剰余金の配当」を行えば,資金を会社外へ流出させるので,債権者保護のため資本充実の原則を機能させて,配当を行う際に一定の準備金の積立てを求めている。すなわち,原則として,剰余金の配当によって減少する剰余金の額の10分の1(10%)の額を,「資本準備金」または「利益準備金」として積立限度金額に達するまで,積立てなければならない(会社法445条4項)。

この場合の「積立限度金額」とは,**基準資本金額**と定義され,資本金の額の

4分の1として準備金積立ての基準としている（会社計算規則45条1項1号）。従って，剰余金の配当を行う際，配当後における資本準備金または利益準備金の額が，配当日の**基準資本金額**以上となっているときは，積立てを求められないことになる（同上1項1号，2項1号）。

そこで，積立てを求められるのは，配当後の資本準備金または利益準備金の額が，基準資本金額未満に相当している場合ということになる。

そして，積立必要金額は，「準備金計上限度額（基準資本金額から準備金の額を差引いた額）」と「剰余金の配当額の10分の1」とを比較して，小さい方の額とされている（同上45条）。

ここで，資本準備金または利益準備金として積立てる金額は，積立金額に「資本剰余金配当割合（$\frac{その他資本剰余金の減少額}{剰余金の配当額}$）」を乗じた額を資本準備金とし，「利益剰余金配当割合（$\frac{その他資本剰余金の減少額}{剰余金の配当額}$）」を乗じた額を利益準備金として積立てるのである（同上46条）。

配当は本来，損益取引に係る自由処分性を有する利益から行うことが望ましいが，利益からの配当を行えない場合でも，株主への期待に応えて「その他資本剰余金」からの配当を行うことを認めた。この場合，資本の払戻しに関わることになるが，剰余金の分配として行うことができるようになった。そこで，資本準備金の積立て（配当額の10分の1相当額）も求められることになったわけである。

〔注〕
(1) **株主資本等変動計算書**の構成内容はすでにみたように，「純資産の部」の内訳部分の変動を示すものであるから，名称を変えて「純資産変動計算書」といってもよいはずだが，そのような呼称をとらないのは，国際会計基準や米国基準では，これに相当する用語として，「株主持分変動計算書（statement of changes in equity）」を用いたからとみられる。
(2) 「**剰余金の額**」（事業年度末）は，「その他資本剰余金」と「その他利益剰余金」との合計額をいうが，具体的には期末時点の「剰余金の額」は最終事業年度末における次の算式で計算する（会社法446条1号，会社計算規則177条）。

(資産の額＋自己株式の帳簿価額)
－(負債の額＋資本金額＋準備金額＋法務省令規定事項※)
　　　　期末時点の「剰余金の額」
※　法務省令規定事項とは，(資産の額＋自己株式の帳簿価額)－(負債の額＋資本金額＋準備金額＋その他資本剰余金額＋その他利益剰余金額)，で算定する。

　ちなみに，事業年度末日後に資本金等の変動がある場合における配当時の「剰余金の額」は加減算の修正計算が必要となる。
　配当時の「剰余金の額」＝期末日の剰余金の額±(期末日から翌期の配当時までの) 剰余金変動額※
※　(期末日から翌期の配当時までの) 剰余金変動額は，次の「加算項目」と「減算項目」で計算する。
「加算項目」……①「期末日後の自己株式処分による処分益の金額」，②「期末日後の資本金額の減少額 (準備金振替を除く)」，③「期末日後の準備金の減少額 (資本金振替を除く)」
「減算項目」……①「期末日後の自己株式処分による処分損の金額」，②「期末日後の自己株式消却の帳簿価額」，③「期末日後に剰余金の配当をした場合の金額 (配当財産の帳簿価額＋金銭分配済額＋基準未満株式への金銭分配額)」，④「法務省令による金額 (剰余金を減額し，資本金又は準備金を増額した場合の剰余金の額＋剰余金の配当をした場合の，要積立その他資本剰余金及び要積立その他利益剰余金の額＋吸収型組織再編をした際に処分した自己株式の処分損益＋吸収型組織再編によって増加した資本剰余金及び利益剰余金)」

　上記のように「剰余金の額」が算定されると，それを基にしていつでも配当できるが，物的会社である株式会社においては，債権者保護のため会社財産を保全する目的で，「分配可能額」を上限とする流出限度を定めている (会社法462条)。ここでの**分配可能額**とは，「剰余金の額」から「自己株式の帳簿価額」を控除した金額である (461条2項)。

第13章　連結会計と「連結の範囲」

I　連結会計の実施

会社法上,「会計監査法人設置会社は, 法務省令の定めるところにより, 各事業年度に係る連結計算書類を作成することができる (444条1項)」と規定され, さらに「事業年度の末日において大会社であって金融商品取引法 (旧証券取引法) 第24条第1項の規定により有価証券報告書を内閣総理大臣に提出しなければならないものは, 当該事業年度に係る連結計算書類を作成しなければならない (同条2項)」と定めている。

会社法上で連結会計を行うとともに, 金融商品取引法上でもこれを行うことが必要とされている。ある会社が, 他の会社の議決権ある株式を保有して支配できる子会社を抱えると連結会計を行うのである。

連結計算書類の体系は, 個別計算書類と同様であって, ①**連結貸借対照表**, ②**連結損益計算書**, ③**連結株主資本等変動計算書**, ④**連結注記表**, である。

II　連結の範囲

今日の経済社会では, しばしば複数の法的に独立した会社が一体となって経済活動を行っている。これを企業の集団化という。**企業集団化**は, 一体的・効率的経営を行うため, 「生産と販売の分離とその有機的結合」,「コンビナートの形成」,「原材料調達や販売促進のための系列化促進」などの形をとってきた。

しかし, 最近は,「資本系列・業務提携などをテコとする関連事業・異種事業への進出」,「会社分割の形をとる新会社の設立」,「乗っ取り (take over bids) を防ぐための系列化」,「国際化推進のための現地国法人の設立や合弁会社の新設」などによる集団化を挙げることができる。

企業集団の経済活動における重要性が高まるとともに連結会計の必要性が強調されてきた。そして，投資者保護を尊重すると，連結会計がまず重視されるべきであって，親会社個別会計は，むしろ補足的・副次的地位に置かれるべきであるという状況になってきた。これを個別会計に対する**連結優位**という。

　企業経営規模が拡大し，多角化・国際化が進展してきている状況にあって，連結情報がより有用であり，個別会計情報では実態開示要請に対応し切れなくなってきているからである。

　その際，連結会計情報は，国際的な**比較可能性**を具えていることが何より必要である。外国資本市場で資金調達活動を円滑に進めたり，自国証券市場で広く外国人投資者を含む各種投資者の参加を期待するためには，連結会計情報が国際的に比較可能であることが要請されているからである。

　会計基準の国際的調和ないし統一は，今日的緊要課題となっている。それ以上に，経済・金融システムのグローバルな国際的調和化の視点は重視され，2001年**金融ビッグ・バン（大改革）**との関連で位置づけられるべきである。「間接金融方式から直接金融方式重視への資金調達形態化の促進」も注目される。

　さて，連結会計の実施に係る**企業集団**をみると，これは「支配従属関係にある２つ以上の会社からなるもの」である（「連結財務諸表原則」（以下「連結原則」という）第一）。「支配従属関係」とは，具体的には親会社・子会社関係をいう。

　会社が他の会社を支配している場合，支配従属関係がみられるとして，前者を**親会社**（parent company），後者を**子会社**（subsidiaries）と呼んでいる。また，親会社および子会社，または子会社が，他の会社を支配している場合のその他の会社も，子会社とみなしている（同上，第三）。子会社を原則として連結していく。

　「連結原則」では**関連会社**（associated company）という概念も明らかにしており，これに対しては，**非連結子会社**[1]とともに「**持分法**（equity method）」の適用を要請している（同上，第四・八）。従って，**親会社・子会社**のほかに**関連会社**も含めて広義に企業集団を把握していくこともできる。連結会計は，企業集団を単一の組織体とみなして経営実態を明らかにしていくものである。

「他の会社を支配している」場合には，当該会社を連結していくが，この場合の「支配」とは，意思決定機関を支配していることを指し，具体的には「財務および事業の方針の決定を支配していること」を意味している。会社のほか，法人格を有しない組合等も含まれる（会社法施行規則3条1項, 2項）。

このように，「他の会社を支配しているか否か」を重視する連結基準を「**支配力基準**」といい，実質的に支配しているか否かが連結の範囲を決める要因になる。「支配力基準」にあって，「他の会社の議決権の過半数（50％超）を実質的に所有している場合」は，とくに重要であり，これを**持株基準**ともいう。従って，持株基準は，支配力基準の中の有力な1つの基準ということになる。

ここで，「**議決権の過半数の実質的な所有**」の中身が重要である。「連結原則（注解4）」で，「議決権のある株式または出資の所有の名義が役員等会社以外の者となっていても，会社が自己の計算で所有している場合には，当該会社が実質的に所有しているものとする」といっている。

例えば，株主名簿に記載されている名義を調べて，会社が実際には支配できるだけの株式を所有していながら，株主名簿の上で架空名義や他人名義を用いて，あたかも支配するために十分な株式を所有していないかのように工作していないかどうかを検討する必要がある。

この場合，架空名義や他人名義の株式も含めて，過半数か否か，所有率はどうなっているかを判定していかなければならない。例えば，会社の投資ではなく，役員個人が「自己資金」で他会社の株式を所有していて，会社の所有する株式と合計すると過半数になっていても，**実質的支配がなければ子会社とはみ**なされないのである[2]。

Ⅲ 「過半数所有を満たさない場合」の連結の実施

以上，「支配力基準」の中の有力な1つの基準である「持株基準」を検討し，親会社，子会社の概念をみてきたが，しかし，実質的に50％以下の持分所有であっても（Ｘ％≦50％），相当高い比率の議決権を所有しており（例えば40％の持

分比率のケース），かつ，**当該会社の意思決定機関を支配している一定の事実が認められる場合**，この意思決定機関を支配していないことが明らかに示されない限り，子会社として取り扱うことになる。

「支配力基準」で連結の範囲を決定していくとき，「持株基準」で過半数持分比率を満たさなくても，「支配力基準」が機能することがあり得る。

「意思決定機関を支配している一定の事実が認められる場合」とは，例えば次の場合が挙げられる（連結原則，注解5）。

(1) 議決権を行使しない株主が存在することにより，株主総会において議決権の過半数を継続的に占めることができると認められる場合
(2) 役員，関連会社等の協力的な株主の存在により，株主総会において議決権の過半数を継続的に占めることができると認められる場合
(3) 役員もしくは従業員である者またはこれらであった者が，取締役会の構成員の過半数を継続して占めている場合
(4) 重要な財務および営業の方針決定を支配する契約等が存在する場合

上記の(1)と(2)は，議決権の過半数所有を満たしていないが，議決権の過半数を「継続的に占めることができる」条件が整っており，これによって連結の範囲を決定していくことになる。

(3)は，連結企業集団として，**人的結合要素**を重視したものである。過半数の持株基準を満たさなくても，人的要素の意義を強調して，親会社，子会社の関係を決めていくものである。

(4)は，「重要な財務および営業の方針決定を支配する契約等が存在する場合」といっており，「支配力基準」の中で最も議論の対象となる項目である。「実質基準中の実質基準」といえる。例えば，関係している複数の企業間で，製造，販売や資金調達などの機能に関して，意思決定機関において事実上支配関係が存在している場合が挙げられる。事実上の「**経済的結合要素**」を考慮すべき場合であるが，これについては，会社間での実態がどうなっているか慎重な判断が必要とされる。

連結はずし（連結逃れ）や**連結組入れ**が安易に行われないかどうか十分注視し

ていくべきである。今日，支配力基準によって子会社を確定し，連結の範囲を決定していく方式は，国際会計基準でも取り入れられている。連結情報の意義が世界的に重視され，これを透明性あるものにして企業集団の経営実態の開示の充実化をはかっていくことが強調されている。

以上，親会社と子会社の概念をみてきたが，連結原則ではこれらを連結会社として把握し（第三・一），**連結**（より正確にいえば「**全部連結**(total consolidation)」）を適用していくのである。

Ⅳ 関連会社

連結原則は，**関連会社**を取り上げ，「親会社および子会社が，出資，人事，資金，技術，取引等の関係を通じて，子会社以外の他の会社の財務および営業の方針決定に対して重要な影響を与えることができる場合における当該他の会社（第四・八・2）」のことをいっている。

次の2つの場合には，子会社以外の他の会社の財務および営業の方針決定に重要な影響を与えることができないことが明らかに示されない限り，当該他の会社は，関連会社に該当するものとする（同上）。

(1) 子会社以外の他の会社の議決権の20％以上を実質的に所有している場合
　　（当該議決権の20％以上の所有が一時的であると認められる場合を除く）
(2) 他の会社に対する議決権の所有割合が20％未満であっても，一定の議決権を有しており，かつ，当該会社の財務および営業の方針決定に対して重要な影響を与えることができる一定の事実が認められる場合

上記(2)における「**重要な影響を与えることができる一定の事実**」とは，例えば，他の会社の財務および営業の方針決定に重要な影響を与える契約が存在する場合などがこれに相当している。

関連会社と子会社との間での相違は，子会社については，「意思決定機関を支配している」とか，「財務および営業の方針決定を支配している」とか，いっているのに対して，関連会社については，「財務および営業の方針決定に重要

な影響を与えることができる」とかいっていることである。つまり，子会社については財務および営業の方針決定に関して，支配を強調するのに対して，関連会社については支配にまでは至らず，重要な影響の付与を強調していることである。

関連会社については，子会社に対するほど持分比率が高くないことが上記の相違をもたらしているといえる。しかし，それにしても高い持分比率に相当しているから，重要な影響の付与が可能になっている。そのような関連会社であるからこそ，子会社を含めて広義の企業集団（親会社・投資会社，子会社，関連会社の総体）として把握する必要が生じてくるのである。

子会社については「**連結**」を行い，関連会社については「**持分法**」を適用して，全体としての連結会計を実施し，連結書類を作成していくことが必要となる。

さて，関連会社を確定する際にも，議決権の実質的所有について，その持分比率を検討するとき注意が必要である。関連会社の場合は，子会社の場合よりも特別な場合を除いて持分比率は低いが，とくに間接所有の場合に特別に配慮していくべきである。

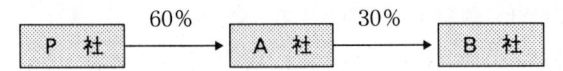

```
┌─────┐ 60%  ┌─────┐ 30%  ┌─────┐
│ Ｐ 社 │─────→│ Ａ 社 │─────→│ Ｂ 社 │
└─────┘      └─────┘      └─────┘
```

例えば，上図のように，Ｐ社がＡ社の議決権ある株式を60％所有し，Ａ社がＢ社の株式を30％所有するとき，Ｂ社が関連会社か否かを判定するに当たり実質的所有という観点では30％と考えていくのである。形式的には，Ｐ社は，Ｂ社に対して18％（60％×30％）の株式しか所有していないが，Ａ社はＰ社の子会社で，Ｐ社とＡ社とは経済的一体性の関係にあり，そのもとでＢ社の30％という株式を所有しているので，実質的にはこの比率を重視していくからである。

関連会社であることを確定できれば，連結原則では，**持分法**（equity method）を原則として適用していくことになる。持分法も**一行連結**（one line consolidation）として把握し，広義には連結概念に含めていくことができるからである。

連結企業集団は，基本的に株式投資要因によって形成される企業集団である

が，連結を狭義に解して，つまり全部連結のみに限定して把握し，親会社，子会社によって形成される企業集団として理解するのでは不十分である。一行連結としての持分法の適用対象となる関連会社も含めて広義に企業集団を取り扱うべきである。広義の連結企業集団の実態を解明していくことによって，投資関係の中身を深く探求していけるのである。以上を整理して，連結企業集団の構成を図示すると次のようになる。

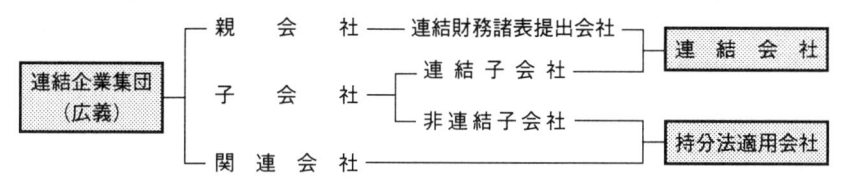

```
                ┌ 親 会 社 ── 連結財務諸表提出会社 ┐
連結企業集団    │                ┌ 連 結 子 会 社 ─┴─ 連 結 会 社
  （広義）   ──┤ 子 会 社 ──┤
                │                └ 非連結子会社 ──┐
                └ 関 連 会 社 ────────────────┴─ 持分法適用会社
```

V 連結会計の一般原則

　連結原則では，連結会計を行う場合の**一般原則**として，次の4つ，すなわち，**真実性の原則，個別財務諸表基準性の原則，明瞭性の原則，継続性の原則**，を挙げている。

　「真実性の原則」　連結会計を行う場合，企業集団の財政状態および経営成績に関して真実な報告を提供するものでなければならない（第二・1）。これが真実性の原則であり，個別企業会計に係る企業会計原則と同様の要請を連結会計に対して行っているものである。企業会計原則は個別企業の会計を対象としているのに対し，連結原則は企業集団のそれを対象としている点に相違がみられるだけである。

　真実性の原則は，連結財務諸表の完全性を求めているが，重要性の乏しい子会社については連結の範囲から除外されることもあるので，その限りで完全性の原則に関して一定の限界があることに留意すべきである（注解1）。

　「個別財務諸表基準性の原則」　これは「個別財務諸表準拠性の原則」とも呼ばれ，連結財務諸表の作成は個別財務諸表を基準とすべきことを求めているものである。個別財務諸表は，一般に公正妥当と認められる企業会計の基準に準

拠して作成すべきであり，連結の手続きも一般に公正妥当と認められる企業会計の基準に準拠することが求められる（第二・2）。

しかし，個別財務諸表の作成に減価償却の過不足，資産または負債の過大または過小計上などがあれば，これを適正に修正して連結すべきである。ただし，そのことが連結財務諸表に重要な影響を与えないと認められるときは，修正しないことができる（注解2）。

「明瞭性の原則」 連結財務諸表は，企業集団の状況に関する判断を誤らせないよう，利害関係者に対し必要な財務情報を明瞭に表示すべきことを求めているのが明瞭性の原則である（第二・3）。これは，連結財務諸表の表示様式の側面から真実性の原則を支えるものである。

「継続性の原則」 連結の諸基準および手続きを毎期継続して適用すべきことを要求するのが継続性の原則である（第二・4）。これによって，情報の期間比較を可能にし，損益操作を排除できる。そして，連結財務諸表の真実性の原則を支えることになる。正当な理由によって連結の諸基準および手続きを変更した場合には，変更したことの事実，理由，影響を注記すべきである（第七・3・(1)）。

以上のように，連結原則に取り上げる一般原則は，個別企業会計の一般原則と整合性がとれているだけでなく，連結会計の実施の点でとくに重要とみられる原則を精選抽出していることに注目される。

〔注〕
(1) **「非連結子会社」** とは，①親会社による支配が一時的であると認められる子会社，②「連結の範囲」に含めることにより，利害関係者の判断を著しく誤らせるおそれがあると認められる子会社，③その資産，売上高等からみて，重要性の乏しい子会社，をいい（会社計算規則95条1項・2項，「連結原則」第三・一・4），これに対しては連結を行わないで，**持分法**を適用するのである。
(2) **「議決権ないし株式の過半数の実質的所有」** に関連して次のような**間接的所有**の場合を考えてみる必要がある。
例えば，P社がA社の議決権ある株式を80％所有し，A社がB社の株式を60％所有

するとき，P社はB社をどのように取り扱うべきか。

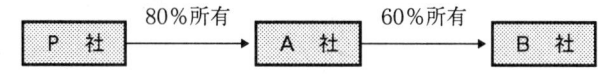

```
P社 ──80%所有──▶ A社 ──60%所有──▶ B社
```

　B社は形式的には，P社が80%の株式を所有する子会社であるA社を通じて60%の株式を所有されているにすぎず，P社のB社に対する持分は48%（80%×60%）で過半数（50%超）に達しない。
　しかし，実質的には，A社はP社の子会社であって，P社とA社とは完全な経済的一体性があり，同一体と考えられ，その関係でB社に対して60%という過半数の株式を所有しているので，B社をP社の子会社とみなすのである。つまり，連結の範囲を確定する際，100%×60%＝60%とみていくわけである。
　この理解によって，次の場合を考えてみよう。

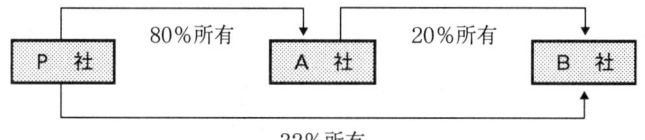

```
P社 ──80%所有──▶ A社 ──20%所有──▶ B社
 │                                    ▲
 └──────────32%所有──────────────────┘
```

　この場合も，B社をP社にとって子会社とみなすことができる。すなわち，形式的な計算上の持分関係でいうと，80%×20%＋32%＝48%，で持分は過半数に達しないが，実質的には100%×20%＋32%＝52%，とみることができ，過半数持分を満たすからである。

第14章　連結貸借対照表の仕組み

I　連結貸借対照表作成の基本原則

連結貸借対照表は，親会社および子会社の個別貸借対照表における資産，負債および純資産（資本）の金額を基礎とし，子会社の資産および負債の評価，連結会社相互間の投資勘定と純資産（資本）勘定，および債権と債務を相殺消去して作成する（連結原則，第四・一）。

親会社と子会社とは，すでにみたように**経済的に単一の組織体**を形成していると考え，それぞれの貸借対照表を1つに総合すべきであり，連結会社相互間に債権債務関係がみられれば，まず，これを相殺消去し，次いで親会社の投資勘定と子会社の純資産（資本）とを相殺消去し，その結果として子会社の資産・負債諸項目を親会社の個別貸借対照表に統合して，連結貸借対照表を作成していく。

＜設　例＞

親会社P社貸借対照表およびその子会社S社貸借対照表によって，(1)**全部連結**，および，(2)**比例連結**（部分連結），の貸借対照表を作成されたい。ただし，P社はS社の発行済株式数の80％を額面で所有している。なお，P社S社間で相殺消去すべき債権債務はない。

P社貸借対照表　　　　　　　（単位：百万円）

諸資産（投資を除く）	9,200	資本金	10,000
投資（S社株式）	800		
	10,000		10,000

S社貸借対照表　　　　　　　（単位：百万円）

諸資産	4,000	諸負債	3,000
		資本金	1,000
	4,000		4,000

解説と解答

(1) 全部連結

親会社の子会社に対する持株割合に関係なく，子会社の資産・負債・資本，収益・費用の全部を親会社のそれに統合するのが**全部連結**（total consolidation）である。これは，子会社の資本部分に親会社以外の外部株主の持分，つまり**少数株主持分**が存在していても，親会社は子会社の経営を支配することができるので，親会社の意思のもとにある子会社の資産・負債・資本のすべてを連結貸借対照表に表示し，同じく，収益・費用のすべてを損益計算書に表示しようとするものである。上の**設例**における全部連結による貸借対照表は次のようになる。

連結貸借対照表

諸 資 産	13,200	諸　負　債	3,000
		少数株主持分	200
		資　本　金	10,000
	13,200		13,200

諸資産　13,200＝Ｐ社分9,200＋Ｓ社分4,000
諸負債　 3,000＝Ｐ社分　 0＋Ｓ社分3,000
資本金　10,000＝Ｐ社分10,000

(2) 比 例 連 結

親会社の持株割合に応じて，資産・負債・資本，収益・費用の全勘定を按分して，親会社の持株割合のみを統合するのが**比例連結**（proportional consolidation）である。この方法によれば，連結貸借対照表や連結損益計算書には，少数株主持分は表示されないことになる。国際会計基準では，ジョイント・ベンチャー（合弁事業）のうち**共同支配事業体**（jointly controlled entities）に対してこの方法を適用すべきとしているのである。

連結貸借対照表

諸 資 産	12,400	諸 負 債	2,400
		資 本 金	10,000
	12,400		12,400

諸資産　12,400＝P社分9,200＋S社分4,000×80%
諸負債　 2,400＝P社分　 0＋S社分3,000×80%
資本金　10,000＝P社分10,000

Ⅱ　親子会社間の会計処理の統一

　親会社とその子会社とは，同一の経済環境下では，その会計処理は本来同一の基準で行うべきものである。同一の経済環境下で，例えば同一の性質の取引などにつき，連結会社間で会計処理が異なっていれば，その個別財務諸表をもとにした連結財務諸表を作成しても，企業集団の財政状態および経営成績を適切に表示できない。

　例えば，有価証券の評価基準についていえば，親子会社間で統一しておくべきである。従って，連結原則が，同一の環境下で行われた同一の性質の取引などについては，原則として会計処理を統一することを求めている（第三・三）のである。

　この場合，判断が難しいのは，外国に子会社をもっている場合である。親会社が存在する国と，子会社のある現地国との間で同一の環境の下に位置づけられているかどうかである。しかし，本来，連結会計として，企業集団としての単一の組織体にかかる実態報告を行うべきで，会計処理基準を統一することが求められる。

　なお，会計処理基準の統一性だけでなく，連結資料の様式も連結会社間で相違していると，連結財務諸表での一貫性が損われるので，連結資料の様式も統一すべきである。このため，親会社は，連結資料の様式や作成マニュアルを事前に整備しておく必要がある。

Ⅲ 支配獲得時の資本連結

ここで,「**資本連結**（純資産連結）」とは,親会社の子会社に対する投資と,これに対応する子会社の資本を相殺消去し,消去差額が生じた場合には,この差額を**連結調整勘定**として計上し,子会社の資本のうち親会社に帰属しない部分を**少数株主持分**に振り替える手続きをいう。資本連結は,新たに子会社となったために,その子会社を初めて連結する際の手続きのことである。

連結原則では,連結貸借対照表の作成に当たり,**支配獲得時**に子会社の公正な評価額つまり時価で評価し,この結果生ずる評価差額を子会社の純資産（資本）に含め（第四・二・1および2）,これを含めて算定した純資産（資本）を,支配獲得日における資本連結の対象としている。これによって,消去差額の分析を容易にしている。

例えば,消去差額を分析した結果,その発生原因として,特定の有形固定資産（建物）をその帳簿価額より高く評価し,その分を考慮して投資したことが判明したときは,消去差額をその固定資産（建物）に振り替えていくことになる。株式取得にかかる投資の過程で考慮されたはずのその固定資産の公正な評価額（時価）を重視していくのである。

子会社の資産・負債の評価 子会社の資産・負債の評価については,連結原則は,次のいずれかの方法により公正な評価額（時価）に基づくことを求めている（第四・二・1）。つまり,**部分時価評価法**と**全面時価評価法**とであり,前者は,「子会社の資産および負債のうち,親会社の持分に相当する部分については,株式の取得日ごとに当該日における時価により評価し,少数株主持分に相当する部分については,子会社の個別貸借対照表上の金額により評価する方法」であり,後者は,「子会社の資産および負債のすべてを,支配獲得日の時価により評価する方法」(国際会計基準（IFRS）の採用する方法）である。

部分時価評価法は,親会社が株式を取得した際の親会社の持分を重視する方式であり（親会社説）,全面時価評価法は,親会社が子会社を支配したので,子

会社が企業集団に含まれることになった事実を重視する方式である(経済的単一体説)。

親会社の投資と子会社の純資産(資本)との相殺消去 親会社の子会社に対する投資とこれに対応する子会社の純資産(資本)は,これを相殺消去すべきである(連結原則,第四・三・1)。しかし,この相殺消去につき,部分時価評価法を採用する場合には,株式の取得日ごとに子会社の資本を用いて行い,全面時価評価法を採用する場合には,支配獲得日における純資産(資本)を用いて一括して行う(注解10)。

子会社の資産,負債の評価によって生じる評価差額は,子会社の純資産(評価替剰余金)として処理するが(第四・二・2),この評価差額は,親会社の投資と子会社の純資産(資本)の相殺消去と少数株主持分への振替えを行うことによってすべて消去される。

連結調整勘定の処理 上記のような処理を行ったことにより生じる投資と純資産(資本)の消去差額は,**連結調整勘定**として処理する(第四・三・2)。

連結調整勘定は,原則として20年以内に,定額法その他合理的な方法により処理すべきである。ただし,連結調整勘定の金額に重要性が乏しい場合には,当該勘定が生じた期の損益として処理することができる(第四・三・2後段)。

いま,**部分時価評価法**と**全面時価評価法**との関係を示すために,決算日であるY年3月31日における親会社P社の投資と子会社S社の純資産(資本)との相殺消去を取り上げてみる。P社のS社に対する投資は,その時点で行われ,60%であるとする。

部分時価評価法（親会社説）

（単位：百万円）

```
           60%    40%
         ┌─────┬─────┐
         │ のれん     │ のれん(180)
         │ (180)     │
子会社(S社)投資 ├─────┼─────┤
  (900)  │ 評価差額   │ 評価差額(240)
         │ (240)     │
         ├─────┼─────┤  子会社(S社)の
         │ 帳簿価額   │ 帳簿価額  純資産の時価
         │ (480)  (320) │ (800)   (1,200)※
         └─────┴─────┘
         親会社(P社) 少数株主
         持分(900)  持分(320)
```

全面時価評価法（経済的単一体説）……買入れのれん説

（単位：百万円）

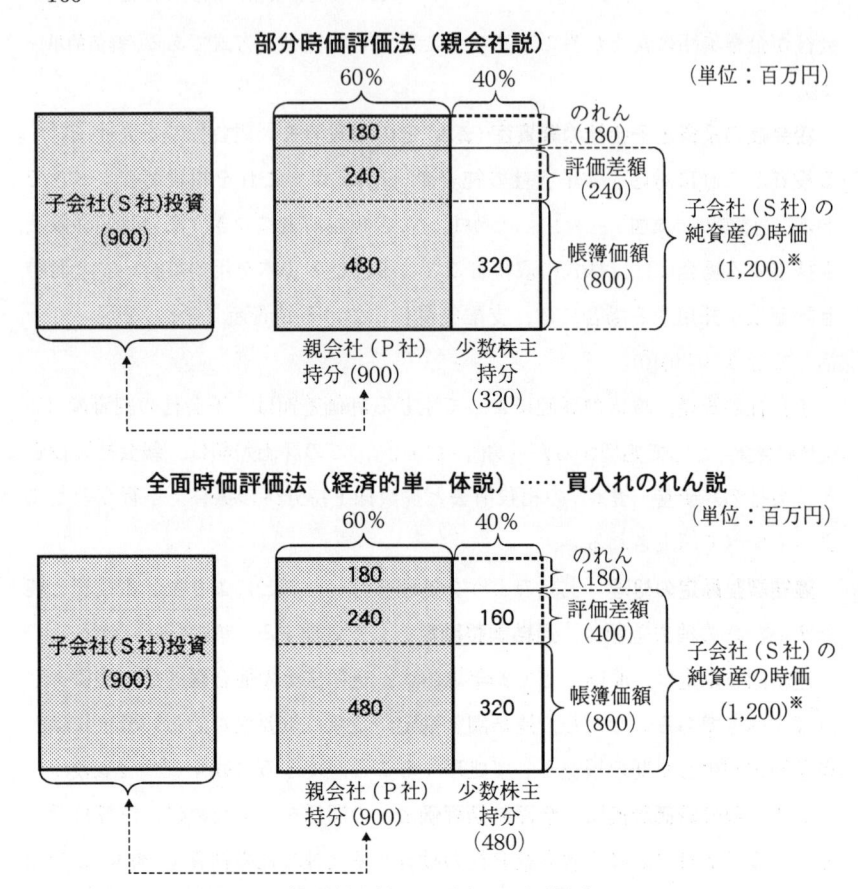

```
           60%    40%
         ┌─────┬─────┐
         │ のれん     │ のれん(180)
子会社(S社)投資 │ (180)     │
  (900)  ├─────┼─────┤
         │ 評価差額 160 │ 評価差額(400)
         │ (240)     │
         ├─────┼─────┤  子会社(S社)の
         │ 帳簿価額   │ 帳簿価額  純資産の時価
         │ (480)  (320) │ (800)   (1,200)※
         └─────┴─────┘
         親会社(P社) 少数株主
         持分(900)  持分(480)
```

※　480＋240＋320＋160（少数株主持分に属する評価差額）

資料出所：米国財務会計基準（連結会計）研究委員会報告『連結会計をめぐる米国財務会計基準の動向』1995年，311ページ。

―<設例(1)>―――――――――――――――――――――――――――――

S社に対する支配獲得時であるY年3月31日現在における，P社とS社の貸借対照表は以下の通りであった。これによって，**部分時価評価法**と**全面時価評価法**との処理を示されたい。ただし，支配獲得時（Y年3月31日）におけるS株式は，1,000百万円（60％相当）であった。また，S社の資産1,600百万円のうち，土地は帳簿価額が800百万円であり，決算日Y年3月31日における時価は1,200百万円になったとする（他の資産，負債には評価差額は生じなかった）。

貸借対照表
Y年3月31日　　　　　　（単位：百万円）

借方	P社	S社	貸方	P社	S社
諸資産	5,000	1,600※	諸負債	2,000	800
投資（S社株式）	1,000		資本金	2,000	400
			資本準備金	1,000	100
			利益剰余金	1,000	300
	6,000	1,600		6,000	1,600

※ S社諸資産のうち，土地の帳簿価額は800百万円であるが，時価は，1,200百万円となっている。

解説と解答

部分時価評価法によった場合に，時価による修正仕訳と，それに基づく修正後貸借対照表を示してみる。

（借）土　地　　240※　　／　（貸）評価差額　　240
　　　　　　　　　　　　　　　　　（評価替剰余金）

※　（1,200（時価）−800（帳簿価額））×60％＝240

S社修正後貸借対照表
Y年3月31日　　　　　　（単位：百万円）

借方	金額	貸方	金額
諸資産	1,840	諸負債	800
		資本金	400
		資本準備金	100
		利益剰余金	300
		評価差額	240
	1,840		1,840

次に，P社のS社投資とS社純資産との相殺消去を行い，P社（企業集団）にかかる連結貸借対照表を作成してみる。

(借)資　本　金　　　400　　　(貸)投　　　資　　1,000
　　資本準備金　　　100　　　　少数株主持分　　320※3
　　利益剰余金　　　300
　　評 価 差 額　　　240
　　連結調整勘定　　280※4

連結貸借対照表

Y年3月31日　　　　　　（単位：百万円）

借　　方	金　　額	貸　　方	金　　額
諸　資　産	6,840※1	諸　負　債	2,800※2
連結調整勘定	280※4	資　本　金	2,000※3
		資本準備金	1,000
		連結剰余金	1,000
		少数株主持分	320
	7,120		7,120

※1　6,000−1,000+1,840=6,840
※2　2,000+800=2,800
※3　(400+100+300)×40%=320
※4　1,000−{(400+100+300)×60%+240}=280

さて，**全面時価評価法**によった場合に，時価による修正仕訳と，それに基づくS社の修正後貸借対照表を作成してみる。

(借)土　　　地　　400※　　(貸)評 価 差 額　　400
　　　　　　　　　　　　　　　　（評価替剰余金）

※　1,200(時価)−800(帳簿価額)=400

S社修正後貸借対照表

Y年3月31日　　　　　　（単位：百万円）

借　　方	金　　額	貸　　方	金　　額
諸　資　産	2,000	諸　負　債	800
		資　本　金	400
		資本準備金	100
		利益剰余金	300
		評 価 差 額	400
	2,000		2,000

次に，P社のS社投資とS社純資産との相殺消去を行い，P社（企業集団）にかかる連結貸借対照表を作成してみる。

（借）資　本　金	400	（貸）投　　　資	1,000
資本準備金	100	少数株主持分	480[※1]
利益剰余金	300		
評　価　差　額	400		
連結調整勘定	280[※2]		

連結貸借対照表
Y年3月31日　　　　　　（単位：百万円）

借　　方	金　額	貸　　方	金　額
諸　資　産	7,000	諸　負　債	2,800
連結調整勘定	280[※2]	資　本　金	2,000
		資本準備金	1,000
		連結剰余金	1,000
		少数株主持分	480[※1]
	7,280		7,280

※1　$(400+100+300+400) \times 40\% = 480$
※2　$1,000 - (400+100+300+400) \times 60\% = 280$

Ⅳ　支配獲得後における処理

　子会社の支配獲得後における資本連結（純資産連結）では，親会社と少数株主との間での持分移動にかかる処理に注目すべきである。

子会社株式を追加取得した場合の処理　子会社株式を追加取得すれば，子会社の資本に対する親会社持分は，増加し，少数株主持分は減少する。

　連結原則によれば，追加取得した株式に対応する持分を少数株主持分から減額し，追加取得により増加した親会社持分（追加取得持分）を追加投資額と相殺消去する。追加取得持分と追加投資額との間に生じた差額は，連結調整勘定として処理する（第四・五・1）。

　ここで，部分時価評価法と，全面時価評価法の場合の2つに分けて検討すべ

きである。部分時価評価法を採用している場合には，追加取得日における子会社の資産，負債のうち，追加取得持分に相当する部分を当該日の時価により評価して計算し，減額する少数株主持分については，子会社の個別貸借対照表上の純資産（資本）の額に基づいて計算する。ただし，評価差額に重要性が乏しい場合には，追加取得持分についても，個別貸借対照表上の純資産（資本）の額に基づいて計算することができる（注解12の1）。

他方，全面時価評価法を採用している場合には，追加取得持分について新たな評価替えは行わず，追加取得持分および減額する少数株主持分は，追加取得日における少数株主持分の額により計算する（注解12の2）。

＜設例(2)＞

支配獲得時における資本連結（純資産連結）処理の計算例として前出の＜設例(1)＞を取り上げ，これを前期とする。簡単化のため，連結調整勘定は償却しないものとする。

子会社であるS社株式を，当期末に200百万円（10％相当分）で追加取得した（2回目）。

前期および当期の資産に含まれる土地の帳簿価額は800百万円であり，当期末時価は1,300百万円となっている。子会社の個別貸借対照表は，前期・当期とも変化がないものとする（子会社の当期純利益はゼロとする）。

以上によって，持分の追加取得に関して**部分時価評価法**による処理と，**全面時価評価法**による処理について，仕訳を示されたい。

解説と解答

部分時価評価法による仕訳は次のとおりである。

（借）少数株主持分　　80　　／（貸）投　　　資　　200※1
　　　土　　　地　　　50※2
　　　連結調整勘定　　70※3

※1　10％相当分を200百万円で追加取得しているので。
※2　評価差額＝$(1,300-800)\times 10\% = 50$
※3　連結調整勘定＝親会社の追加投資額－追加取得持分（純資産簿価＋評価差額）
　　　＝$200-\{800\times 10\% +(1,300-800)\times 10\%\}$
　　　＝$200-(80+50)=70$

全面時価評価法による仕訳は次のとおりである。

(借)　少数株主持分　　　130※1 ／ (貸)　投　　　　資　　200
　　　連結調整勘定　　　　 70※2

※1　減額する少数株主持分は，追加取得日の少数株主持分を基礎にして計算する。
　　（資本金＋資本準備金＋未処分利益＋評価差額）×40％×10％÷40％
　　＝（400＋100＋300＋500）×40％×10％÷40％＝130
※2　連結調整勘定＝親会社の追加投資額－少数株主持分の対応部分
　　　　　　　　＝200－130＝70

子会社の株式を一部売却した場合の処理（親会社と子会社の支配関係が継続している場合）　子会社の株式を一部売却すると，子会社の純資産（資本）に対する親会社の持分が減少し，少数株主持分は増加する。

　連結原則によれば，売却した株式に対応する持分を親会社の持分から減額し，少数株主持分を増額するとともに，売却による親会社持分の減少額(売却持分)と投資の減少額との間に生じた差額は，子会社株式の売却損益の修正として処理する（第四・五・2）。

　また，連結調整勘定についても，その未償却額のうち売却した株式に対応する額を，子会社株式の売却損益の修正として処理する（注解13の1・なお書）。

　売却持分については，親会社持分のうち売却した持分に対応する部分として計算する。他方，増額する少数株主持分については，部分時価評価法で処理する場合には，子会社の個別貸借対照表上の純資産（資本）の額に基づいて計算する。売却持分に含まれる評価差額は，それに対応する子会社の資産，負債と相殺する。また，全面時価評価法で処理する場合には，増額する少数株主持分は，売却持分と同額となる（注解13の1）。

　なお，株式の売却日が子会社の決算日以外の日である場合には，その売却日の前後いずれか近い決算日に株式の売却が行われたものとみなして処理することができる（注解9）。

　以上，資本連結（純資産連結）の手続きについて，部分時価評価法と全面時価評価法とのそれぞれの処理を眺めてきた。持分変動の部分をよく考慮して処理していくべきである。

子会社の時価発行増資などにからみ親会社の持分が増減した場合の処理 子会社が時価発行増資などを行うとき，親会社の引受割合が従来の持株比率と異なり，発行価格が従来の1株当たり純資産額と異なることがある。

連結原則では，この差額は，原則として損益として処理する。しかし，子会社の時価発行増資などによる持分変動は，企業集団の損益とは無関係との見解があり，利害関係者の判断を著しく誤らせるおそれがあるときは，連結損益計算書を通さず，連結剰余金に直接加減することができる（第四・五・3）。

――＜設例(3)＞――

子会社が以下のように時価発行増資を行ったが，親会社が株式の引受けを行わなかったため，親会社の所有割合が減少した。この増資によって，親会社の持分が増加するが，それを連結原則にいう原則的処理による仕訳を示されたい。

子会社の貸借対照表（増資前） （単位：百万円）

資　産	600	負　　債	300
		資　本　金	100
		剰　余　金	200

子会社の貸借対照表（増資後） （単位：百万円）

資　産	800	負　　債	300
		資　本　金	300
		剰　余　金	200

（注）株式発行価額200百万円を，資本に組み入れたものとなる。

解説と解答

子会社が，増資前の1株当たり純資産額（つまり帳簿価額）を上回る時価発行増資を行ったとき，親会社がまったくこれを引き受けなかった場合でも，親会社の持分が増加することになるため，連結原則では，原則的処理として，この持分増加額を損益処理することになる。

　　（借）資　本　金　　200 　／　（貸）少数株主持分　　155
　　　　　　　　　　　　　　　　　　　　持分変動損益　　　 45

第14章 連結貸借対照表の仕組み

(注　釈)

	増　資　前	増　　資	増　資　後
・純　資　産（帳簿価額）	300百万円	200百万円	500百万円
・発行済株式数	100株	40株	140株
（1株当たり価格）		（5百万円）	
・1株当たり純資産	3百万円		3.6百万円
・親会社の持株数	80株	0株	80株
・親会社の所有割合	80%		57%
・親会社の持分	240百万円　＋	45百万円　＝	285百万円

第15章　連結損益計算書の仕組み

I　連結損益計算書作成の基本原則

連結損益計算書は，親会社および子会社の個別損益計算書における収益，費用などの金額を基礎として，連結会社相互間の取引高の相殺消去および未実現損益の消去などを行って作成する（連結原則，第五・一）。ここで，連結会社相互間の取引高の相殺消去および未実現損益の消去などを行うことの理由は，これらの項目は，連結会計上では内部的取引に相当するものとみるからである。

すなわち，**連結会社**としての親会社，子会社は，法律的にはそれぞれ独立した人格をもった組織として把握されるが，**経済的にはこれらは密接な関係にある単一組織体を構成し**，1つの大きな**企業集団**を構成しているのである。この企業集団内で行われた取引は，あたかも一会社内における本店と支店との取引が内部的取引に相当するものとして理解していくわけである。

II　連結会社相互間の取引高の相殺消去

まず，連結会社相互間の取引高については，「商品の売買その他の取引にかかる項目」であるが，具体的には，(1)棚卸資産の売買取引，(2)固定資産の譲渡取引，(3)サービスの授受取引，などが挙げられる。

棚卸資産の売買取引
商品・製品など棚卸資産を連結会社間で売買したときは，その未実現利益を内部的取引にかかわるものとして連結上で消去する。期末棚卸資産に含まれる未実現利益分をその棚卸資産から控除し，連結上の売上原価を修正すべきである。

消去すべき未実現利益の金額は，通常，その資産の売買にかかる売上総利益

率に基づいて算定する。会社相互間の取引にかかる棚卸資産を分別することが困難なときは，合理的な見積計算によって未実現利益を算定できる。

──<設 例>──
　親会社P社は，その100％持分所有の子会社S社に，ある棚卸資産の原価300百万円のものを400百万円で売却した。その売却時の仕訳と，連結決算時の消去仕訳とを示されたい。

解説と解答

売却時の仕訳：

　P社において，

　　　（借）売　掛　金　　　400　／（貸）売　　　上　　　400
　　　　　 売 上 原 価　　　300　　　　棚 卸 資 産　　　300

　S社において，

　　　（借）棚 卸 資 産　　　400　／（貸）買　掛　金　　　400

連結決算時の消去仕訳：

　S社における棚卸資産を原価に引き直すために次の仕訳を行う。

　　　（借）売 上 原 価　　　100　／（貸）棚 卸 資 産　　　100

この後で消去仕訳を行う。

　　　（借）売　　　上　　　　400　｜（貸）売　掛　金　　　　400
　　　　　 棚卸資産（P社）　　300　　　　売上原価（P社）　　300
　　　　　 買　掛　金　　　　400　　　　棚卸資産（S社）　　300
　　　　　　　　　　　　　　　　　　　　売上原価（S社）　　100

固定資産の譲渡取引

　備品，機械，建物などの固定資産を連結会社間で譲渡ないし売却したときは，棚卸資産と同じく，その未実現利益を内部取引にかかわるものとして連結上で消去すべきである。

──<設 例>──
　親会社P社が，同社製造にかかる機械200百万円を原価で，その100％持分所有の子会社S社に売り上げた。S社は，P社に対し機械代金を全額支払い，期末に減価償却費として36百万円を計上した場合の処理を示されたい。

解説と解答

売上の行われた期末に，P社側では，すでに，

(借)現 金 預 金	200	/	(貸)売　　　　上	200
売　上　原　価	200	/	棚　卸　資　産	200

が記録されており，S社側では，

(借)機　　　　械	200	/	(貸)現 金 預 金	200
機械減価償却費	36	/	機械減価償却累計額	36

が記録されているはずである。従って，連結上は，P社の売上高と売上原価を消去することによって，売却機械の原価だけを残す仕訳を行えばよい。そこで次の仕訳を行う。

　　(借)売　　　　上　　200　／　(貸)売　上　原　価　　200

　P社では，機械は，自社製造にかかる棚卸資産であるが，S社では，これを使用するので固定資産としての機械になるが，連結上でも機械としての性質が生かされる。

　さて，以上のように製造した機械を，企業集団を構成しているといっても，当該集団に属する他社へ売り上げる場合，普通は利益を含めて売り上げる場合が多い。これは連結上では，内部利益に相当する。この方式をとるのは，個別企業の独自の採算性を取り入れていくとき，**内部振替(移転)価格制度**を採用して資産を売却していこうとするからである。このような場合，連結決算時にこの内部取引にかかる未実現利益を消去する仕訳を行うべきである。

リース取引

　経済活動が高度多様になるにつれて，物財の直接売却取引だけでなく，賃貸借契約にかかる**リース取引**も活発になってきた。これが連結会社相互間で行われると，連結会計では相殺消去を行う必要がある。

―<設 例>―
　親会社P社が100％持分所有の子会社S社に機械を貸し付け，P社はS社からリース料100百万円受領した。連結決算時の消去仕訳を示されたい。

解説と解答

　これは，リースというサービスの授受に関する内部取引のケースに相当する。P社はリース料を受領したので，

　　（借）現 金 預 金　　　100　／　（貸）リース料収益　　　100

の仕訳が行われており，S社では，

　　（借）リ ー ス 料　　　100　／　（貸）現 金 預 金　　　100

の仕訳が行われているので，連結決算時には，

　　（借）リース料収益　　　100　／　（貸）リ ー ス 料　　　100

の相殺消去を行うことになる。

子会社に少数株主が存在する場合の未実現損益の消去

　以上3つの設例においては，親会社・子会社間の内部取引の消去に際して，親会社と100％持分所有の子会社との取引を取り上げてみてきたが，子会社はこのように100％所有の完全子会社に限定されているわけではない。

　ある会社に対して，**少数株主**（親会社株主以外の第三者株主）による投資がみられる場合でも，支配力基準を満たしているときには，子会社に相当する場合があり，この場合の連結会社である親子会社間の取引の消去についても考慮すべきである。

　持分比率のいかんを問わず，連結原則は次のように指摘している。「連結会社相互間の取引によって取得した棚卸資産，固定資産その他の資産に含まれる未実現損益は，その全額を消去しなければならない。ただし，未実現損益については，売手側の帳簿価額のうち回収不能と認められる部分は，消去しないものとする（第五・三・1）」

　このように，連結会社相互間の取引にかかる未実現損益は全額消去方式をとるべきといっている。しかし，上記「ただし書」にみるように未実現損失につ

いては，売手側の帳簿価額で回収不能と認められる部分は，保守主義の原則を適用して，消去しないものとしている。

連結会社相互間取引にかかる未実現損益の金額に重要性が乏しい場合には，これを消去しないことができる（第五・三・2）。「重要性の原則」の適用にかかる場合である。

売手側の子会社に少数株主が存在する場合には，未実現損益は，親会社と少数株主の持分比率に応じて，親会社持分と少数株主持分に配分するものとする（第五・三・3）。

さて，子会社から親会社への売上取引を普通，**アップ・ストリーム**（川上への流れ）の取引といっている。この場合，子会社に少数株主が存在するとき，連結原則では，未実現損益は，親会社と少数株主の持分比率に応じて，親会社持分と少数株主持分に配分するもの，つまり，「**全額消去・持分按分負担方式**」をとるものとしている（第五・三・1および3）。

支配力基準により連結範囲を決定し，その企業集団内部における子会社から親会社への売上取引は，内部取引として全額消去する以上，内部取引から生じる未実現損益も全額消去し，親会社持分と少数株主持分とに負担させるのが適切であると考えるのである。

アップ・ストリームの取引ではない**連結子会社相互間の取引**も，売手側の子会社に少数株主が存在する場合，未実現損益は「**全額消去・持分按分負担方式**」を適用する。

一方，親会社から子会社への取引は**ダウン・ストリーム**（川下への流れ）の取引であるが，アップ・ストリームの取引とは異なり，販売側の親会社において少数株主がいるわけではないので，未実現利益を全額消去し，かつその全額を親会社が負担する方式，つまり，「**全額消去・親会社負担方式**」を採用する。

未実現損益の消去方式を図示すると次のようになる。

取引形態	未実現損益の消去方法
親会社 → 子会社 （ダウン・ストリーム）	全額消去・親会社負担方式
子会社 → 親会社 （アップ・ストリーム）	全額消去・持分按分負担方式
子会社 → 子会社 （連結子会社相互間取引）	全額消去・持分按分負担方式

―＜設 例＞―

親会社P社の期末商品棚卸高のうち，1,000百万円は，子会社S社（親会社の持分比率60％）からの仕入高である。S社のP社に対する当期の売上総利益率は20％である。
未実現損益の消去およびその按分負担にかかる仕訳を示されたい。

解説と解答

これは，少数株主が存在する子会社から親会社への売上にかかる取引（アップ・ストリーム取引）であり，期末商品棚卸高の中に含まれる未実現損益の部分を消去しておく必要がある。

（借）売 上 原 価	200	（貸）商　　　　品	200※1
少数株主持分	80	少数株主持分損益	80※2

※1　1,000×20％＝200
※2　200×40％＝80

固定資産に含まれる未実現利益の消去

連結会社間で償却資産としての固定資産の譲渡取引があった場合，未実現利益を消去すべきであるが，さらに，固定資産については，減価償却費の修正が必要となる。また，生産用設備としての固定資産によって生産した棚卸資産原価も修正すべきである。

しかし，固定資産の場合は，棚卸資産とは異なり，その内部利益が実現するためには，固定資産自体の売却を必要としないことがある。固定資産に含まれる内部利益は，毎年の減価償却（それが製品価格へ転嫁されて）を通じて一部ずつ実現していく。

償却資産としての固定資産の内部利益は，償却の進行につれて減価償却費が認識され，それが一般管理費として直接期間費用に計上されたり，製品原価に算入されたりするが，その製品が外部に販売されると，実現することになる。

Ⅲ　未実現利益の消去と税効果会計

税務上では，個別企業の経営成果に対して課税するという方式が実施されている。そのため，複数の企業からなる企業集団内の取引として消去されるべき未実現利益がある場合でも，個別会計上では，すでに税金が計上されている。

連結会計上の立場からすれば，企業集団内での企業間の取引は内部取引とみられ，連結上は実現していないので，個別会計上に課せられた税金は，連結上では課せられないものとして，つまり次の年度に実現し，これに課するものとして処理すべきである。このような期間配分の観点から行う税金の繰延処理を**税効果会計**（tax effect accounting）といっている。

企業集団内での内部取引にかかる未実現利益を消去していくことは，消去された利益が実現するときまで，税引前の利益を繰延べることを意味し，この未実現利益を連結上の**一時差異**（temporary differences）（会計上と税務上とで損益の期間帰属が異なることなどによる両者間での差異）という。将来年度において消滅する差異であり，課税繰延べ・前払いへの影響をもたらし，調整を必要とするので，税効果会計の対象となる。

販売する企業側で，未実現利益に対する税額を繰延べ処理を行うことで，連結上の税引前利益と法人税等の対応がはかられることになる。

「税効果会計を適用しない場合には，課税所得を基礎とした法人税等の額が費用として計上され，会計上の利益と課税所得に差異があるときは，その差異の影響が財務諸表に反映されない。このため，法人税等の額が税引前当期純利益と期間的に対応せず，その影響が重要な場合には財務諸表の比較性を損うことになる」[1]。

また，税効果会計を連結会社間にかかる未実現損益の消去など，連結手続き

上の修正項目を対象とするのはもちろん,個別会計ベースでの適用を含めた全面的適用が原則とされる。**納税額方式**(当期の法人税等の確定申告によって確定した納税額に基づいて,会計上で法人税等の処理を行う方式)と**税効果会計方式**を取り入れた場合の損益計算書の違いについては本書第7章(69頁~70頁)で示しているので,これを参照されたい。

Ⅳ 持分法における未実現利益の消去

「**持分法**(equity method)」とは,投資会社が,被投資会社の純資産および損益のうち,投資会社に帰属する部分の変動に応じて,その投資の額を連結決算日ごとに修正する方法である(連結原則,注解17の1)。持分法の適用に際しては,被投資会社の財務諸表について,資産および負債の評価,税効果会計の適用など,原則として,連結子会社の場合と同様の処理を行う。ただし,重要性の乏しいものについては,これらの処理を行わないことができる(注解17の2)。

投資の増減額およびその当期純利益への影響額を認識する場合には,連結会社と持分法適用会社との間の取引による資産にかかる未実現損益を消去するための修正を行う(注解17の3の(3))。持分法は,投資勘定の修正を対象とするが,実質的に,連結(全部連結)と同様の効果を上げようとするので,広義の連結概念に含めることができる。

持分法の適用対象となる被投資会社は,**非連結子会社**(**全部連結非適用子会社**)と**関連会社**である。非連結子会社に対しては,支配力基準を満たしているが,重要性基準などの適用によって連結の対象とはされない。このように特別の事由によって全部連結を適用するのが不適切なので,これに代替する方法として持分法を適用するのである。

過半数持分に達しない関連会社についても,子会社ほどでなくても,役員派遣,資金援助,技術提供,商品売買取引などを通じて重要な影響力を与えることができ,子会社に準じて把握できる。従って,親会社と子会社のみならず,持分法適用対象の関連会社も含めて連結企業集団と考えることができる。

そこで，関連会社の業績を連結損益に反映し，実質的に子会社に準じるとみられる会社との取引は，連結上は内部的取引とみなされるべきである。その取引にかかる未実現利益は消去される。従って，持分法における未実現利益の消去に際しても，全部連結と同様の配慮が求められるのである。

持分法を適用する場合，連結会社（親会社・子会社）と持分法適用会社との間の売買取引や，持分法適用会社間の売買取引にかかる未実現損益を消去することになる。これら売買取引の態様は整理して次のようになる。

　ケース①　連結会社（親会社・子会社）➡ 持分法適用会社
　ケース②　持分法適用会社（非連結子会社・関連会社）➡ 連結会社
　ケース③　持分法適用会社 ➡ 持分法適用会社

未実現損益の消去方法を考えてみると，ケース①の場合では，「ダウン・ストリームの場合」ということができ，販売・売却の企業が親会社や100％被所有子会社の場合は「全額消去・連結会社負担方式」を採用することになる。しかし，ケース①でも100％被所有子会社ではなく，少数株主が存在する連結子会社の場合は，少数株主の負担額は消去しないので，消去した未実現利益のうち連結子会社の少数株主持分に係る部分については，少数株主に負担させるのである。

ケース②「アップ・ストリームの場合」およびケース③の場合は，販売・売却の非連結子会社・関連会社の連結持分相当額を消去していくのである。

未実現利益の連結上の消去仕訳としては，一般に，

　　　(借) 持分法による　　　　××　／　(貸) 投　資（B/S）　　　××
　　　　　 投資損益（P/L）

　　(注釈)　P/L　損益計算書
　　　　　　B/S　貸借対照表

のように行っていく。

V のれん (goodwill) の償却

親会社の子会社に対する投資とこれに対応する子会社資本との差額として把握されるものが**連結調整勘定**である(「正(プラス)」の場合が一般的だが「負(マイナス)」の場合もある)。その主要部分は,「超過収益力」と考えられるので,「のれん」として取り扱われる(企業結合基準注解,注19)。我が国では,のれんは,20年以内のその効果の及ぶ期間にわたって,定額法その他の合理的な方法により規則的に償却することが求められている(同上基準,三・2・(4))。

つまり,超過収益力としてののれんは,有限であって,競争の進展によって価値が減価していくとみているのである[2]。

のれんの金額に重要性が乏しい場合には,当該のれんが生じた事業年度の費用として処理することができる(同上)。

とにかく,のれんについては,米国基準SFAS142号のように,一定の耐用年数をもってはいないと考えている基準もあり,会計基準の国際的調和化・統一化という視点から調整が求められる事項であることに注目しておきたい。

VI 在外子会社等の換算会計

外国に存在する子会社や関連会社,つまり**在外会社**の財務諸表の数値をどのように本国通貨に**換算** (translate) して,本国の親会社の財務諸表に連結するかが重要な課題となる。

経営活動の国際化に伴って,外国との取引関係が増加してきたり,子会社,関連会社等の在外会社が重要性を増してきたことによって,自国通貨以外の外国通貨での取引が拡大してきた。

連結会計を行うに当たり,連結の対象となる子会社や,持分法の適用対象となる関連会社が外国に存在しているとき,通常,これら在外会社の財務諸表は現地国での外国通貨で表示されているため,これを本国親会社の円通貨に表示

し直すことが必要になる。これを「外貨換算会計」という。

在外子会社等が重要度を増し，独立事業としての性格を強めてきたこともあって，我が国の「外貨換算基準（正確には外貨建取引等会計処理基準）」（1999年10月）では，**決算日レート法**（current rate method）を採用することになった。

ただ，在外子会社等の財務諸表項目の換算に決算日レート法を適用する場合でも，

① 連結財務諸表の作成に当たり，**親会社の投資とこれに対応する子会社の資本（純資産）**とは，投資の取得日を基準として相殺消去しなければならないから，**在外子会社の資本（純資産）**のうち，親会社による株式取得時に存在していた部分については，その時点の為替相場で換算する必要がある（外貨換算基準１・２・八）。なお，その後生じた資本項目は，当該項目の発生時の為替相場で換算する。

② 同様に，親子会社間の取引によって生じる収益・費用についても，連結財務諸表の作成に当たり，相互に対応する収益・費用の相殺消去を必要とするので，親会社が在外子会社との取引を，決算日の為替相場または平均為替相場とは異なる為替相場で換算しているときは，在外子会社の外貨表示損益計算書上の親会社との取引についても，当該取引の換算のために親会社が用いた為替相場で換算する必要がある。

要するに，親子会社間取引から生じる財務諸表項目については，それらの相殺消去に先立って，在外子会社の財務諸表項目のうち，親会社の財務諸表項目に対応する項目の円換算額は親会社の円貨額に合わせるよう換算を行っていくのである。

以下，**外貨換算基準の要点**を示していこう。

- 資産および負債については，決算日レートで換算する（三・1）。
- 資本（純資産）に属する項目については，親会社による株式取得時における項目は，株式取得時の為替相場で換算し，その他の項目は，発生時の為替相場で換算する（三・2）。
- 収益および費用については，原則として期中平均相場によって換算する。

ただし，決算時の為替相場によって換算することを妨げるものではない。なお，親会社との取引による収益および費用の換算については，親会社が換算に用いる為替相場によることとする（三・3）。

- 換算によって生じた為替換算差額は，**為替換算調整勘定**として，貸借対照表上の純資産の部に記載する（三・4）。

上記の外貨換算会計基準に従って**設例**を作って，外国に所在する子会社の財務諸表を換算する方法を示してみる。

＜設 例＞

日本に設立されているある会社（親会社）がアメリカに子会社を有しており，その外貨表示財務諸表が次頁のごとくであったとする（ドル表示の欄）。ドル（外貨）表示財務諸表は，どのように換算されるかを，この子会社財務諸表換算表を完成させる形で（ぼかし部分に数値を記載する形で）示されたい。なお，決算日の為替レートは＄1＝¥120であるとし，収益および費用については，期中平均為替レート＄1＝¥130で換算するものとする。

解説と解答

子会社財務諸表換算表

勘定科目	ドル表示 財務諸表	換算レート		円表示 財務諸表
貸借対照表	(百万ドル)			(百万円)
(資　産)				
現　金　預　金	60	CR	120	7,200
売　　掛　　金	55	CR	120	6,600
親会社売掛金	40	CR	120	4,800
有　価　証　券	50	CR	120	6,000
繰　越　商　品	35	CR	120	4,200
建　　　　　物	130	CR	120	15,600
親会社長期貸付金	80	CR	120	9,600
為替換算調整勘定				8,800
合　　　　　計	450			62,800
(負　債)				
買　　掛　　金	130	CR	120	15,600
親会社長期借入金	120	CR	120	14,400
(純資産)				
資　　本　　金	100	HR	170	17,000
資　本　準　備　金	30	HR	170	5,100
剰余金(期首)	40	HR	170	6,800
当　期　純　利　益	30	AR	130	3,900
合　　　　　計	450			62,800
損益計算書				
(収　益)				
売　　　　　上	400	AR	130	52,000
親　会　社　売　上	100	AR	130	13,000
合　　　　　計	500			65,000
(費　用)				
営　　業　　費	460	AR	130	59,800
親会社支払利息	10	AR	130	1,300
当　期　純　利　益	**30**	AR	130	**3,900**
合　　　　　計	500			65,000

(注)　CR：決算日レート，HR：発生時レート，AR：平均レート

外貨換算会計基準について若干検討してみよう。上記のごとく，収益および費用の項目については，原則として期中平均相場によって換算していく。この根拠は，計算すべき当期純利益は1会計期間全体にわたって生じたものであるので，収益および費用の項目について期中平均相場を用いて換算していくことによって，期間全体にわたる業績を算定できるという考えによっているとみられる。

　ちなみに，在外子会社が本国親会社との間での取引が存在しているとき，それに関連する収益および費用の換算に当たっては，親会社が換算に際して用いる為替相場によっていく。その場合は，差額が生じるが，これは為替差損益として処理していく（三・3）。

　為替差損益は，具体的には，**為替決済差損益**と**為替換算差損益**とからなるが，これを一括して取り扱っていく。差益と差損を相殺した純額で損益計算書に表示していく（一・2・(2)，一・3）。

　ところで，「タックス・ヘイブン（tax haven；租税回避地）などに籍のある在外子会社等の中には，現地通貨による財務諸表の作成が義務づけられていないため，会社の目的に応じ自国通貨（円）で会計帳簿を記録し，財務諸表を作成している会社がある。当該在外子会社は，為替換算会計上は，わが国に所在する子会社に準じた取り扱いをしていくのである。

(注)
(1)　企業会計審議会「連結財務諸表制度の見直しに関する意見書（1997年6月6日）」(第二部・二・3)
(2)　しかし，これに対しては反論があり，米国基準SFAS142号では，「のれん」は一定の耐用年数（definite useful life）をもつものではなく償却してはならないとする。その代わり，少なくとも毎年，**減損テスト**（impairment test）を行い，必要に応じて減損損失を計上すべきものとする。帳簿価額（carrying amount）と公正価値（fair value）との比較により行うとする。この場合，公正価値は，資産の公表市場価格を指すが，それが利用可能でない場合には，公正価値を見積ることになる。

第16章　連結株主資本等変動計算書と連結注記

Ⅰ　連結財務情報

　すでにみたように，**会社法**によれば，会計監査人設置会社（資本金5億円以上又は負債200億円以上）は，**連結計算書類**を作成することができる（444条）。会計監査人設置会社は，上記の大会社のほか，定款の規定で会計監査人を設置する会社及び委員会設置会社（会社法326条2項，327条5項）についても連結計算書類を作成することができる。

　金融商品取引法により有価証券報告書を提出する会社は，会社法上，連結計算書類を作成しなければならない（444条3項）。

　ここに指摘している会社法上の**連結計算書類**とは，会社法の規定の細則を定めた法務省令の会社計算規則において，①「連結計算書類の構成」と，②「その他の作成基準」，について以下の通り定めている（会社計算規則93条ないし101条）。連結計算書類については，会計監査人の監査を受けなければならない（444条4項）。当該監査の具体的事項については，会社計算規則（153条，154条）に定められている。

①　連結計算書類の構成
　　―― 連結貸借対照表
　　―― 連結損益計算書
　　―― 連結株主資本等変動計算書
　　―― 連結注記表

②　その他の作成基準
　　作成期間，連結の範囲，連結決算日，個別計算書類基準性の原則，連結会社間取引の相殺消去，持分法の適用等の作成基準については，基本的に

連結財務諸表規則と同一の取り扱いとされている。

一方,**金融商品取引法**によれば,その適用会社及び会社法上の大会社が企業集団の親会社である場合には,連結財務諸表規則に基づいて,**連結財務諸表**の作成が義務づけられている。

連結財務諸表規則に基づく連結財務諸表の構成は以下のようになっている。
　　—— 連結貸借対照表
　　—— 連結損益計算書
　　—— 連結株主資本等変動計算書
　　—— 連結キャッシュ・フロー計算書
　　（以上の連結財務諸表に係る**注記事項**）
　　—— 連結附属明細表（社債明細表,借入金明細表）
以上である。

会社法上の連結計算書類の構成と**金融商品取引法上の連結財務諸表**のそれとには若干の相違があることに留意すべきである。すなわち,両者の構成について,「連結貸借対照表」,「連結損益計算書」,「連結株主資本等変動計算書」,「連結注記表（注記事項）」においては共通性がみられるが,前者の構成には含まれないが,後者の構成に入れられているものとして「連結キャッシュ・フロー計算書」と「附属明細表」がある。金融商品取引法においては連結会計についてより広範囲な取り組みがみられることに注目される。

II　連結株主資本等変動計算書

とにかく,会社法上の連結計算書類の構成においても,金融商品取引法上の連結財務諸表の構成においても,連結貸借対照表,連結損益計算書のほか,**連結株主資本等変動計算書**や**連結注記表**（注記事項）が含まれていることに留意すべきである。

前2者の連結貸借対照表,連結損益計算書については,すでに第14章,第15

章で取り扱ってきたので,以下では,後2者について眺めてみる。連結キャッシュ・フロー計算書については,別の章で取り上げることにする。

　まず,**連結株主資本等変動計算書**とは何かをみよう。すでに,個別企業会計を検討した第12章で,個別会計ベースの株主資本等変動計算書について取り上げたが,連結会計ベースで論じられるのが連結株主資本等変動計算書である。これは,連結貸借対照表や連結損益計算書と並んで極めて重視されていることである。

　第12章では,個別会計ベースの株主資本等変動計算書について検討したが,それと同様,連結会計ベースでの連結貸借対照表の純資産の部の各項目に関して,1事業年度間の変動状況を示すものとして,連結株主資本等変動計算書を連結財務諸表の1つとして設定することになった。

　「株主資本等」といっているのは,「株主資本」のほかにいくつかの項目を含んでいるからである。すなわち,「評価・換算差額等」,「新株予約権」がこれである。

　株主資本の各項目については,前期末残高,当期変動額および当期末残高に区分し,当期変動額は変動事由ごとにその金額を示し,株主資本以外の各項目については,前期末残高,当期変動額および当期末残高に区分し,当期変動額は純額で表示する。

　会社法のもとで,株式会社は,株主総会または取締役会の決議によっていつでも剰余金の配当を決定でき,また,純資産の部の計数をいつでも変動させることができるとされた。従って,貸借対照表や損益計算書だけでは,資本金や準備金および剰余金等の数値の連続性について把握することが難しいので,株式会社は,株主の持分の変動を示す計算書を作成し,これを株主に送付しなければならなくなった。

　連結株主資本等変動計算書は,連結貸借対照表の純資産の部の1事業年度の変動額のうち,主として,株主に帰属する部分である株主資本の各項目の変動事由を報告するために作成するものである。個別会計ベースの株主資本等変動計算書と同様,連結会計ベースの連結財務諸表の一部として連結株主資本等変

動計算書を作成するものである。

連結株主資本等変動計算書の「表示区分」は，連結貸借対照表の純資産の部の表示区分に従うとされている。すなわち，資本金，資本剰余金，利益剰余金および自己株式からなる株主資本の項目，その他有価証券評価差額金，繰延ヘッジ損益，土地再評価差額金および為替換算調整勘定からなる評価・換算差額等の項目，新株予約権，少数株主持分，から構成されている。

株主資本の各項目については，前期末残高，当期変動額および当期末残高に区分し，当期変動額は変動事由ごとにその金額を表示していく。また，株主資本以外の各項目については，前期末残高，当期変動額および当期末残高に区分し，当期変動額は純額で表示していく。

「記載様式例」については，第12章の様式例を参照されたい。そこでは，「個別会計ベース」のものが表示されているが，「連結会計ベース」のものは，この様式例の「評価・換算差額等」の内訳として，「繰延ヘッジ損益」に続けて，「評価・換算差額等合計」の前に「為替換算調整勘定」の項目を記入し，そして同様式の最後の項目，つまり，「新株予約権」に続けて，「少数株主持分」の項目を記載すれば足りるのである。

Ⅲ 注記事項

会社法上の連結計算書類の構成，金融商品取引法上の連結財務諸表の構成の両方において，注記事項は非常に重視されている。

会社法上の注記事項としては，会社計算規則129条1項において次の12項を列挙している。

① 継続企業の前提に関する注記
② 重要な会計方針に係る事項（連結注記表としては，連結計算書類の作成のための基本となる重要な事項）に関する注記
③ 貸借対照表等に関する注記
④ 損益計算書に関する注記

⑤　株主資本等変動計算書（連結注記表にあっては，連結株主資本等変動計算書）に関する注記
⑥　税効果会計に関する注記
⑦　リースにより使用する固定資産に関する注記
⑧　関連当事者との取引に関する注記
⑨　1株当たり情報に関する注記
⑩　重要な後発事象に関する注記
⑪　連結配当規制適用会社に関する注記
⑫　その他の注記

　以上12の注記事項は，個別会計および連結会計において会社計算規則が記載を求めているものである。連結注記表としては，原則として12項目のすべてを記載することを求めているが，④，⑥，⑦，⑧および⑪の項目は省略可能な項目であるとしている（会社計算規則129条2項3号）。このことから分かるように，会社法会計としては，個別会計を，連結会計より一層重要な取り扱いとして処理していることが知られる。

　しかし，他方，金融商品取引法上の注記事項としては，むしろ連結会計上で非常に詳細な事項の記載を求めているのである。金融商品取引法上では，連結会計を個別会計より優位であるとして，株主・投資者に提供すべき情報として有価証券報告書に記載していくことを求めているからである。

　金融商品取引法上で連結会計を実施すべき実務指針としては連結財務諸表原則・連結財務諸表規則が重視されるが，連結財務諸表原則（連結原則）をみると，連結財務諸表への注記事項として，具体例として，「連結の方針」，「決算日の差異」，「会計処理の原則および手続」，「利益処分」および「その他の重要な事項」を挙げ，そしてこれを承けて，連結財務諸表規則（連規）において，これらすべてを取り上げており，これを要約すると，「連結会計方針に関する記載事項」，「継続性の変更に関する注記」，「その他の重要事項」に大別することが可能となる。「連規」において具体的に，連結会計上で求めている注記事項を列挙すると以下のようになる。

① 継続企業の前提に関する注記（連規15条の12）
② 連結会計方針に関する記載事項（同13条）
③ 継続性の変更に関する注記（同14条）
④ 重要な後発事象の注記（同14条の2）
⑤ セグメント情報の注記（同15条の2）
⑥ リース取引に関する注記（同15条の3）
⑦ 関連当事者との取引に関する注記（同15条の4）
⑧ 税効果会計に関する注記（同15条の5）
⑨ 有価証券に関する注記（同15条の6）
⑩ デリバティブ取引に関する注記（同15条の7）
⑪ 退職給付に関する注記（同15条の8）
⑫ ストック・オプション関連の注記（同15条の9，15条の10，15条の11）
⑬ 企業結合・事業分離に関する注記（同15条の12，15条の13，15条の15，15条の16，15条の17，15条の18，15条の19，15条の20，15条の21）
⑭ その他の事項に関する注記（連規3条3項，連結ガイドライン3-3，連規5条3項，連結ガイドライン5-3，連規24条，同27条，同30条2項，同31条，同34条の2，同34条の3，同39条の2，同39条の3，同44条，同45条2項，同53条，同55条，同55条の2，連結ガイドライン62，財規ガイドライン95の2，連規66条，同63条の2，財規95条の3の2，財規ガイドライン95の3の2，連規44条の2，同65条の2，同65条の2第2項，同65条の2第3項，同84条，同15条，同46条，同68条）⑴

　以上，会社法上での連結計算書類に係る注記事項と，金融商品取引法上での連結財務諸表に係る注記事項とを列挙してきたが，相対的に後者の注記事項の方がより詳細であることが理解される。

　とくに強調さるべき項目として，「セグメント情報の注記」，「有価証券に関する注記」，「デリバティブ取引に関する注記」，「退職給付に関する注記」，「ストック・オプションに関する注記」，「企業結合・事業分離に関する注記」などが，金融商品取引法上でより一層詳細になっていることを伺うことができる。

会社法会計では個別企業会計をより強調している傾向が窺える一方で，金融商品取引法会計として，投資者等利害関係者にとって意思決定に有用な情報を提供するため，連結会計を非常に重視し，かつ，「金融商品取引」に深く関連する情報の提供・開示を強調していることが分かるのである。

Ⅳ 附属明細表

金融商品取引法による連結財務諸表の構成としては，すでにみたように連結財務諸表規則によると「連結附属明細表」も挙げられている。すなわち，①社債明細表と②借入金明細表，とである。

① 社債明細表

社債明細表

会社名	銘柄	発行年月日	前期末残高	当期末残高	利率	担保	償還期	摘要
合計								

② 借入金明細表

借入金明細表

区分	前期末残高	当期末残高	予定利率	返済期限	摘要
短期借入金	円	円	％		
1年以内に返済予定の長期借入金					
長期借入金（1年以内に返済予定のものを除く）					
その他の有利子負債					

これら連結附属明細表の作成を求めることによって，社債発行会社の会社名，銘柄などの明細についての期末残高等の状況や，借入金について期末残高の詳

細がどのようであるかを知ることができ経営分析上有益である。株主等の投資判断に寄与していくことができる。

(注)
(1) 金融商品取引法上での連結財務諸表に係るこれらの注記事項の「記載の方法」についても次のような指示がある。
　① 「連結の範囲」に関する事項その他連結財務諸表作成のための基本となる重要な事項は，連結損益計算書または連結損益および剰余金結合計算書の次に記載しなければならない（連規13条）。ただし，継続企業の前提に関する注記がある場合は，その次に記載する（同16条）。
　② 継続性の変更に関する注記は，上記①の「連結財務諸表作成のための基本となる事項」の次に記載しなければならない（同14条）。
　③ その他「連規」の規定により記載すべき注記は，次の場合を除き，上記①及び②の次に記載しなければならない（同16条）。
　　㋑ 基本となる事項に記載した事項と関係があり，これと併せて記載を行った場合
　　㋺ 脚注（当該注記に係る事項が記載されている連結財務諸表中の表または計算書の末尾に記載すること）として記載することが適当と認められるものについて，当該記載を行った場合
　④ 特定の科目に関係ある注記を記載する場合は，当該科目に記号を付する方法等によって，当該注記との関連を明らかにしなければならない（同16条2項）。

第17章　連結キャッシュ・フロー計算書

I　連結キャッシュ・フロー計算書の意義

すでに第16章でみたように，会社法上の連結計算書類の構成には含められてはいないが，金融商品取引法（「金商法」と略称）上の連結財務諸表の構成に入れられているものとして，**連結キャッシュ・フロー計算書**」がある。

1998年3月，企業会計審議会は，「連結キャッシュ・フロー計算書等の作成基準の設定に関する意見書」を公表した（ここで「等」という言葉を使っているのは，連結ベースのキャッシュ・フロー計算書だけでなく，個別会計のものや，中間期のものも含めているという意味である）。ここで，**キャッシュ・フロー** (cash flow) とは，**現金**（手許現金及び要求払預金）及び**現金同等物**とした。この場合，現金同等物 (cash equivalents) とは，容易に換金可能であり，かつ，価値の変動について僅少なリスクしか負わない短期投資からなり，その結果，従来とは異なり，価値変動リスクの高い株式等を除くことになった。

そして，企業活動の態様を観察して3区分つまり「営業活動」，「投資活動」，「財務活動」に分け，それぞれ「営業活動によるキャッシュ・フロー」，「投資活動によるキャッシュ・フロー」，「財務活動によるキャッシュ・フロー」の実態表示に係る財務諸表の作成を求めたのである。

連結財務諸表を作成する企業（ないし企業集団）にあっては，連結キャッシュ・フロー計算書及び中間連結キャッシュ・フロー計算書を作成し，しかし，子会社を有しないで連結財務諸表を作成しない企業については，個別会計ベースのキャッシュ・フロー計算書及び中間キャッシュ・フロー計算書を作成することになった。個別会計に対する連結会計優位の視点から，連結財務諸表を作成する企業については，個別ベースのキャッシュ・フロー計算書及び中間キャッシュ・フロー計算書の作成は必要としない（同上意見書，四）。

キャッシュ・フロー計算書は，貸借対照表，損益計算書等と並んで，基本財務諸表を構成することから，その信頼性を保証するため金融商品取引法（金商法）に基づく監査・中間監査の対象となる。キャッシュ・フロー計算書の作成の意義は，企業の「キャッシュ・フローを創出する能力の明示」と，「債務の支払能力，外部からの資金調達の必要性の明示」とにある。

キャッシュ・フロー創出能力の明示 企業活動において，財務の健全性を判断するために，「営業活動」を通して企業資金を創出・獲得する能力を知ることが必要である。このため，キャッシュ・フロー計算書における3区分表示のうち，「営業活動によるキャッシュ・フロー」の表示が重要な役割を負うことになる。当該表示区分におけるキャッシュ・フローを分析すれば，その創出能力を判断することが可能になる。

とくに，キャッシュ・フローの管理面で重要な**フリー・キャッシュ・フロー**をこの段階で算出する有効な手掛りを得ることができる。フリー・キャッシュ・フローとは，株主および社債権者に分配可能なキャッシュ・フローとしての性質をもち，これを最大化していくことが1つの経営目的となる。

フリー・キャッシュ・フローは，具体的には，税引後の営業利益に，現金支出を伴わない費用である減価償却費を加算し，そこから運転資本投資額（流動資産マイナス流動負債への投資額）と固定資産投資額を減算して得ることができる。我が国ではフリー・キャッシュ・フローのことを「**純現金収支**」と呼称することがある。

債務の支払能力，外部からの資金調達の必要性の明示 債務の支払能力に関しては，営業活動からのキャッシュ・フローと，流動負債にかかる支出との比率で判断していくことができる。

アメリカでは，「営業活動」と「投資活動」とから得られたキャッシュ・フローの純額に着目し，キャッシュ・フロー・ベースでの株主還元策（配当プラス自社株買い）が一般にとられており（日本では，従来，株式の額面基準配当や，税引

後利益に対する配当性向を政策とする場合が多かった),キャッシュ・フローが配当や,自社株の取得,さらに新規設備投資にどれだけ充当できるかを分析することを重視しているのである。

キャッシュ・フロー計算書の意義としては以上2つが重要であるが,その他,「財務活動によるキャッシュ・フロー」から,調達資金の額や性格を分析して,財務安全性を判断できるし,「投資活動によるキャッシュ・フロー」から,企業発展性の分析,経営戦略の変更の分析に係る情報を獲得することができる。これらもキャッシュ・フロー計算書の意義として強調されるのである。

Ⅱ キャッシュ・フロー計算書の様式(3区分表示様式)

上述した「連結キャッシュ・フロー計算書等の作成基準の設定に関する意見書(1998年3月)」によれば,すでにみたように,国際会計基準(ⅠAS/IFRS)との調和を考慮して,キャッシュ・フロー計算書について「**営業活動によるキャッシュ・フロー**」,「**投資活動によるキャッシュ・フロー**」,「**財務活動によるキャッシュ・フロー**」の3区分表示様式を採用している。

いま,これを上記意見書における連結キャッシュ・フロー計算書等の作成基準注解(注7)および「連結財務諸表規則(最終改正,1999年3月30日)」の様式第四号,同第五号,によって具体的に表示すると次頁のとおりである。

<様式> 1 直接法によるキャッシュ・フロー計算書

Ⅰ 営業活動によるキャッシュ・フロー	
営 業 収 入	×××
原材料又は商品の仕入による支出	-×××
人 件 費 支 出	-×××
その他の営業支出	-×××
小　　　計	×××
利息及び配当金の受取額	×××
利 息 の 支 払 額	-×××
損害賠償金の支払額	-×××
…………………	×××
法人税等の支払額	-×××
営業活動によるキャッシュ・フロー	×××
Ⅱ 投資活動によるキャッシュ・フロー	
有価証券の取得による支出	-×××
有価証券の売却による収入	×××
有形固定資産の取得による支出	-×××
有形固定資産の売却による収入	×××
投資有価証券の取得による支出	-×××
投資有価証券の売却による収入	×××
連結範囲の変更を伴う子会社株式の取得による支出	-×××
連結範囲の変更を伴う子会社株式の売却による収入	×××
貸付けによる支出	-×××
貸付金の回収による収入	×××
…………………	×××
投資活動によるキャッシュ・フロー	×××
Ⅲ 財務活動によるキャッシュ・フロー	
短期借入れによる収入	×××
短期借入金の返済による支出	-×××
長期借入れによる収入	×××
長期借入金の返済による支出	-×××
社債の発行による収入	×××
社債の償還による支出	-×××
株式の発行による収入	×××
自己株式の取得による支出	-×××
親会社による配当金の支払額	-×××
少数株主への配当金の支払額	-×××
…………………	×××
財務活動によるキャッシュ・フロー	×××
Ⅳ 現金及び現金同等物に係る換算差額	×××
Ⅴ 現金及び現金同等物の増加額	×××
Ⅵ 現金及び現金同等物の期首残高	×××
Ⅶ 現金及び現金同等物の期末残高	×××

<様式>　2　間接法によるキャッシュ・フロー計算書※

Ⅰ　営業活動によるキャッシュ・フロー
　　　　税引前当期純利益　　　　　　　　　　　×××
　　　　減　価　償　却　費　　　　　　　　　×××
　　　　連結調整勘定償却額　　　　　　　　　×××
　　　　貸倒引当金の増加額　　　　　　　　　×××
　　　　受取利息及び受取配当金　　　　　　　－×××
　　　　支　払　利　息　　　　　　　　　　　×××
　　　　為　替　差　損　　　　　　　　　　　×××
　　　　持分法による投資利益　　　　　　　　－×××
　　　　有形固定資産売却益　　　　　　　　　－×××
　　　　損　害　賠　償　損　失　　　　　　　×××
　　　　売上債権の増加額　　　　　　　　　　－×××
　　　　たな卸資産の減少額　　　　　　　　　×××
　　　　仕入債務の減少額　　　　　　　　　　－×××
　　　　………………　　　　　　　　　　　　×××
　　　　　　　小　　　　計　　　　　　　　　×××
　　　　利息及び配当金の受取額　　　　　　　×××
　　　　利　息　の　支　払　額　　　　　　　－×××
　　　　損害賠償金の支払額　　　　　　　　　－×××
　　　　………………　　　　　　　　　　　　×××
　　　　法　人　税　等　の　支　払　額　　　－×××
　　　営業活動によるキャッシュ・フロー　　　×××
Ⅱ　投資活動によるキャッシュ・フロー（様式1に同じ）　×××
Ⅲ　財務活動によるキャッシュ・フロー（様式1に同じ）　×××
Ⅳ　現金及び現金同等物に係る換算差額　　　　×××
Ⅴ　現金及び現金同等物の増加額　　　　　　　×××
Ⅵ　現金及び現金同等物の期首残高　　　　　　×××
Ⅶ　現金及び現金同等物の期末残高　　　　　　×××

※　「営業活動によるキャッシュ・フロー」を間接法により表示する方法。

このキャッシュ・フロー計算書の様式は標準的なものであって，一般的な事業会社を想定した標準的様式である。不動産業とか，金融業のように事業内容が異なっているときには，キャッシュ・フロー計算書は，その企業（企業集団）にとっての合理的な様式によって作成することができるとされている。

このキャッシュ・フロー計算書における「キャッシュ・フロー (cash flow)」の範囲をみておきたい。従来，作成されていた類似の「資金収支表」において，資金として「現預金及び市場性のある一時所有の有価証券」を指していたが，価格変動の激しい，つまりリスクの高い一時所有の有価証券を含めているなど，範囲を広くし，企業における資金管理活動の実態を的確に反映していないとの問題点が指摘されていた。

そこで，上述してきた1998年3月「意見書」におけるキャッシュ・フロー計算書の作成基準においては，キャッシュ・フローの対象として「現金（手許現金及び要求払預金）及び現金同等物」とし，この場合の現金同等物は，「容易に換金可能であり，かつ，価値の変動について僅少なリスクしか負わない短期投資」であるとし，価格変動リスクの高い株式等は資金の範囲から除いている。

現金同等物に具体的に何を含めるかは，経営者の判断に委ねることが適当とされるが，キャッシュ・フロー計算書の比較可能性を考慮して，取得日から3カ月以内に満期日または償還日が到来する短期的な投資を一般的例として示している。キャッシュ・フローの範囲に含めた現金及び現金同等物の内容については注記が求められる。

上記「意見書」では，キャッシュ・フローについて3区分方式を採用し，それぞれの区分に記載内容を明らかにしている。これを以下に表示してみる。

キャッシュ・フロー計算書における三区分の記載内容

キャッシュ・フロー計算書の区分	記 載 内 容
営業活動によるキャッシュ・フロー	この区分には，商品及び役務の販売による収入，商品及び役務の購入による支出等，営業損益計算の対象となった取引のほか，投資活動及び財務活動以外の取引によるキャッシュ・フローを記載することとする。 なお，商品及び役務の販売により取得した手形の割引による収入等，営業活動に係る債権・債務から生ずるキャッシュ・フローは，この区分に表示することとする。
投資活動によるキャッシュ・フロー	この区分には，固定資産の取得及び売却，現金同等物に含まれない短期投資の取得及び売却等によるキャッシュ・フローを記載することとする。
財務活動によるキャッシュ・フロー	この区分には，株式の発行による収入，自己株式の取得による支出，社債の発行・償還及び借入れ・返済による収入・支出等，資金の調達及び返済によるキャッシュ・フローを記載することとする。

(注)
- 法人税等の表示区分としては，「営業活動によるキャッシュ・フロー」の区分に一括して記載する方法と3つの区分のそれぞれに分けて記載する方法とが考えられるが，それぞれの活動ごとに課税所得を分割することは一般的には困難であると考えられるため，「営業活動によるキャッシュ・フロー」の区分に一括して記載する方法によることとする。
- 利息及び配当金の表示区分としては，次の2つの方法が考えられるが，継続適用を条件として，これらの方法の選択適用を認めることとする。
  ① 損益の算定に含まれる受取利息，受取配当金及び支払利息は「営業活動によるキャッシュ・フロー」の区分に，損益の算定に含まれない支払配当金は「財務活動によるキャッシュ・フロー」の区分に記載する方法
  ② 投資活動の成果である受取利息及び受取配当金は「投資活動によるキャッシュ・フロー」の区分に，財務活動上のコストである支払利息及び支払配当金は「財務活動によるキャッシュ・フロー」の区分に記載する方法

　上記「意見書」の表示基準のうち，「法人税等」については，それぞれの活動ごとに課税所得を分割することは困難として，営業活動の区分に一括して記載するという方式をとっている。

　「利息及び配当金」の表示基準については継続適用を条件として，2つの方法

の選択適用を認めている。①の方法,つまり,当期の損益の算定に含まれる受取利息,受取配当金および支払利息は「営業活動によるキャッシュ・フロー」の区分に表示することにし,当期の損益の算定に含まない支払配当金は,「財務活動によるキャッシュ・フロー」の区分に表示するという方法をとり,会計基準の国際的調和を重視し,一般事業会社の財貨・役務に係る取引も貨幣上の金融に係る取引も営業活動の概念に含めているわけである。

我が国の損益計算では,従来,金融関連の取引に係る利息,配当金の受取りは「営業外損益」として処理してきた慣行からは相違している。しかし,財貨・役務に係る取引も,貨幣上の金融取引も無差別に全体的な営業活動を展開していくために必要であるとの思考がとられている。我が国の場合,損益計算書において営業概念を狭く限定し,キャッシュ・フロー計算書上ではこれを広く取り扱うという相異なった処理を取り入れている点では調和的といえない。

なお,配当金の支払いについては,これは株主資本の減少として考えていくことができるので,「財務活動によるキャッシュ・フロー」に表示していくことが合理的である。

ところで,②の方法,つまり受取利息及び受取配当金は投資活動に関連し,「投資活動によるキャッシュ・フロー」の区分に記載し,支払利息及び支払配当金は財務活動に関連し,「財務活動によるキャッシュ・フロー」の区分に記載していくという方法は,貸借対照表上での借方の資産を運用して得られた成果の項目を「投資活動によるキャッシュ・フロー」と関連させ,貸借対照表での貸方で調達した資金源泉の負担分に係る支払利息,支払配当を,「財務活動によるキャッシュ・フロー」に関連させて把握しているのである。

資金運用の側面については投資概念,資金調達の側面については財務概念に関連せしめるという思考を反映させたものといえる。

Ⅲ 表示方法としての「直接法」,「間接法」

上述した「意見書(1998年3月)」によるキャッシュ・フロー計算書の表示方法としては,**直接法**による場合と,**間接法**による場合の2つが例示されている。つまり,我が国では「意見書」にみるように,直接法と間接法との選択適用を認めているのである。

我が国で間接法の採用・実施が多くみられているのは,直接法の採用が実務上で難しい側面を抱えているからである。「直接法によるキャッシュ・フロー計算書」と「間接法によるキャッシュ・フロー計算書」との相違といっても,キャッシュ・フローについての3区分表示の中での「営業活動によるキャッシュ・フロー(CFO)」において相違がみられているにすぎない。その他の「財務活動によるキャッシュ・フロー(CFF)」,「投資活動によるキャッシュ・フロー(CFI)」の表示はまったく同じである。これらの表示区分では実務上,直接的にデータを入手し易く,作成上での困難を伴わないからである。

直接法による表示方法とは,上記「意見書」によれば,主要な取引ごとに収入総額(キャッシュ・フロー流入額)と支出総額(キャッシュ・フロー流出額)とを表示し,その差額として「営業活動によるキャッシュ・フロー」を表示する方法をいう。

営業活動によるキャッシュ・フロー(CFO)=営業収入(収益)-営業支出(費用),によって表示するわけである。この直接法の長所としては,**営業活動に係るキャッシュ・フローが総額で表示される**点である。これによって,キャッシュ・フローの分析を行い易くするばかりでなく,「投資活動によるキャッシュ・フロー」や,「財務活動によるキャッシュ・フロー」も収入,支出に基づく直接法によって作成させることと整合性が保たれているのである。また,直接法は,企業外部から資金調達の必要性および返済能力を判定する上で効果的である。

しかし，「意見書」も指摘するように，直接的によって表示するためには，親会社および子会社において主要な取引ごとにキャッシュ・フローに関する基礎データを用意する必要があるが，実務上多くの手続きを要すると考えられることである，他方，間接法による表示方法にも一定の利点があり，これにも着目されるところである。

間接法による表示方法とは，上記「意見書」によれば，純利益を基点として必要な調整項目を加減して表示する方法である。この場合，法人税等を控除する前の当期純利益から開始する形式によることとし，法人税等の支払額は独立の項目として明示する（三・4・③）。

間接法は，純利益を基礎とし，主要な調整項目（減価償却費，貸倒引当金の増加額，支払利息，為替差損等）を加減して表示する。この場合，純利益は発生主義による認識を基礎としており，そこから逆算してキャッシュ・フローを算出していく。そこで，発生主義によって算出された利益と現金主義により得たキャッシュ・フローとの間に生じた差異の原因を把握していくことが可能になる。また，間接法によれば，連結ベースでの減価償却費の記載が行われ，有効な判断資料を入手していくことができる。

しかし，間接法を採用して，これによってキャッシュ・フロー計算書を作成するとしても，キャッシュ・フローを管理会計的に活用していく場合には，間接法を採用していくと困難性が生じてくる。管理的にキャッシュ・フロー計画表を月別に作ることは困難であるからである。間接法によると関係する資産・負債項目の増減によって調整していくので，管理的に必要となる月別情報を作成していく際には，実績を直接，連結しなければ作成できないのである。

キャッシュ・フロー計算書を作成していくことが制度上で求められていくので，これを月別の予定と実績とを対比・分析できるシステムを確立していくべきこととなる。会計記録を基礎として誘導的にキャッシュ・フロー計算書を作成できることが必要となる。キャッシュ・フロー計算書は，財務会計上で不可欠の計算書となっているが，これをさらに，「キャッシュ・フロー月別予定・

実績表」の作成にまで結びつけ，管理的側面にまで活用していくことが重要な課題となる。

Ⅳ　キャッシュ・フロー計算書の分析的利用

　企業活動において，「営業活動」を通して企業資金を創出・獲得する能力を知る上で，キャッシュ・フロー計算書における3区分表示の中で，**営業活動によるキャッシュ・フロー**の表示の意義は極めて大きい。これを詳細に分析すれば，キャッシュ・フロー（現金プラス現金同等物）創出能力を判断していくことができる。

　とくに管理的側面では，そこから算出される**フリー・キャッシュ・フロー**が重要な機能を果たしている。株主および債権者に対して分配可能なキャッシュ・フローと定義され，管理面での重要な経営目的として活用される。

　フリー・キャッシュ・フロー（我が国では「**純現金収支**」と呼称することがある）は，税引後の営業利益に，現金支出を伴わない費用である減価償却費を加算し，そこから運転資本投資額（増加額）と固定資産投資額（設備投資額）を減算したものである。ここに運転資本投資額（増加額）とは，「流動資産マイナス流動負債」の増加分をいう。

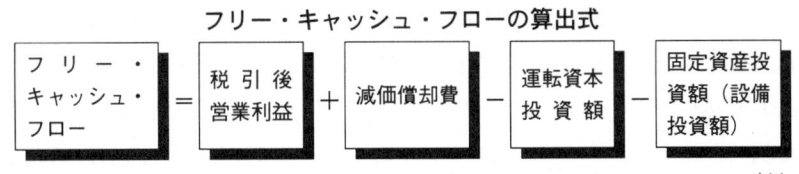

フリー・キャッシュ・フローの算出式

$$\boxed{\text{フリー・キャッシュ・フロー}} = \boxed{\text{税引後営業利益}} + \boxed{\text{減価償却費}} - \boxed{\text{運転資本投資額}} - \boxed{\text{固定資産投資額（設備投資額）}}$$

　このフリー・キャッシュ・フローがプラスで残余を出せば，設備投資を賄った上で（資金充当した上で），さらに自由に使えるキャッシュ・フローが手許に残っていることを意味している。

　営業活動によるキャッシュ・フロー（CFO）の情報に関連させて，そこから更に抽出される管理上での重要項目が，**支払利息・税金・減価償却費控除前利益**（Earnings Before Interest, Taxes and Depreciation & Amortization；EBITDA）

である。この指標は，資本構成の相違（支払利息として現れてくる），各国税率の相違（税金として出てくる），会計処理方法の相違（減価償却費として出てくる），を除去した情報を提供し，国際比較上でも投資分析に関して重要な意味をもっている。

フリー・キャッシュ・フロー算出表

営業収益		××
営業費用（支払利息・税金・減価償却費を除く）	(−)	××
支払利息・税金・減価償却費控除前利益（EBITDA）		××
減価償却費	(−)	××
営業利益		××
営業利益に対する支払税金	(−)	××
税引後営業利益（NOPAT）		××
減価償却費	(+)	××
営業キャッシュ・フロー		××
運転資本投資額	(−)	××
固定資産投資額	(−)	××
フリー・キャッシュ・フロー		××

このEBITDAは投資者の意思決定の投資尺度としても活用され，

$$\text{EBITDA倍率} = \frac{\{\text{株式時価総額(発行株数×株価)} + \text{有利子負債}\}}{\text{EBITDA}}$$

として利用する。「株式時価総額(発行株数×株価)＋有利子負債」を日本経済新聞社データ分析では，これを**企業価値（ＥＶ）**として把握しており，これをEBITDAで割って，EBITDA倍率として分析している（ただし，この場合，金融資産はいざとなれば借入金返済に回せるので，総額としての有利子負債の代わりに純有利子負債を使うこともあるとしている）。

収益性を判断する際の収益性指標の１項目として，EBITDAを売上高と対比して算出する**EBITDA売上比率**として活用されることもある。

さて，EBITDAから，「減価償却費」と，「営業利益に対する支払税金」とを差し引いて算出したものが，**税引後営業利益**（Net Operating Profit After Taxes；NOPAT）である。

この税引後営業利益NOPATから**資本コスト**を差し引いたものが最近注目されてきた**経済的付加価値**（Economic Value Added；ＥＶＡ）である。

資本コスト（資本コストという場合の資本は広義概念をとっており，狭義の資本のほか負債も含めている）は，**投下資本**に**資本コスト率**（Weighted Average Cost of Capital；WACC）を乗じて計算する。資本コスト率とは，銀行借入金の税引後の金利と株主の期待収益率を，負債の額と株主資本の額で加重平均したものをいう。

ＥＶＡは早くからアメリカで投資決定上で注目され，これによる企業のランキング発表が行われてきた。ＥＶＡは企業の活力を測る「モノサシ」であって，企業の利益面だけでなく，その利益を上げるのに使用された経済的なコスト（資本コスト）をも考慮した上で，なお企業が利益（残余利益 residual income）を上げているかどうかを測定し，その結果として株主の富（wealth）を将来大きくするかしないのか，その企業に投資を継続しても良いのか，を考える投資尺度となる。我が国でも最近注目をあびてきた。ＥＶＡの意義は，資本コストを上回る利益があれば経済的に価値が付加し，逆に下回れば価値が破壊されていくことを判断していく際の基礎となるということである。

すでにみたように，**税引後営業利益**（NOPAT）に減価償却費を加えたものが**営業キャッシュ・フロー**（ＣＦＯ）である。営業キャッシュ・フローから運転資本投資額と固定資産投資額とを差し引いて**フリー・キャッシュ・フロー**を算出していくことができる。

フリー・キャッシュ・フローは連結ベースにおいて，とくに注目されている。連結フリー・キャッシュ・フローは，企業集団の次元で，例えば，固定資産（設備）投資を増やして，フリー・キャッシュ・フローが赤字になっても，その数年後に黒字事業として利益に貢献していくことがあり得る。設備投資の効果をみていくためには，例えば10年間の平均値をとっていけば有効となる。

また，最新期末の連結投下資本（有利子負債残高と株主資本の合計）に対する連結フリー・キャッシュ・フローの割合を示す**連結投下資本フリー・キャッシュ・フロー比率**にも注目される。この比率が高ければ，企業集団の次元で，投資の成果をキャッシュ・フローで十分に回収できたと推定していく際に有効

となるからである。

　以上のように，連結キャッシュ・フロー計算書は，これを外部の投資者・株主にとって有用な資料となるだけでなく，企業集団の内部的な経営管理の側面で活用していくことができるのである。

　投資者・株主保護を主要な目的とする金融商品取引法が，連結貸借対照表や連結損益計算書と並んで，連結キャッシュ・フロー計算書を連結財務諸表の構成に含めている意義を理解することができる。

第18章　四半期連結財務諸表

I　四半期連結財務諸表の意義

　近年，子会社，関連会社等を通じての企業の多角化・国際化が急速に進展し，企業集団に係る情報の重要性が増大してきた。

　投資者の的確な投資判断に資する情報を適時・迅速に開示するため，連結情報を中心とするディスクロージャー制度において企業集団の四半期連結財務諸表の作成が必要となってきた。企業会計基準委員会は，2007年3月14日「四半期財務諸表に関する会計基準（企業会計基準12号）－以下「四半期会計基準」と略称－」及び「四半期財務諸表に関する会計基準の適用指針（同上14号）」を公表した。

　これによって，四半期毎の情報開示を，2008年4月1日以後開始する事業年度から，金融商品取引法（金商法）において，連結ベースで求めることになった。

II　四半期財務諸表の範囲

　上記基準12号によれば，四半期報告書に含まれる財務諸表は，「**四半期貸借対照表**」，「**四半期損益計算書**」および「**四半期キャッシュ・フロー計算書**」から構成される。なお，「**四半期株主資本等変動計算書**」は開示は求められず，株主資本の金額に著しい変動があった場合には，主な変動事由を注記事項として開示することとなった（5項・6項・19項(13)，25項(11)及び36項）。

　四半期連結財務諸表を開示する場合には，四半期個別財務諸表の開示を求められない（6項ただし書き）[1]。

Ⅲ 「実績主義」による会計処理

四半期連結財務諸表の会計処理に係る作成基準については,「**実績主義**」が採用された。

「**実績主義** (discrete view)」とは,四半期会計期間を年度と並ぶ1会計期間とみた上で,四半期財務諸表を原則として年度の財務諸表と同じ会計処理の原則及び手続きを適用して作成することにより,当該四半期会計期間に係る企業集団又は企業の財政状態,経営成績及びキャッシュ・フローの状況に関する情報を提供するという考え方をいう。

四半期財務諸表を当該四半期会計期間の損益を確定する実績報告書とみるものである。従って,収益と費用を合理的に四半期会計期間に帰属させるために必要な見越,繰延および見積りの処理は,四半期決算日において,正規の決算の場合と同じ基準に従って行われる。その結果,四半期会計期間の経営成績は,その期間が独立した会計期間であるかのように測定されることになる。

一方,「実績主義」に相対立する会計処理として「**予測主義** (integral view)」を眺めておく。これは四半期会計期間を年度の1構成部分と位置づけて,四半期財務諸表を,年度の財務諸表と部分的に異なる会計処理の原則及び手続きを適用して作成することにより,当該四半期会計期間を含む年度の業績予測に資する情報を提供するという考え方である。

従って,四半期財務諸表は,1年間に係るその事業年度の損益予測の手段となるべきであるので,部分的には,四半期決算特有の会計処理基準の適用が認められることになる。

かつて1977年(昭和52年)の企業会計審議会「中間財務諸表作成基準」では,「予測主義」の考え方に依拠していたが,その後1998年の同審議会「中間連結財務諸表の作成基準に関する意見書」では「実績主義」の考え方を採用することになった。それを承けて,上にみてきた2007年3月の企業会計基準委員会「四半期財務諸表に関する会計基準(「四半期会計基準」と略称)」でも,「実績主

義」の考え方を取り入れた。その理由は次のとおりである（四半期会計基準「結論の背景」）。

① 国際的な中間財務報告（Interim Financial Reporting）に係る会計基準の動向を踏まえて検討してきたこと
② 中間会計期間の実績を明らかにすることにより，将来の業績予測に資する情報を提供するものと位置づけることがむしろ適当と考えられること
③ 恣意的な判断の介入の余地や実行面での計算手続きの明確化などを理由として，中間財務諸表等の性格付けが「予測主義」から「実績主義」に変更されたこと
④ 季節変動については，「実績主義」による場合でも，十分な定性的情報や前年同期比較を開示することにより，財務諸表利用者を誤った判断に導く可能性を回避できると考えられること
⑤ 我が国市場関係者の意見では，「実績主義」における実務処理の容易さが指摘されており，「予測主義」によると会社の恣意性が入る可能性があり，また，会社ごとに会計方針が大きく異なると企業間比較が困難になること

以上によって，四半期会計基準では，四半期財務諸表の会計処理としては「実績主義」を採用することになった。

Ⅳ　具体的な会計処理

四半期連結財務諸表の作成に係る具体的な会計処理として，同上会計基準は以下の諸点を指摘している。

四半期個別財務諸表への準拠　四半期連結財務諸表は，年度の連結財務諸表と同様，企業集団に属する親会社および子会社が一般に公正妥当と認められる企業会計の基準に準拠して作成した四半期個別財務諸表を基礎として作成することとしている（第8項）。

従って，四半期連結キャッシュ・フロー計算書についても，各連結会社の四半期個別キャッシュ・フロー計算書に基づいて連結会社相互間のキャッシュ・フローを相殺消去して連結すること（原則法）を想定している。ただし，簡便的に，四半期連結損益計算書，四半期連結貸借対照表の期首残高，四半期末残高の増減額の分析及びその他の情報から作成すること（簡便法）も認められる。その場合には，財務諸表利用者において，原則法を採用した場合と同様のキャッシュ・フローに関する情報が得られるように留意しなければならないとされる。

四半期決算手続 四半期決算手続きは，我が国の市場関係者が四半期決算を理解する上で重要なものであるという指摘を踏まえ，検討が行われてきた。この検討の結果，「四半期単位積上げ方式」，「累計差額方式」，「折衷方式」の3方式が取り上げられた[2]。

四半期決算手続

四半期単位積上げ方式	四半期会計期間を「1会計期間」として，3カ月情報を作成し，各四半期会計期間の3カ月情報を積上げていく方式をいう。
累計差額方式	年度の財務諸表との整合性を重視して，四半期ごとに過去の四半期財務諸表を洗い替えて再計算することにより，累計情報を作成し，3カ月情報は当該四半期の累計情報から直前の四半期の累計情報を差し引いて計算する方式をいう。
折衷方式	第3四半期の決算手続において，中間財務諸表制度や中間納税制度との関係から，第2四半期までは「累計差額方式」で作成し，それに，「四半期単位積上げ方式」で作成した第3四半期の3カ月情報を合算する方式をいう（この場合，年度の財務諸表は，半期単位の情報を積み上げた上で所定の決算手続を経て作成するなど，いくつかの作成方法があり得る）。

以上の3つの方式に係る四半期決算手続きは，個々の会計処理の集合体として整理することが可能である。すなわち，これら3方式の選択適用によって四半期会計期間の損益に影響が生じるのは，以下のように棚卸資産や為替換算などに，どのような会計処理を選択適用するかによるものと整理できる。

会計処理の選択適用

棚卸資産の評価方法に対して	期末単価の計算方法に「総平均法」や「売価還元法」を採用する場合において,「四半期」,「期首からの累計期間」等のうち,いずれかの算定期間を選択するかという点に整理できる。
外貨建収益及び費用の為替換算に対して	為替相場に,期中平均相場を採用する場合の算定期間として,「月」,「四半期」,「期首からの累計期間」等のうち,いずれかの算定期間を選択するか,または,決算日の為替相場を選択するかという点に整理できる。
有価証券の減損処理や棚卸資産の収益性の低下に伴う簿価切下げに対して	四半期段階で「切放し法」と「洗替え法」のいずれを選択するかという点に整理できる。

上記のごとき「会計処理の選択適用」を検討してきた結果,同上「四半期会計基準」は,国際的な会計基準では具体的な四半期決算手続きについて言及していないことを踏まえて,より実務的に個々の会計処理の選択適用に焦点を当てた。そして,個々の会計処理の選択適用によった場合,「四半期単位積上げ方式」的な考え方と,「累計差額方式」的な考え方が混在する可能性もあるが,個々の会計処理の適切な選択適用によっても,財務諸表利用者の判断を誤らせることはないと考えられたのである。

会計処理の原則及び手続き 四半期会計基準では,「実績主義」を基本に据えて四半期財務諸表を作成することにしたため,四半期財務諸表は,原則として年度の財務諸表の作成に当たって適用される会計処理の原則及び手続に準拠して作成されなければならない(9項,20項)。

従って,例えば,年度の財務諸表では「工事完成基準」を採用している会社が,売上高に大幅な季節的変動があることを理由に,年度末までに完成することを前提として,四半期財務諸表においてのみ,「工事進行基準」を採用することや,年度の財務諸表では「検収基準」を採用している会社が,四半期財務諸表では迅速な対応を理由に,「出荷基準」を採用することは認められない(同上基準「結論の背景」)。

また，費用の認識および測定についても，財務諸表の信頼性の根幹をなす重要なものであるため，年度の財務諸表と四半期財務諸表とで，基本的には同一の会計処理基準が適用されなければならない。例えば，年度の財務諸表では棚卸資産の評価方法として「先入先出法」を採用している会社が，四半期財務諸表において簡便的な会計処理として「総平均法」を採用することは認められない（同上）。

しかし，有価証券の減損処理や棚卸資産の収益性の低下に伴う簿価切下げに「切放し法」を採用し，四半期決算において評価損を計上している場合には，関連諸制度との整合性を考慮して，当該四半期会計期間を含む年度の末日の時価等が取得原価以上の価額に回復しているときは，年度決算では評価損を計上しないことができるものとすることが適当と考えられた。

外貨建収益及び費用の為替換算 外貨建収益及び費用の為替換算については次のような問題点がある。とくに，在外子会社等を通じた海外事業の占める割合が高く，為替相場の変動の影響を大きく受ける場合には，外貨建収益及び費用を決算日の為替相場や，年間（期首からの累計期間）を算定期間とする平均相場等で換算した累計ベースの売上高や損益情報に基づいて，直前の四半期会計期間の累計ベースを差し引いて当該四半期会計期間の売上高や損益情報を算定すると，財務諸表利用者の判断を誤らせる可能性がある。

しかし，外貨建取引等会計処理基準及び同注解では，月間や四半期を算定期間とする平均相場などで換算する方法を選択することもできるとしているので，四半期連結財務諸表基準では特別な取扱いを設けないものとした（四半期会計基準「結論の背景」）。

簡便的な会計処理 四半期財務諸表は，年度の財務諸表や中間財務諸表よりも「開示の迅速性」が求められている。四半期会計基準では，この点を踏まえて，四半期会計期間及び期首からの累計期間に係る企業集団または企業の財政状態，経営成績及びキャッシュ・フローの状況に関する財務諸表利用者の判断

を誤らせない限り，中間財務諸表作成基準よりも簡便的な会計処理によることができることとした（9項，20項）。

具体的には，中間作成基準において簡便的な会計処理が認められている項目（「棚卸資産の実地棚卸の省略」，「減価償却方法に定率法を採用している場合の減価償却費の期間按分計算」，「退職給付費用の期間按分計算」，「連結会社相互間の債権債務の相殺における差異調整の省略と未実現損益の消去における差異調整の省略と未実現損益の消去における見積り計算」等）に加え，「一般債権の貸倒見積額の算定方法」，「棚卸資産の収益性低下による簿価切下げの方法」，「原価差異の配賦方法」，「固定資産の減価償却費の算定方法」，「経過勘定項目の処理方法」，「税金費用の算定方法」等が，簡便的な会計処理として考えられた。

なお，金融商品取引法24条の4の7の規定の適用を受ける上場会社等のうち，内閣府令で定める事業を行う会社は，第2四半期の四半期財務諸表では別途の対応を行うことが必要とされている。

V 四半期特有の会計処理

税金費用の計算 法人税等は，基本的には年度決算と同様の方法により計算するが，法人税等は年度末において確定するため，累進税率が適用される場合には，四半期会計期間を含む年度の法人税等の計算に適用される税率を予測して計算することとした。

ただし，四半期会計基準では，中間作成基準と同様，四半期会計期間を含む年度の税引前当期純利益に対する税効果会計適用後の実効税率を合理的に見積り，税引前四半期純利益に当該見積実効税率を乗じて法人税等の額を計算できることとした。

この場合，四半期貸借対照表には未払法人税等その他適当な科目により，流動負債または流動資産として表示し，前年度末の繰延税金資産および繰延税金負債については，回収可能性や適用税率の変更の影響等を検討した上で，四半期貸借対照表に計上することにしている（14項）。

その他の四半期特有の会計処理 四半期財務諸表の性格として「実績主義」を貫徹した場合，売上原価や営業費用に関して繰延処理や繰上計上は認められないが，四半期会計基準上で，例外的に，原価差異の繰延処理と後入先出法における売上原価修正を認めるかどうかについて検討を行った。

これらは，従来行われていた「予測主義」から「実績主義」に基本的な考え方を変更する際に，相対的にみて恣意的な判断の介入の余地が大きい等の理由によって削除された処理であった。しかし，四半期財務諸表では，中間財務諸表よりも売上原価が操業度等により大きく変動し，売上高と売上原価の対応関係が適切に表示されない可能性があるため，売上原価に関連するこの2項目については例外的に四半期特有の会計処理を認めた方が経済的実態をより適切に表し，財務諸表利用者に対して将来の業績予測に資する情報を提供することができるという見方が強調された。

そこで，これを検討して，四半期決算では，年度決算や中間決算よりも短い会計期間の中で企業集団または企業の財政状態，経営成績及びキャッシュ・フローの状況に関する情報を適切に提供しなければならないという点を踏まえて，四半期会計基準では，「原価差異の繰延処理」と「後入先出法における売上原価修正」について一定の条件を満たした場合には，継続適用を条件として，四半期特有の会計処理として認めることとされた。

原価差異の繰延処理 「原価差異の繰延処理」は，操業度等が季節的に大きく変動することによって，売上高と売上原価の対応関係が適切に表示されない可能性があることを考慮した会計処理である。そこで，四半期会計基準では，四半期会計期間における経済的実態をより適切に反映させるよう，予定価格または標準原価が年間（または6か月等）を基礎に設定されているために発生する原価差異で，原価計算期間末である年度末（または第2四半期会計期間末等）までにほぼ解消が見込まれる場合には，継続適用を条件として，当該原価差異を流動資産または流動負債として繰り延べることを認めることとされた（12項）。

しかし，原価計算期間が四半期会計期間と同じまたはそれよりも短い場合や

原価計算期間末までに原価差異の解消が見込まれない場合には，当該原価差異は繰り延べることはできない。

後入先出法の売上原価修正　棚卸資産の評価方法に後入先出法を採用している場合において，棚卸資産の各四半期会計期間末における数量が年度の期首の数量より少ないが，年度末までに不足分を補充することが合理的に見込まれるときには，継続適用を条件として，その再調達原価を加減し，当該加減した差額を流動資産または流動負債として繰り延べる処理が認められた（13項）。

　これは，原価差異の繰延処理と同様，売上高と売上原価の適切な対応を図るために必要な調整と考えられたことによっている。

Ⅵ　四半期財務諸表の開示

表示科目の集約記載　四半期財務諸表の表示科目については，開示の適時性の要請を踏まえ，かつ，米国ＳＥＣ規則での取扱いでは，35日以内に開示を義務づけていることを参考にして，主要な科目について独立掲記した上で，その他の科目は集約して記載できることとした（17項，23項）。

年度の財務諸表の表示区分との整合性の重視　四半期財務諸表の表示区分については，年度の財務諸表の表示区分との関係で２つの考え方がある。
　１つは，四半期財務諸表と年度の財務諸表との整合性を考慮せず，四半期財務諸表単独で判断するという考え方である。この理由として，①四半期会計期間を年度と並ぶ１会計期間としてみる「実績主義」の考え方と整合していると考えられること，②金額的重要性の判断について，四半期財務諸表の作成段階で年度の財務諸表における表示区分を合理的に予測することは困難な場合が多いことが挙げられた。
　もう一つは，四半期財務諸表においても，年度の財務諸表における表示区分を考慮して判断するという考え方である。この理由として，①四半期財務諸表

は「実績主義」を基本としつつも，年度の業績予測に資することが期待されていること，②四半期損益計算書と年度の損益計算書の利益の表示区分とが整合している方が，企業業績の分析上は望ましいと考えられること，が挙げられた。

以上２つの考え方の検討の結果，四半期会計基準では，「実績主義」を基本としつつも，年度の業績予測により資する情報を提供するという観点から後者の考え方を採用し，当該年度の財務諸表における表示区分との整合性を勘案しなければならないこととした（18項，24項）。

例えば，第２四半期に会計処理の原則および手続を変更し，変更による影響額が過年度分と当期分とに区分して算定できる場合には，第２四半期会計期間の四半期損益計算書では過年度に係る影響額および当期分のうち第１四半期会計期間に係る影響額を特別損益に計上し，期首からの累計期間の四半期損益計算書では過年度に係る影響額のみが特別損益に計上されるよう組替えを行う方法が考えられた（四半期会計基準「結論の背景」）。

なお，実務上の対応を考慮し，金額的重要性により表示区分を判断するものについては，期中での表示区分の変更を容認することが適当であるとされた。

Ⅶ 四半期連結財務諸表の注記事項

年度の連結財務諸表と同様，四半期会計期間に係る連結財務諸表においても，投資者の投資意思決定に資するため「注記事項」は極めて重要である。四半期会計基準はこの点を勘案し，重要な「注記事項」の諸項目を掲記している。

四半期連結財務諸表においても，「開示の迅速性」が求められることを踏まえて，遅くとも45日以内での開示を求め，中間連結財務諸表よりも注記事項（および注記内容）の簡略化を図り，前年度と比較して著しい変動がある項目など，財務諸表利用者が四半期財務諸表を理解する上で重要な事項を注記事項として定めた（19項，25項）。

四半期会計基準では，最小限の注記事項を次の図表のように掲記しており，個々の企業集団または企業が事業内容や事業形態を踏まえ，これを上回る開示を妨げるものではない，と指摘している。

四半期連結財務諸表の注記事項（最小限）

第2四半期以降で自発的に行う重要な会計処理の原則及び手続の変更	会計処理の原則及び手続の変更は期首に行われることが一般的であり，第2四半期以降に行われることは稀であると考えられるが，しかし，第2四半期以降で自発的で重要な会計処理の原則及び手続を変更する場合もあり，その場合には，年度と四半期会計期間の会計処理の首尾一貫性が確保されないので，情報開示が必要となるのである（19項，25項）。
セグメント情報：セグメント別売上高及び営業損益情報	セグメント情報は，財務諸表利用者からの開示ニーズが強いので，セグメント別売上高及び営業損益の情報について現行の中間連結財務諸表と同様に，「事業の種類別セグメント情報」，「所在地別セグメント情報」，「海外売上高」の開示を求めた（19項(7)）。
セグメント別情報：セグメント別資産関連情報	セグメント別資産に重要な変動があった場合，例えば，大規模な企業買収の事例がみられた場合，事務負担と情報の有用性を比較衡量し，企業結合や事業分離などにより事業の種類別セグメント情報に係るセグメント別資産の金額に著しい変動があった場合には，その概要の開示を求められる（19項(7)）。
1株当たり四半期純損益，1株当たり純資産及び1株当たり四半期純損益の算定上の基礎	「1株当たり四半期純損益」及び「その算定上の基礎」については，財務諸表利用者の強い開示ニーズがあり，国際会計基準でも開示を求めている。また，「1株当たり純資産額」も利用者側からの強いニーズがあり，年度の財務諸表でも注記されている。以上を基礎にしてこれら諸項目の注記が求められることになった（19項(9)，25項(7)）。
継続企業の前提への重要な疑義	継続企業の前提に重要な疑義がある場合の注記は，慎重な対応が求められるが，開示対象となる四半期会計期間において新たに継続企業の前提に重要な疑義が生じた場合は，四半期財務諸表を作成する日までに，当該疑義を解消又は大幅に改善するための経営計画などを策定することは実務上困難と考えられる。 　そこで，継続企業の前提に重要な疑義を抱かせる事象又は状況が存在する旨及びその内容，継続企業の前提に関する重要な疑義の存在及び経営者の対応等に関する注記（25項(12)）が求められるとした。

著しい季節的変動	著しい季節的変動の開示については，中間財務諸表作成基準や国際会計基準において注記事項として明示されているし，財務諸表利用者の判断を誤らせないためには，定性的情報及び対前年同期比較を併せて開示する必要がある。そこで，四半期会計基準では，営業収益又は営業費用に著しい季節的変動がある場合には，注記を求めているのである（19項，25項(13)）。
重要な偶発債務	偶発債務については，中間財務諸表作成基準や国際会計基準においても注記事項として明記されているし，偶発債務は財務諸表の本体から把握できない。そこで，重要な偶発債務につき，金額の変動の有無に関係なく，注記を求めている（19項(16)，25項(15)）。
重要な企業結合又は事業分離	重要な企業結合又は事業分離については，当該企業集団又は企業の将来の業績に重要な影響を与えることとなるため，国際会計基準や米国基準の開示状況を参考にし，適時性に係るより強い制約も考慮して，年度の注記事項よりも簡略化して注記を求めている（19項(17)，(18)，25項(16)，(17)）。
持分プーリング法を適用した企業結合における期首から企業結合日までの取扱い	現行の我が国の開示慣行を踏まえつつ，四半期段階でも可能な限り経済的実態が適切に開示されるように，直前の四半期会計期間の末日までの期首からの累計期間への影響額の記載を求めている（19項(17)②イ，25項(16)②イ）。なお，四半期財務諸表を作成する日までに影響額を正確に算定することができない場合には，その旨，その理由及び適当な方法による影響の概算額を記載することができるとしている。
重要な後発事象	重要な後発事象は，財務諸表利用者の意思決定に大きな影響を与えると考えられるので，中間連結財務諸表作成基準や国際会計基準，米国の開示状況を参考にして，注記を求めている（19項(19)，25項(18)）。
四半期連結財務諸表を作成していない場合における持分法損益	連結子会社がない会社においては四半期連結財務諸表は作成されないが，一方，関連会社に多額の損益が生じている場合がある。そこで，四半期連結財務諸表を作成していない会社においては，年度及び中間個別財務諸表における開示と同様，関連会社に持分法を適用した場合の投資の額及び投資損益の額を注記事項として記載を求めている（25項(14)）。
重要なその他の事項	中間連結財務諸表作成基準や米国ＳＥＣ規則等を参考にして，四半期会計基準では，注記事項として個別に定めたもののほか，財務諸表利用者が企業集団又は企業の四半期会計期間及び期首からの累計期間に係る財政状態，経営成績及びキャッシュ・フ

	ローの状況を適切に判断するために重要なその他の事項があるときには記載を求めている（19項㉑，25項⑳）。
重要な誤謬の訂正	重要な誤謬の訂正については，四半期会計基準では，金融商品取引法（旧証券取引法）に基づく開示上，訂正報告書の提出事由に該当する場合には，修正再表示が行われていることや，遡及修正については包括的に整理すべきとの指摘があり，取り扱わないこととされた。

Ⅷ　四半期報告制度の実施

　四半期報告制度は，金融商品取引法（金商法）で規定されている四半期報告制度の導入時期と合わせて2008年（平成20年）4月1日以降開始する連結会計年度及び事業年度から，上場会社を基本として適用され，実施に移された。

　開示時期は，四半期終了後最低限45日以内とされ，開示内容は，原則として連結ベースに係る「四半期貸借対照表」，「四半期損益計算書」，「四半期キャッシュ・フロー計算書」及び「四半期セグメント情報」並びに「非財務情報」である。

　四半期財務諸表の保証手続として，監査で重視される「レビュー」の導入が図られる。開示会社にあっては，「半期報告制度」が廃止されて，「四半期報告制度」へ統一され，従って，中間財務諸表が第2四半期の四半期財務諸表に置き換わり，第1四半期，第2四半期，第3四半期という形で四半期財務諸表（原則として連結ベース）の開示が行われていく。

　つまり，四半期財務諸表は金商法上，投資者の意思決定に資するため，タイムリーにかつ情報品質を高めるため，四半期会計期間終了後，公認会計士又は監査法人のレビュー手続を経た上で，遅くとも45日以内での開示を求めていくものである。かねてから国際会計基準との調和・統一で大きな課題となっていた四半期会計制度が金商法（旧証取法）の重点懸案項目とされていたものが，我が国でも解決に向けて大きく前進することになった。

企業での実務処理では四半期財務諸表の作成業務に負担がかかるが，投資者の投資判断として当該情報は有用である。さらに，折角，四半期情報開示が行われていくのであるから，これを企業例において連結経営管理に活用していくことの余地は大きいし，また活用していくべきである。このプラスの面の特徴を深く検討していくことが企業の課題となる。

(注)
(1) 四半期財務諸表等の開示対象期間は，次のとおりとされた。
 ① 四半期会計期間の末日の四半期貸借対照表及び前年度の末日の要約貸借対照表，
 ② 四半期会計期間（3か月情報）及び期首からの累計期間の四半期損益計算書，並びに前年度におけるそれぞれ対応する期間の四半期損益計算書，
 ③ 期首からの累計期間の四半期キャッシュ・フロー計算書及び前年度における対応する期間の四半期キャッシュ・フロー計算書
(2) 実務界では，「累計差額方式」を採用する企業が多いという指摘がある（斎藤和宣，岩佐泰次「㈱ディーバのアンケート調査にみる連結決算業務に関する実情と課題」『経理情報』2008.2.10（No.1173），60頁）。

〔本章（第18章）での補遺────セグメント情報の開示について────〕

本章（第18章）における四半期連結財務諸表においてしばしば論述されている（連結財務諸表の構成においても，取り上げられてきた）セグメント情報の開示について付言しておきたい。
　セグメント（segment）とは，「経営（事業）の一区分」のことをいう。多角化・国際化の進展につれて，会社は，子会社，関連会社を多数抱えてきて，連結会計の重要性が一段と高まってきているが，その際，連結財務諸表のみでは，企業集団全体の分析を行っていくのは困難になった。当該企業集団を特定の基準で区分したセグメントに係る情報が必要になってきた。投資者，債権者などの外部情報利用者が，企業集団または企業の収益性，安全性，成長性などを判断していくためにも，セグメント情報は不可欠となってきた。
　我が国では，1988年，企業会計審議会「セグメント情報の開示基準」が公表された。当該基準は米国SFAS14号や国際会計基準（IAS）14号を基礎にして作成され，国際的調和化を達成したものであった。しかし，その後，米国基準やIAS／IFRSがセグメント情報の開示基準の中身を変えてきた。「セグメンテーション（セグメントの決定）」基準を，我が国で重視してきた「産業別セグメント（industry segment）アプローチ」から，「マネジメント（management）アプローチ」の採用に変えたことである。その影響を受

けて，現在，我が国でもセグメント開示基準について会計基準の国際的調和の観点からマネジメント・アプローチの採用に向けて改訂作業が進行している。

マネジメント・アプローチとは 米国・財務会計基準審議会（FASB）は，1997年6月に，SFAS131号「企業のセグメントおよび関連情報に関する開示」を公表し，マネジメント・アプローチを採用した。これによって，「業務別セグメント（operating segment）」を決定する。「業務別セグメント」は，企業の構成要素であり，①事業活動において収益を獲得し，かつ，費用を発生させるような活動が行われること，②セグメント別の業績評価や，セグメントへの資源配分に関する意思決定を行うために，その業績が定期的に企業集団の最高業務意思決定者（chief operating decision maker）によってレビューされること，③その構成要素について，他と区別された財務情報が入手できること，である（SFAS131.par.10）。

「マネジメント・アプローチ」を採用して，「セグメンテーション（セグメントの決定）」を行う場合の特徴として，経営者が業務上の意思決定を下したり，業績を評価したりするために企業集団内に組織している区分に基づいてセグメントを分類し，情報開示を行おうとするものである。「管理的側面」を強調してセグメンテーションを行い，当該セグメントに係る情報を外部利害関係者への報告に貢献させようとする。つまり，管理会計的側面と財務会計的側面とを密接に関連させて，セグメント情報を作成開示していこうとするものといえる。

このようなセグメント情報の開示は，実際に管理上で機能している情報を有効に使用して，外部報告に結びつけることを狙っており，情報の作成は一層容易になり，追加コストは比較的低くなるという特徴がある。また，産業に関する主観的定義に基づくセグメントよりも客観的にセグメントを決定できる。しかし，反面，当該アプローチを採用すると，企業集団間での比較可能性が低下し，企業機密に係る情報が開示され易く，競争企業に有利な情報を提供するというリスクが伴っている。

とにかく，セグメント情報の開示基準としては，米国でマネジメント・アプローチが採用され，また，国際会計基準委員会（IASC）も，セグメント情報基準について米国基準との統一化も進め，1997年8月にＩＡＳ14号（改訂）を公表し，マネジメント・アプローチを採用した。我が国基準もこれと調和化が求められ，その作業が進められている。

セグメント情報の内容 複数の「業務別セグメント（operating segment）」が類似する経済的特徴を有するときには，類似した長期業績を期待できる。その場合には，単一の「業務別セグメント」に集計できる。また，報告セグメントの決定には，「売上高基準」，「営業損益基準」，「資産基準」に基づく10％基準（重要性のテスト）が適用され，報告セグメントとなるのは，これら3つの基準のうちの1つ以上を満たす場合である（SFAS131.par.18）。

しかし，重要性のテストを満たさないセグメントを別個に表示することができ，重要性のテストを満たさない業務別セグメント同士を結合して報告セグメントとすることができる（par.19）。また，「業務別セグメント」で報告される外部収益の合計額が，連結

収益の75％以上に達するまで（当該セグメントが重要性のテストを満たさない場合でも）報告セグメントとして，追加的に業務別セグメントを識別しなければならない（par.20）。

開示すべき「**セグメント情報の内容**」は以下のとおりである。

──**一般情報**　①報告セグメントを識別する際に使用した企業構成要素，②各報告セグメントの収益の源泉となっている製品およびサービスの種類，の表示（par.26）。

──**セグメント別損益およびセグメント別資産に関する情報**　企業集団または企業は，<u>各報告セグメントの損益および資産の合計額を報告するとともに</u>，<u>セグメント別損益に含まれる①外部顧客との取引から生じた収益，②同一企業集団（または企業）内の他のセグメントとの取引による収益，③受取利息，④支払利息，⑤減価償却費，減耗償却費および償却費，⑥非経常損益項目，⑦持分法による投資損益，⑧法人所得税費用，⑨異常損益項目，⑩償却費以外の非資金損益項目，を開示しなければならない（par.27）。</u>

──**測定基準**　企業集団（または企業）は，セグメント別損益およびセグメント別資産がいかに測定されたかを説明するため，報告セグメント間の取引に関する会計処理の基準等の情報を開示しなければならない（par.31）。

──**セグメント情報と連結財務諸表上の金額との調整表**　企業集団（または企業）は，報告セグメントの収益，損益，資産等の項目について連結財務諸表上の金額との調整表を作成しなければならない（par.32）。

──**中間財務諸表におけるセグメント情報の開示**　企業集団（または企業）は，各報告セグメントについて，<u>①外部顧客からの収益，②セグメント間損益，③セグメント別損益の測定金額，④直近の年次報告書で開示された金額との間で重要な変動がある場合の資産合計額，⑤報告セグメントの損益合計額と法人所得税費用，異常損益項目，廃止事業に係る損益および会計原則変更による累積的影響額を控除する前の連結利益との調整表</u>，を開示しなければならない（par.33）。

──**過年度報告セグメント情報の修正再表示**　企業集団（または企業）の報告セグメントの構成が変更される場合には，実務上不可能でない限り，過年度のセグメント情報を修正再表示しなければならない（par.34）。

企業集団（または企業）全体の開示情報　「業務別セグメント（operating segment）」におけるセグメント情報に，製品およびサービス，地域ならびに主要な顧客に関する情報が含まれていない場合には，実務上不可能でない限り，<u>①製品およびサービスに関する情報（各製品およびサービスまたは類似する製品およびサービスの各グループについて，外国顧客からの収益の金額），②地域に関する情報（企業の国内に帰属する外部顧客からの収益と外国に帰属する外部顧客からの収益の合計金額，および企業の国内に所在する長期資産と企業が保有する外国に所在する長期資産の合計金額），③主要な顧客に関する情報（企業収益の10％以上が単一の顧客に対する取引からもたらされる場合は，その事実，その顧客に対する収益の金額，およびその収益を報告するセグメント）</u>，を開示しなければならない（pars.36-39）。

国際会計基準（ＩＡＳ/IFRS）のセグメント情報の開示基準　以上，米国SFAS131号におけるセグメント情報基準の主要内容を眺めてきた。他方，国際会計基準のセグメント情報基準についても，すでにふれたように，米国基準との統一化を進めてきたこともあり，1997年8月にＩＡＳ14号（改訂）「セグメント別報告」が公表され，「マネジメント・アプローチ」を取り入れたセグメント基準が採用された。そして，国際会計基準審議会（IASB）は米国FASBとの間で，差異縮小を目的として共同プロジェクトを推進し，2006年11月IFRS8号「業務別セグメント（operating segment）」を公表した。IFRS8号の中身は，SFAS131号と細部を除き同じものとなった。

さて，我が国のセグメント開示基準も，すでに指摘したように，2011年までに，会計基準の国際的統一化を要請されているので，従来の「産業別セグメント・アプローチ」から上述した「マネジメント・アプローチ」の採用に向けて，しかもセグメント情報の内容も上記のSFAS14号に対応する形で改訂が進められるとみられる。これが実現すると連結財務諸表と並んでセグメント情報の国際的比較可能性が一段と向上していく。

第19章　リース会計

I　リース会計処理の意義

　今まで論じてきた連結会計は，もともと**時価評価**を取り入れた資産・負債アプローチに適合しやすい性格を具えている。元来，連結会計の基本は，投資会社が被投資会社を評価する際，株式投資の持分関係としての被投資会社の純資産（資産マイナス負債）に着目し，それが現時点での時価によって正確に実態を表示しているか否かに注目するからである。M＆A（合併・買収）での投資をする際，投資相手企業（被投資会社）の「現時点での」純資産（book value）に注目し，当該企業の資産，負債が時価で公正に表示されていることを厳格に要求するのである。

　資産，負債を時価によって公正に表示し，資産，負債の差額である純資産の客観性を重視し，かつ，期首・期末時点の純資産を比較して損益を算定する資産・負債アプローチによる損益計算が提唱されることは自然の成行きである。従って，例えば，**リース取引**や，**年金項目**，**デリバティブ（金融派生商品）項目**などにつき時価評価を重視する理由もよく理解し得るのである。

　「連結優位（個別会計に対する連結会計の優位）」の状況下で，これら諸項目の時価評価を違和感なく受け入れることができる。連結優位の状況を考慮した上で，個別企業会計においてもこれら諸項目の時価評価を受容していくのである。

　近年になり，リース取引，年金取引，デリバティブ取引など新しい取引の占める重要性が高まり，これら諸項目の実態開示の必要性が一段と高まってきた。

Ⅱ　リース取引とその分類

　我が国では，長年にわたり，「リース取引」に係る統一的会計基準が存在しなかったが，1993年6月，企業会計審議会は「リース取引に係る会計基準に関する意見書（「意見書」と略称）を公表した。ここで，**「リース取引」**とは，特定の物件の所有者たる貸手（レッサー；lessor）が，当該物件の借手（レッシー；lessee）に対し，合意された期間（リース期間）にわたり，これを使用収益する権利を与え，借手は，合意された使用料（リース料）を貸手に支払う契約のことをいう。

　リース取引は，次の図表のように，一般に**ファイナンス・リース**（finance lease）と**オペレーティング・リース**（operating lease）とに分類することができる。

分　　類	定　　　義
ファイナンス・リース	次の2つの条件を満たすこと ①　リース期間中契約を解除することができない又はこれに準ずるものを含む（ノン・キャンセラブル；non cancellable）リース取引 ②　借手が当該契約に基づき使用する物件からもたらされる経済的利益を実質的に享受し，かつ当該物件の使用に伴って生じるコストを実質的に負担する（フル・ペイアウト；full payout）リース取引
オペレーティング・リース	ファイナンス・リース以外のリース取引

　従来，ファイナンス・リースは，取引契約に係る法的形式によって，賃貸借取引として処理してきたが，上記「意見書」では，むしろ，その経済的実態に着目した会計処理を認めることになった。つまり，「意見書」によるリース会計基準は，時価評価を重視する国際会計基準との調和を重視し，ファイナンス・リースを資産・負債として認識する「**資本化処理**（capitalization）」を原則として採用したのである。

しかし，この「意見書」の基準によっても，所有権の移転しないファイナンス・リース（**所有権移転外ファイナンス・リース**）については，従来と同様の賃貸借処理を例外的に認めてきた。そこで，実務では，簡便なこの例外的処理が行われてきた。「資本化処理」による時価評価の実務への浸透は十分でなかった。

連結優位の時代では，時価評価が基本となるべきであり，国際会計基準との調和が必要となり，2007年3月30日，企業会計基準委員会（ＡＳＢＪ）「リース取引に関する会計基準（「会計基準」と略称）」および「リース取引に関する会計基準の適用指針（「適用指針」と略称）」では，所有権移転外ファイナンス・リースについて，従来の賃貸借取引に係る方法に準じた会計処理を廃止することにした。

上に指摘した「**資本化処理**」を説明しておく。**資本化処理**とは，借手側のリース使用者が将来支払うべきリース料の現在価値を資産計上することをいう。この現在価値でのリース財産を取得原価として，貸借対照表上の資産側にリース資産（機械装置）（財産使用権）を，負債側にリース債務（未払金）を計上するのである。

例えば，ある機械装置に関するリースの場合，期首時点でそのリース料を年間250万円，期間6年，利子率5％とすると，リース契約を結んだときに，リース料の現在価値は，

$$\sum_{t=1}^{6} \frac{250万円}{(1.05)^t} = 1,269万円$$

となり，仕訳をすると次のようになる。

（借）機 械 装 置　12,690,000　／（貸）リ ー ス 債 務　12,690,000
　　　（リース資産）

決算に際しては，通常の固定資産と同様の減価償却を行っていく（定額法による場合）。

（借）機 械 装 置　　　　　　　　　　（貸）機 械 装 置
　　　減 価 償 却 費　2,115,000　／　　　　減価償却累計額　2,115,000

他方，リース債務については，利息が生じるので，これを記載し，この利息以外の支払リース料を合計したものがリース債務返済分となる（利息を年間¥130,000，支払リース料を¥300,000とする）。

(借)リース債務　300,000　／　(貸)現　　　　金　430,000
　　支　払　利　息　130,000

　以上が,「資本化処理」を基礎とし,算出した現在価値をそのときの取得原価として<u>通常の売買取引に係る会計処理を行い</u>,リース物件（この場合は機械装置）を資産に計上（オンバランス化）していく方法である。ここでは,ファイナンス・リースを中心にみてきたが,2007年「会計基準」では,それ以外の「オペレーティング・リース」については<u>通常の賃貸借取引の処理を行うもの</u>としている（「会計基準」15）。

Ⅲ　「設例」による会計処理

　2007年「適用指針」では,リース会計処理に関して設例を示しているので,これを眺めておきたい。

────＜設　例＞────
所有権移転外ファイナンス・リース取引の場合
前 提 条 件
　(1)　所有権移転条項なし。
　(2)　割安購入選択権なし。
　(3)　リース物件は特別仕様ではない。
　(4)　解約不能のリース期間5年。
　(5)　借手の見積現金購入価額48,000千円（貸手のリース物件の購入価額はこれと等しいが,借手において当該価額は明らかではない。）
　(6)　リ ー ス 料
　　　　月額1,000千円　支払は毎月末
　　　　リース料総額　60,000千円
　(7)　リース物件（機械装置）の経済的耐用年数8年
　(8)　借手の減価償却方法　定額法（減価償却費は,四半期ごとに計上するものとする）
　(9)　借手の追加借入利子率　年8％(ただし借手は貸手の計算利子率を知り得ない)
　(10)　貸手の見積残存価額はゼロである。
　(11)　リース取引開始日　×1年4月1日,決算日3月31日

● 借手の会計処理

(1) ファイナンス・リース取引の判定

① 現在価値基準による判定

貸手の計算利子率を知り得ないため、借手の追加利子率である年8％を用いてリース料総額を現在価値に割引くと、

$$\frac{1,000}{(1+0.08\times\frac{1}{12})}+\frac{1,000}{(1+0.08\times\frac{1}{12})^2}+\cdots\cdots+\frac{1,000}{(1+0.08\times\frac{1}{12})^{60}}$$
$$=49,318千円$$

$$\frac{現在価値\ 49,318千円}{見積現金購入価額\ 48,000千円}=103\%>90\%$$

② 経済的耐用年数基準による判定

$$\frac{リース期間\ 5\ 年}{経済的耐用年数\ 8\ 年}=62.5\%<75\%$$

従って、①により、このリース取引はファイナンス・リース取引に該当する。

③ 所有権移転条項又は割安購入選択権がなく、またリース物件は特別仕様でないため、所有権移転ファイナンス・リースには該当しない。

①および③により、このリース取引は所有権移転外ファイナンス・リース取引に該当する。

(2) 会計処理

① <u>利息相当額を利息法で会計処理する場合</u>[1]（「会計基準」24項参照）

リース料総額の現在価値より借手の見積現金購入価額の方が低い額であるため、48,000千円がリース資産およびリース債務の計上価額となる。この場合に、利息相当額の算定に必要な利子率の計算は次の通りである。

$$\frac{1,000}{(1+r\times\frac{1}{12})}+\frac{1,000}{(1+r\times\frac{1}{12})^2}+\cdots\cdots+\frac{1,000}{(1+r\times\frac{1}{12})^{60}}$$
$$=48,000千円$$

$$\therefore\ r=9.154$$

リース債務の返済スケジュールは以下の表のとおりである。

(単位：千円)

回数	返済日	前月末元本	返済合計	元本分	利息分	月末元本
1	×1.4.30	48,000	1,000	634	366	47,366
2	×1.5.31	47,366	1,000	639	361	46,727
3	×1.6.30	46,727	1,000	643	357	46,084
⋮	⋮	⋮	⋮	⋮	⋮	⋮
9	×1.12.31	42,792	1,000	674	326	42,118
10	×2.1.31	42,118	1,000	678	322	41,440
11	×2.2.28	41,440	1,000	684	316	40,756
12	×2.3.31	40,756	1,000	689	311	40,067
⋮	⋮	⋮	⋮	⋮	⋮	⋮
36	×4.3.31	22,682	1,000	827	173	21,855
⋮	⋮	⋮	⋮	⋮	⋮	⋮
57	×5.12.31	3,925	1,000	970	30	2,955
58	×6.1.31	2,955	1,000	978	22	1,977
59	×6.2.28	1,977	1,000	985	15	992
60	×6.3.31	992	1,000	992	8	－
合計		－	60,000	48,000	12,000	－

(注) 適用利率年9.154％。利息の計算は、月数割りによっている。

いま、×1年4月30日返済合計の内訳(うちわけ)と月末元本(がんぽん)の計算を行うと次の通りである。

利 息 分　48,000千円×9.154％×$\frac{1月}{12月}$＝366千円

元 本 分　1,000千円－366千円＝634千円

月末元本　48,000千円－634千円＝47,366千円

×1年4月1日（リース取引開始日）
　（借）機 械 装 置※　　48,000　／　（貸）リ ー ス 債 務　48,000
　　※　リース資産は機械装置であると想定した場合である。

×1年4月30日（第1回支払日）

(借) リース債務　　　634※1　／　(貸) 現金預金　　　1,000
　　　支払利息　　　　366※1

※1　リース債務の元本返済額及び支払利息は，上掲の表によっている。

×1年6月30日（第3回支払日，第1四半期決算日）

(借) リース債務　　　643※2　／　(貸) 現金預金　　　1,000
　　　支払利息　　　　357※2
(借) 減価償却費　　2,400※3　／　(貸) 減価償却累計額　2,400

※2　リース債務の元本返済額及び支払利息は，上掲の表によっている。
※3　減価償却費は，リース期間を耐用年数とし，残存価額をゼロとして計算する（「会計基準」12項参照）。

$$48,000千円 \times \frac{1年}{5年} \times \frac{3月}{12月} = 2,400千円$$

×2年3月31日（第12回支払日・決算日）

(借) リース債務　　　689※4　／　(貸) 現金預金　　　1,000
　　　支払利息　　　　311※4
(借) 減価償却費　　2,400※5　／　(貸) 減価償却累計額　2,400

※4　リース債務の元本返済額及び支払利息は，上掲の表によっている。
※5　減価償却費は，リース期間を耐用年数とし，残存価額をゼロとして計算する。

$$48,000千円 \times \frac{1年}{5年} \times \frac{3月}{12月} = 2,400千円$$

以後も同様な会計処理を行う。

×6年3月31日（最終回の支払とリース物件の返却）

(借) リース債務　　　992※6　／　(貸) 現金預金　　　1,000
　　　支払利息　　　　　8※6
(借) 減価償却費　　2,400※7　／　(貸) 減価償却累計額　2,400
(借) 減価償却累計額　48,000　／　(貸) 機械装置　　　48,000

※6　リース債務の元本返済額及び支払利息は，上掲の表によっている。

※7 減価償却費は，リース期間を耐用年数とし，残存価額をゼロとして計算する。
$$48,000千円 \times \frac{1年}{5年} \times \frac{3月}{12月} = 2,400千円$$

- **貸手の会計処理**
(1) **ファイナンス・リース取引の判定**
  ① 現在価値基準による判定
  　　リース料総額を現在価値に割引く利率は，リース料総額と見積残存価額の合計額の現在価値がリース物件の購入価額と等しくなる貸手の計算利子率であるが，見積残存価額がゼロであり，購入価額が48,000千円であるので9.154％となる。リース物件の見積残存価額がゼロであるため，リース料総額を年9.154％で割引いた現在価値48,000千円は，貸手の購入価額48,000千円と等しい。
$$\frac{現在価値\ 48,000千円}{購入価額\ 48,000千円} = 100\% > 90\%$$
  ② 経済的耐用年数基準による判定
$$\frac{リース期間\ 5年}{経済的耐用年数\ 8年} = 62.5\% < 75\%$$
  　　従って，①により，このリース取引はファイナンス・リース取引に該当する。
  ③ 所有権移転条項又は割安購入選択権がなく，またリース物件は特別仕様ではないため，所有権移転ファイナンス・リースには該当しない。
  　①及び③により，このリース取引は所有権移転外ファイナンス・リース取引に該当する。

(2) **会 計 処 理**
  ① 利息相当額を利息法で会計処理する場合（「会計基準」第53項参照）[2]
  　　リース投資資産の回収スケジュールは既掲の図表のごとくである。

<u>リース取引開始日に売上高と売上原価を計上する方法</u>（第51項(1)参照）

×1年4月1日（リース取引開始日）

 （借）リース投資資産 60,000[※1] ／ （貸）売　　上　　高 60,000[※1]
 （借）売　上　原　価 48,000[※2] ／ （貸）買　　掛　　金 48,000

 ※1 売上高及びリース投資資産は，リース料総額で計上する。
 ※2 売上原価は，リース物件の購入価額で計上する。

×1年4月30日（第1回回収日）

 （借）現　金　預　金 1,000 ／ （貸）リース投資資産 1,000

×1年6月30日（第3回回収日・第1四半期決算日）

 （借）現　金　預　金 1,000 ／ （貸）リース投資資産 1,000
 （借）繰延リース利益繰入（P／L） 10,916[※3] ／ （貸）繰延リース利益（B／S） 10,916[※3]

 ※3 利息相当額の総額12,000千円のうち当四半期に対応する利息相当額1,084千円を差引いた10,916千円を繰延リース利益（B／S）として繰延べる。
  当四半期に対応する利息相当額＝366千円＋361千円＋357千円＝1,084千円
  繰延リース利益（B／S）＝利息相当額の総額12,000千円－当四半期に対応する利息相当額1,084千円＝10,916千円

なお，繰延リース利益（B／S）はリース投資資産として相殺して表示する。

×2年3月31日（第12回回収日・決算日）

 （借）現　金　預　金 1,000 ／ （貸）リース投資資産 1,000
 （借）繰延リース利益（B／S） 949[※4] ／ （貸）繰延リース利益繰入（P／L） 949[※4]

 ※4 当四半期に対応する利息相当額＝322千円＋316千円＋311千円＝949千円
  リース取引開始事業年度の第1四半期に繰入れた繰延リース利益に係る戻入れは，リース取引開始事業年度については，繰延リース利益繰入れのマイナス，翌事業年度以降については，繰延リース利益戻入益として処理する。

以後も同様な会計処理を行う。

×6年3月31日（最終回の回収とリース物件の受領）

 （借）現　金　預　金 1,000 ／ （貸）リース投資資産 1,000
 （借）繰延リース利益（B／S） 45[※5] ／ （貸）繰延リース利益戻入益（P／L） 45[※5]

※5　当四半期に対応する利息相当額＝22千円＋15千円＋8千円＝45千円

　以上，2007年「適用指針」が例示しているリース会計処理について，「所有権移転外ファイナンス・リース取引の場合」を中心に眺めてきた。そして「利息相当額を利息法で会計処理する場合」と，「リース料総額から利息相当額の合理的な見積額を控除しないで会計処理する場合」や，「利息相当額の総額をリース期間中にわたり定額で配分する場合」の仕訳例を「借手側」と「貸手側」とについて眺めてきた。

　以上の会計処理の例示において，3つの場合にみられるように，リース期間にわたって，それぞれの間で，損益計算に及ぼす効果が相違している点に留意すべきである。リース取引に係る当事者が，その点をよく理解していることが求められるし，会計担当者も，リース取引については時価評価が重要であることを認識した上で，リース期間にわたって損益に及ぼす影響や，オンバランス化（貸借対照表への計上表示）の意義を理解していき，会計情報の透明性を高めていくことが求められる。

Ⅳ　リース会計処理の留意点

　以上みてきた会計処理では，リース取引について，「中途解約の場合」や「リース料が前払い又は後払いとなる場合」は取り上げられていない。これらのケースは稀であるとしても，このようなケースが生じた場合の処理についても想定しておく必要がある。「適用指針」は，それらについても会計処理を例示していることを指摘しておきたい。

　また，「所有権移転ファイナンス・リース取引」に該当しない「所有権移転外ファイナンス・リース取引」についても検討すべきである。「会計基準」および「適用指針」によって，「所有権移転外ファイナンス・リース取引」の会計処理を集約すると次のようになる。

所有権移転外ファイナンス・リース取引の会計処理

	借手の会計処理	貸手の会計処理
主要な会計処理	・リース取引開始日には，リース物件とこれに係る負債を，リース資産およびリース債務として計上する（「会計基準」10）。 ・その計上額は，リース料総額の現在価値と貸手の購入価額等とのいずれか低い金額による（貸手の購入価額等が明らかでない場合は借手の見積現金購入価額）（「適用指針」22）。	・リース取引開始日に通常の売買処理に係る方法に準じた処理を行うが（会計基準13），具体的には以下のいずれかの方法を選択して適用する（「適用指針」51）。 ① リース取引開始日に売上高と売上原価を計上 ② リース料受取時に売上高と売上原価を計上 ③ 売上高を計上せずに，利息相当額を各期へ配分
貸借対照表の表示	・リース資産については，原則として，有形固定資産，無形固定資産の別に，一括してリース資産として表示する。ただし，有形固定資産または無形固定資産に属する各科目に含めることもできる（「会計基準」16）。 ・リース債務については，入金期限に応じて流動／固定に分けて表示する（「会計基準」17）。	・取得した資産は，「リース投資資産」として計上する（「会計基準」13）。 ・当該企業の主目的たる営業取引により生じたものである場合には流動資産に表示し，当該企業の営業の主目的以外の取引により発生したものである場合には，入金期限に応じて流動／固定に分けて表示する（「会計基準」18）。
利息相当額の各期への配分	① 利息相当額の総額は，リース料総額からリース債務計上額を差し引いて決定する（「会計基準」11）。 ② 利息相当額の総額は，原則としてリース期間にわたり利息法により配分する（「会計基準」11）。 ③ リース資産総額に重要性が乏しいと認められる場合には，次のいずれかの方法を適用することができる（「適用指針」31, 32）。 ・リース料総額から利息相当額の合理的な見積額を控除しない方法（この場合，リース資産およびリース債務は，リース料総額で計上され，支払利息は計上されず，減価償却費のみが計上される）	① 利息相当額の総額はリース契約締結時に合意されたリース料総額および見積残存価額の合計額から，これに対応するリース資産の取得価額を控除して算定し，原則として利息法により各リース期間に配分する（「会計基準」14）。 ② リース取引を主たる事業としている企業以外であって，貸手としてのリース取引に重要性が乏しいと認められる場合には，利息相当額の総額をリース期間中の各期に定額で配分することができる（「適用指針」59, 60）。

	・利息相当額の総額をリース期間にわたり定額法で配分	
減価償却費等	・リース資産の償却計算は，原則として，リース期間を耐用年数とし，残存価額をゼロとして算定（「会計基準」12）。 ・償却方法については，企業の実態に応じて，定額法，級数法，生産高比例法等の中から選択適用（自己所有の固定資産に適用する減価償却方法と同一である必要はない。ただし，所有権移転ファイナンス・リース取引にかかわるリース資産の償却方法は，自己所有の固定資産と同一の償却方法とする）（「適用指針」28）。	・製品等の販売を主たる事業としている企業が，同時に貸手として同一製品等をリース取引の対象物件としている場合で，貸手における製作価額または現金購入価額と借手に対する現金販売価額に差があるときには，当該差額はリース物件の販売益として扱う。 ・当該販売益は，販売基準または割賦基準により処理する（「適用指針」56）。

　以上の「所有権移転外ファイナンス・リース」の会計処理を眺めてきたが，国際会計基準では，明示的に，所有権移転ファイナンス・リース取引と所有権移転外ファイナンス・リースを分類していない。我が国の「会計基準」では，所有権移転外ファイナンス・リース取引は，所有権移転ファイナンス・リースとは経済的に異なる性質を有するとみて，両者を区分して取り扱っているわけである。

V　オペレーティング・リース取引の会計処理

　ファイナンス・リース取引に属さないリース取引は，「オペレーティング・リース取引」として分類される。

　オペレーティング・リース取引の会計処理については，通常の賃貸借取引に係る方法に準じて会計処理を行っていくことが求められる（「会計基準」15）。

　従って，リース料の受払いがあったとき，借手側では，

　　（借）支払リース料　×××　／　（貸）現　金　預　金　×××

という仕訳を行っていけばよい。

　また貸手側では，

(借)現 金 預 金　×××　／　(貸)受取リース料　×××

という仕訳を行っていくわけである。

オペレーティング・リース取引のうち,「解約不能に係る」未経過リース料は,貸借対照表日後1年以内のリース期間に係るものと,貸借対照表日後1年を超えるリース期間に係るものとに区分して注記することが求められている(「会計基準」22項)。

リース会計は,リース取引の中身がどのようであるかを慎重に判断して,その実態を反映する会計処理を行っていくことが重要である。

(注)
(1) 以下の会計処理は,「利息相当額を利息法で会計処理する場合」によった事例が示されているが,「適用指針」では,「リース料総額から利息相当額の合理的な見積額を控除しないで会計処理する場合(第31項(1)参照)」によった事例の仕訳例や,「利息相当額の総額をリース期間中にわたり定額で配分する場合(第31項(2)参照)」によった事例の仕訳例も示している。同じ前提条件の下での仕訳例は次のようになっている。

リース料総額から利息相当額の合理的な見積額を控除しないで会計処理する場合

×1年4月1日(リース取引開始日)
　(借)機 械 装 置　60,000※1　／　(貸)リ ー ス 債 務　60,000
　※1　機械装置及びリース債務は,リース料総額で計上する。

×1年4月30日(第1回支払日)
　(借)リ ー ス 債 務　1,000　／　(貸)現 金 預 金　1,000

×1年6月30日(第3回支払日・第1四半期決算日)
　(借)リ ー ス 債 務　1,000　／　(貸)現 金 預 金　1,000
　(借)減 価 償 却 費　3,000※2　／　(貸)減価償却累計額　3,000
　※2　減価償却費は,リース期間を耐用年数とし,残存価額をゼロとして計算している。
　　　$60,000 千円 \times \dfrac{1 年}{5 年} \times \dfrac{3 月}{12 月} = 3,000 千円$

×2年3月31日(第12回支払日・決算日)
　(借)リ ー ス 債 務　1,000　／　(貸)現 金 預 金　1,000
　(借)減 価 償 却 費　3,000※3　／　(貸)減価償却累計額　3,000
　※3　減価償却費は,リース期間を耐用年数とし,残存価額をゼロとして計算している。
　　　$60,000 千円 \times \dfrac{1 年}{5 年} \times \dfrac{3 月}{12 月} = 3,000 千円$

以後も同様な会計処理を行う。

×6年3月31日（最終回の支払とリース物件の返却）
（借）リース債務　　　　1,000　　（貸）現金預金　　　　1,000
（借）減価償却費　　　　3,000※4　（貸）減価償却累計額　3,000
（借）減価償却累計額　 60,000　　（貸）機械装置　　　 60,000
※4　減価償却費は，リース期間を耐用年数とし，残存価額をゼロとして計算している。
$60,000千円 \times \frac{1年}{5年} \times \frac{3月}{12月} = 3,000千円$

利息相当額の総額をリース期間中の各期にわたり定額で配分する場合
（第31項(2)参照）

×1年4月1日（リース取引開始日）
（借）機械装置　　　 48,000　　（貸）リース債務　　 48,000

×1年4月30日（第1回支払日）
（借）リース債務　　　　 800※2　（貸）現金預金　　　　1,000
　　　支払利息　　　　　 200※1
※1　支払利息は，利息相当額の総額12,000千円を，リース期間中の各期にわたり定額で配分する。
$12,000千円 \times \frac{1年}{5年} \times \frac{1月}{12月} = 200千円$
※2　1,000千円 − 200千円 = 800千円

×1年6月30日（第3回支払日・第1四半期決算日）
（借）リース債務　　　　 800※4　（貸）現金預金　　　　1,000
　　　支払利息　　　　　 200※3
（借）減価償却費　　　 2,400※5　（貸）減価償却累計額　2,400
※3　$12,000千円 \times \frac{1年}{5年} \times \frac{1月}{12月} = 200千円$
※4　1,000千円 − 200千円 = 800千円
※5　減価償却費は，リース期間を耐用年数とし，残存価額をゼロとして計算している。
$48,000千円 \times \frac{1年}{5年} \times \frac{3月}{12月} = 2,400千円$

×2年3月31日（第12回支払日・決算日）
（借）リース債務　　　　 800※7　（貸）現金預金　　　　1,000
　　　支払利息　　　　　 200※6
（借）減価償却費　　　 2,400※8　（貸）減価償却累計額　2,400
※6　$12,000千円 \times \frac{1年}{5年} \times \frac{1月}{12月} = 200千円$

第19章 リース会計 243

※7 1,000千円－200千円＝800千円
※8 減価償却費は，リース期間を耐用年数とし，残存価額をゼロとして計算している。
$48,000千円 \times \dfrac{1年}{5年} \times \dfrac{3月}{12月} = 2,400千円$

以後も同様な会計処理を行う。

×6年3月31日（最終回の支払とリース物件の返却）

（借）リース債務	800※10	（貸）現金預金	1,000
支払利息	200※9		
（借）減価償却費	2,400※11	（貸）減価償却累計額	2,400
（借）減価償却累計額	48,000	（貸）機械装置	48,000

※9 $12,000千円 \times \dfrac{1年}{5年} \times \dfrac{1月}{12月} = 200千円$
※10 1,000千円－200千円＝800千円
※11 減価償却費は，リース期間を耐用年数とし，残存価額をゼロとして計算している。
$48,000千円 \times \dfrac{1年}{5年} \times \dfrac{3月}{12月} = 2,400千円$

(2) 「適用指針」は，ここでみている「利息相当額を利息法で会計処理する場合」のほか，「リース料受領時に売上高と売上原価を計上する方法の場合（「会計基準」第51項(2)参照）」や「売上高を計上せずに利息相当額を各期へ配分する方法の場合（第51項(3)参照）」も記述していることを指摘しておきたい。

第20章　退職給付，年金および役員賞与の会計

I　退職給付会計の意義と処理

　従業員が退職する場合，それに備えて企業側で会計処理を行っておくことが重要である。それに対応して設定される勘定が「退職給付引当金」である。これは，従業員が退職した際，労働協約や就業規則に基づいて支払われる退職給付に備えて設定される引当金である。

　さて，**退職給付**（retirement benefit）は，**退職一時金**と**退職年金**とから成る。従来は，前者の退職一時金についてのみ引当処理が行われ，これを「退職給与引当金」と称していた※。しかし，その不合理性が指摘され，1998年「退職給付会計基準」では，上記の両者を含む退職給付の全体に対して，「退職給付引当金」の設定が求められることになった。

> ※　従来，退職給付に関して，「退職一時金」と「退職年金」の2種の区分を行い，前者の退職一時金については，各期末に退職給与引当金として引当金処理を行うが，後者の退職年金については，基金に拠出すべき掛金相当額を年金費用として処理していた。しかし，いずれも提供する労働役務に関連して把握されるものであるので，1998年「退職給付会計基準」では，退職一時金と退職年金とを一括して，退職給付と把握して，この両者を退職給付引当金の設定対象とすべきこととされた。

退職給付引当金の算定式は次の関係で表すことができる。

　　退職給付引当金＝退職給付債務－年金資産

または，

　　退職給付債務＝退職給付引当金＋年金資産

ここで，「退職給付債務」とは，「退職給付見込額」すなわち退職時に見込ま

れる退職給付の総額のうち,期末までに発生していると認められる金額を一定の割引率および予想される退職時から現在までの期間(つまり「残存勤務時間」)に基づいて割引計算した金額のことをいう。

　従って,「退職給付引当金」は,上記の「退職給付債務」から,「年金資産」を控除した金額ということになる。

　その際,「未認識過去勤務債務(退職給付水準の改訂等のために生じた退職給付債務増減額のうち費用処理されていないもの)」,および,「未認識数理計算上の差異(「年金資産の期待運用収益と実際の運用成果との差異」,「退職給付債務の数理計算に用いた見積数値と実績との差異」,および「見積数値の変更等により発生した差異」で費用処理されていないもの)」がある場合には,退職給付債務にこれらの額を加減することが必要となる。従って,この場合,上記の退職給付引当金の算式は,次の関係になる。

> **退職給付引当金＝退職給付債務±未認識過去勤務債務**
> **　　　　　　　±未認識数理計算上の差異－年金資産**

　もう一方の,「年金資産」とは,企業年金制度に基づき退職給付に充当するために積み立てられている資産をいい,期末における公正な評価額(時価)により測定する。

　上記にみた過去勤務債務と数理計算上の差異は,各期の発生額について平均残存勤務期間以内の一定年数で定額法により償却し,毎期の費用として処理していかなければならない。

　さて,退職給付に関して,これを損益計算書に計上される退職給付費用の観点からみると,「当期の勤務費用の額」と「利息費用の額」を加算したものに,「過去勤務債務の当期償却額」を加算(または減算)し,「数理計算上の差異の当期償却額」を加算(または減算)した金額から,「年金資産の当期期待運用収益相当額」を差し引いた金額となる。

　この場合,「勤務費用の額」とは,1期間の労働の対価として発生したと認められる退職給付について割引計算により測定される。また,「利息費用の額」

は，割引計算により算定された期首時点における退職給付債務について，時の経過により発生する計算上の利息の額である。「期待運用収益相当額」は，企業年金制度において年金資産の運用によって生じると期待される収益の額である。

以上の関係を算式で示すと次のようになる。

> 退職給付費用＝当期勤務費用＋利息費用±過去勤務債務の当期償却額±数理計算上の差異の当期償却額－年金資産の当期期待運用相当額

―<設 例>――

×年度の期首における退職給付引当金残高は500百万円である。同年度における退職給付費用は，1,200百万円と算定された。×＋1年度において，基金に2,000百万円の掛金拠出を行い，退職給付費用は，1,300百万円と算定された。
① ×年度の会計処理と，② ×＋1年度の基金拠出の会計処理と，同年度末の会計処理を示しなさい。

解 答（単位：百万円）

① ×年度末の会計処理

　（借）退職給付費用 1,200百万円 ／（貸）退職給付引当金 1,200百万円

② ㋑ ×＋1年度，基金拠出の会計処理

　（借）退職給付引当金 1,800百万円 ／（貸）現　金　預　金 2,000百万円
　　　 前払年金費用　　 200百万円

　㋺ 同年度末の会計処理

　（借）退職給付費用 1,300百万円 ／（貸）前払年金費用　　 200百万円
　　　　　　　　　　　　　　　　　　　　退職給付引当金 1,100百万円

Ⅱ　年金会計の意義と処理

年金会計（accounting for pensions）とは，従業員の退職給付に係る企業年金の実態開示を要請する会計のことをいう。従来，我が国では，従業員の退職に関

して**退職一時金**の制度が広く普及してきた。退職後一定期間にわたって年金を支払うという企業年金制度の導入は比較的新しいものであった。

今日では，退職一時金の制度から企業年金制度に移行する企業も多くなってきたが，退職一時金制度と企業年金制度とを併用している企業も存在している。

企業が従業員に対して負っている年金債務が会計上貸借対照表に記載されないでオフバランス化していて，**隠れ債務**（含み損負債）が巨額に上っていると懸念されてきた。そこで，1998年6月，「退職給付に係る会計基準の設定に関する意見書」（企業会計審議会）が公表された。そこでは，退職一時金であれ，年金であっても，これらを従業員によって提供された労働に対する繰延報酬として統一的に把握し，退職後に支給される給付債務が年金資産を超過する額を，オンバランス化して，企業の貸借対照表上に計上して，実態開示を求めることになった。従来計上されていなかった債務が貸借対照表に現われてきた。

退職給付債務は，将来の退職給付見込額の現在価値つまり時価による測定値である。退職給付債務を時価評価することは，実態開示の視点で好ましいものであり，投資情報としても歓迎される。現在価値を算定する際の割引率は，上記「意見書」では，安全性の高い長期債券の利回りによるとされている。

企業年金制度に基づく退職給付債務については，「意見書」によれば，年金資産を期末の時価(公正価値)評価を要請し，貸借対照表への負債の計上に当たっては，年金債務から年金資産を差し引いた差額としているのである。従来，我が国では，年金財政に関して年金資産の評価を原価主義で行い，そのことが企業年金について隠れ債務（含み損負債）を生起させる要因ともなってきたが，公正価値評価を導入することによって，隠れ債務生起の要因を除去することができたのである。

貸借対照表での退職給付債務について，なぜ年金債務から年金資産を差し引いた差額とするかといえば，年金資産は元来，退職給付のみに使用することを制度上で保証されており，その他の資産と同様な取り扱いにして貸借対照表で表示するとかえって利害関係者の誤解を招くことになるからである。

退職給付の認識については，一般に**発生給付評価方式**と**予測給付評価方式**と

がある。

発生給付評価方式	退職金は，従業員の労働役務の提供に応じて，毎期発生すると考える。そこでは，見積退職金要支給額（退職給付見込額）は，在職期間中の会計期間に均等にまず配分する。次に，その配分金額を退職金支給時の価値に引き直す。各期への配分金額を退職時の現在価値に引き直すので，会計期間ごとの退職金負担は漸増していく。
予測給付評価方式	退職金は，従業員の過去と将来の全勤続期間にわたり均等に発生すると考える。まず，全勤続期間を勤めたとして退職金要支給額を見積り，それを現在価値に評価し直す。評価後の金額を，在職中の会計期間に均等ないし給与の一定割合で按分する。会計期間ごとの退職金負担は，比較的平準化することになる。

これら両方式の退職金要支給額の見積り法は同一である。しかし，その金額の在職期間中への配分の仕方に相違がみられてくる。予測給付評価方式では，退職金要支給額（退職給付見込額）の現在価値を各会計期間に均等に配分する。その場合，過去に従業員が提供した役務によって発生した退職金と，従業員が将来提供する役務に基づく退職金とを含めた配分計算となり論理性を欠くことになる。発生給付評価方式が選好される。「退職会計基準」でも基本的に発生給付評価方式を採用している。

Ⅲ　役員賞与の会計処理

　会社法，会計基準，税制の変更によって，役員報酬を取り巻く環境は大きく変わってきた。「退職慰労金制度」の廃止を行う一方で，新しく，「業績連動報酬」の導入などを行い，企業統治（corporate governnance）の一層の強化を目指して役員報酬制度の改革に着手してきた。ここで，「役員」とは，取締役，会計参与，監査役及び執行役等の企業の経営責任者をいう。
　従来，役員報酬としては，役員賞与と区別して取り扱ってきたが，これを区別することなく「役員給与」として一本化による規定がなされた（2006年税制改正）。そして，役員報酬としては，利益処分案の対象とし，株主総会の決議事項

として取り扱ってきた。

しかし、これを海外諸国との比較を行っても、利益処分の対象としていくことの不自然性が強調され、会社法では、役員報酬を役員賞与とともに同様な取り扱いとし、「職務執行の対価」として株式会社から受ける「報酬等」の規定の中に一体化された（361条）。

2005年、企業会計基準4号「役員賞与に関する会計基準」でも、役員報酬を役員賞与と一体化した処理とした。

税制に係る法人税法では、従来、役員に支給される給与のうち定期的なものは役員報酬として「損金算入」とするが、臨時的なものは役員賞与として損金算入しないとしてきた。2006年税制改正によって、役員報酬と役員賞与とを「役員給与」として一体化する改正を行った。ただし、法人税法上での一体化は、「**損金算入する役員賞与**※」を定義し直して、それ以外の役員賞与を損金不算入とする制度に組み替えるための一体化の意味として把握すべきものであり、会社法や役員賞与会計基準における一体化とは意味が異なっていることに留意しなければならない。

役員賞与について税法上では損金算入に一定の限度を設けていくことによって恣意的（お手盛り的）に、役員賞与が運用されないようにという配慮が働いているものとみることができる。

役員給与が損金算入できる条件として、役員の職務執行期間開始前にその職務に対する給与の額等が定められていることを求めているのである。

　※　「**損金算入する役員賞与**」は、2006年税制改正で定義されたのであって、「定期同額給与」、「事前確定届出給与」、「利益連動給与」の3種類である。これに該当しない役員給与は損金不算入とされることに留意しなければならない。
　　定期同額給与は、支給時期が1月以下の一定の期間ごとであり、かつ、その事業年度の各支給時期における支給額が同額である給与その他これに準ずる給与とされる。つまり、役員に対して定額で支払われる月給であり、これまでも損金算入されていたもの（役員報酬）ではあるが、新たな定期同額給与は、従前のものと範囲が異なったものとなっているのみである。
　　事前確定届出給与は、その役員の職務について所定の時期に確定額を支給する旨の定めに基づいて支給する給与で、一定の要件を満たすものとされる。従前は臨時に支給されるもの（役員賞与）は損金不算入とされていたが、新しい制度では、臨

時に支給されるものであっても所轄税務署長への届出によって損金算入が可能となったのである。

　利益連動給与は，同族会社に該当しない法人がその業務を執行する役員に対して支給する利益に関する指標を基礎として算定される給与で，一定の要件を満たすものとされる。業績連動型報酬制度を採用している有価証券報告書提出会社のみを対象として，役員給与の損金算入を可能にした制度として位置づけることができる。

　なお，2006年法人税制改正において役員給与の損金不算入に関連して，「**特殊支配同族会社**※1**の業務主宰役員**※2**給与の損金不算入**」を導入しているので，これを眺めておきたい。この制度は，オーナー役員による支配度合いが強い実質的な一人会社において，オーナー役員が自らへの役員給与を法人段階で経費として計上し損金の額に算入する一方で，その役員給与について個人段階で給与所得控除を受けること（つまり「経費の二重控除」）が可能となっているので，個人事業者との課税上の不公平が生じている給与所得控除に相当する部分について損金算入を制限することにしたわけである。

※1　**特殊支配同族会社**とは，次の2つの事項のいずれにも該当する場合のその同族会社をいう（法人税法35条1項）。①業務主宰役員及びその役員と特殊な関係のある者（業務主宰役員関連者）が発行済株式の総数の90％以上の数を有する場合等。②業務主宰役員及び常務に従事する業務主宰役員関連者の総数が，常務に従事する役員の総数の過半数を占める場合。

※2　**業務主宰役員**とは，法人の業務を主宰している役員をいい，個人に限るとされる（同上）。具体的には，会社の経営に最も中心的に関わっている役員1人をいい，最も中心的に関わっているか否かは，「事業計画の策定」，「多額の融資契約の実行」，「人事権の行使等に際しての意思決定の状況」，「役員給与の多寡」等を総合的に勘案して判定するものとする（法人税法基本通達9−2−53）。

第21章　金融商品会計

I　金融商品とは何か

　金融商品（financial instrument）とは，「<u>一方の企業に金融資産を生じさせ，他の企業に金融負債を生じさせる契約</u>」，および「<u>一方の企業に持分の請求権を生じさせ，他の企業にこれに対する義務を生じさせる契約</u>」のことをいう（「金融商品会計実務指針」（2000年1月））。

　「金融商品」は第三者的にみた契約を意味するが，契約の当事者となった直後から市場価格の変動に応じ，契約に定められた権利義務から当該当事者にとって正の価値または負の価値，つまり金融資産または金融負債が生じ，当該当事者にとっては，単なる金融商品ではなくなる。「金融商品会計基準（1999年）」では，その金融資産または金融負債を会計処理していくことを求めている。

　契約当事者の会計処理の次元では金融商品という言葉は出てこない。「現金」は契約ではないし，「金銭債権」は，契約に基づき資金の貸付または財貨・役務の提供の結果生じた現金を受取るという価値を意味している。

　「有価証券」は，金融商品を化体・表章（かたい・ひょうしょう）している金融資産であり，他の企業が発行した有価証券の取得者にとっては会計上で，金融資産となる。「約束手形」は，金融商品であるがこれを受領した企業にとっては「受取手形」として取扱い，金融資産となる。発行側の企業にとっては「支払手形」となり，金融負債となる。後述するが，「デリバティブ」は，会計上，契約の一方の当事者にとって評価益が出ているとき金融資産となり，他方の当事者にとって評価損が出ており，金融負債となり，単なる契約とはいえない。

　金融商品は，契約締結日に，一義的に金融資産または金融負債を生じるので，当該契約締結日に認識していく。しかし，商品売買，役務提供に係る契約については，当該商品受渡し，役務提供完了時に売掛金という金融資産（他方では買

掛金という金融負債）が生じるので，当該受渡し，役務提供完了時に認識していく。

「金融資産の契約上の権利または金融負債の契約上の義務を生じさせる契約を締結したときは，原則として，当該金融資産又は金融負債の発生を認識しなければならない（「金融商品会計基準」第二・一）。「一方の企業に金融資産を生じさせ，他の企業に金融負債を生じさせる契約」という場合の金融資産・金融負債は，先渡契約の権利義務から一義的に生じる。しかし，他方，現物商品等の非金融商品と金融資産の交換（つまり売買）に係る契約は，金融商品ではない。

「金融商品」の定義を充たしていれば，金融商品会計基準を適用していくことになる。そして，金融商品から生じた「金融資産」または「金融負債」のうち公正な評価額つまり時価(市場価格または合理的に算定された価額)で評価すべきものであれば原則として時価評価し，時価を入手できない場合，取得原価で評価することとしている。

時価評価すべきものについて，現在は時価がなく取得原価で評価されるものであっても，将来，当該金融商品に市場が成立した場合または活発な市場が出現した場合には，その時点から当該金融商品に係る金融資産または金融負債を時価評価することとする（「金融商品会計基準実務指針」第212項）。

II 金融商品の範囲（金融資産，金融負債およびデリバティブ）

「金融商品」の範囲としては，「金融資産」，「金融負債」および「デリバティブ（金融派生商品）」から成り立っている。

金融資産 「金融資産」とは，現金，他の企業から現金もしくはその他の金融資産を受取る契約上の権利，潜在的に有利な条件で他の企業とこれらの金融資産もしくは金融負債を交換する契約上の権利または他の企業の株式その他の出資証券である（同上実務指針第4項）。

「金融資産」の具体的項目としては，「本来的金融資産」と「派生的金融資産」

とに分けることができ，前者の「本来的金融資産」には，「現金」，「預金」，「金銭債権（「受取手形」,「売掛金」,「貸付金」）」,「持分証券・出資証券等の有価証券（「株式その他の出資証券，公社債等の有価証券）」が含まれ，後者の「派生的金融資産」には，「先物取引」，「先渡取引」，「オプション取引」，「スワップ取引」等から生ずる正味債権が含まれる。

金融負債 「金融負債」とは，他の企業に金融資産を引き渡す契約上の義務，または潜在的に不利な条件で他の企業と金融資産もしくは金融負債（他の企業に金融資産を引き渡す契約上の義務）を交換する契約上の義務である（同上実務指針第5項）。

「金融負債」の具体的項目としては，「本来的金融負債」と「派生的金融負債」とに分けることができ，前者の「本来的金融負債」には，「支払手形」，「買掛金」，「借入金」，「社債」から成る金融債務が含まれ，後者の「派生的金融負債」には，「先物取引」，「先渡取引」，「オプション取引」，「スワップ取引」等から生ずる正味の債務が含まれる。

デリバティブ（金融派生商品）「デリバティブ」は「金融派生商品（financial derivative instrument）」ともいい，従来から存在している金融商品，例えば，金利，為替，株式などを「原資産（underlying assets）」とし，それから派生して生成したものという意味である。従って，原資産の価格に依存してその価格が決まる商品を総称しているのである。

Ⅲ　金融資産，金融負債の発生・消滅の認識

金融資産・金融負債の発生の認識　金融資産の契約上の権利または金融負債の契約上の義務を生じさせる契約を締結したときは，原則として，<u>当該金融資産または金融負債の発生を認識しなければならない</u>（「金融商品会計基準」(2006年)（企業会計審議会）7）。このように，金融資産・金融負債の契約時にその発生を認識する基準を「**約定基準**」という。

金融資産は，その契約締結時から，市場価格の変動による「価格変動リスク」

や，契約の相手方の財政状態の悪化による「信用リスク」などのリスクが生じると考えられるので，「約定基準」によって金融資産・金融負債を認識する必要があり，これらのリスクが生じた場合に適時に会計情報として反映させなければならない。

しかし，「約定基準」に代えて，有価証券の保有目的区分ごとに，買手は約定日から受渡日までの時価の変動のみを認識し，また，売手は売却損益のみを約定日に認識する「修正受渡日基準」によることも認められている（「金融商品会計基準実務指針」第22項）。

＜設 例＞

次の取引について，(1)「約定日基準」，および(2)「修正受渡日基準」に基づいて，甲社（買手側）の仕訳を示しなさい。決算日は12月31日で，売買目的有価証券は洗替法により評価差額を振り戻す方式を採用している。
① ×年3月29日（約定日）
　甲社は，乙社が売買目的で所有している丙社株式10,000株（帳簿価額¥4,000,000）を売買目的で¥4,600,000で購入する契約を締結した。なお，代金は受渡日に支払うこととされた。
② ×年3月31日（決算日）
　丙社株式の時価は¥4,800,000であった。必要な決算整理仕訳を行う。
③ ×年4月1日
　期首につき，必要な仕訳を行う。
④ ×年4月2日（受渡日）
　甲社は，乙社から丙社株式10,000株を受け取り，代金は小切手を振り出して支払った。

解 答

(1)「約定日基準」による仕訳
　① ×年3月29日
　　（借）売買目的有価証券　4,600,000　／　（貸）未　払　金　4,600,000
　② ×年3月31日
　　（借）売買目的有価証券　　200,000　／　（貸）有価証券評価益　200,000
　③ ×年4月1日
　　（借）有価証券評価益　　　200,000　／　（貸）売買目的有価証券　200,000

④ ×年4月2日
   (借) 未　払　金　4,600,000　／　(貸) 当 座 預 金　4,600,000

(2) 「修正受渡日基準」による仕訳
   ① ×年3月29日
      仕訳なし。
   ② ×年3月31日
      (借) 売買目的有価証券　200,000　／　(貸) 有価証券評価益　200,000
   ③ ×年4月1日
      (借) 有価証券評価益　200,000　／　(貸) 売買目的有価証券　200,000
   ④ ×年4月2日
      (借) 売買目的有価証券　4,600,000　／　(貸) 当 座 預 金　4,600,000

金融資産・金融負債の消滅の認識　「金融資産」は，その契約上の権利を行使したとき，権利を喪失したときまたは権利に対する支配が他に移転したときは，<u>当該金融資産の消滅を認識しなければならない</u>（「金融商品会計基準」8）。

金融資産の契約上の権利に対する支配が他に移転するのは，次の要件がすべて充たされた場合である（同上9）。

① 譲渡された金融資産に対する譲受人の契約上の権利が譲渡人およびその債権者から法的に保全されていること
② 譲受人(ゆずりうけにん)が譲渡された金融資産の契約上の権利を直接または間接に通常の方法で享受(きょうじゅ)できること
③ 譲受人が譲渡した金融資産を当該金融資産の満期日前に買戻す権利および義務を実質的に有していないこと

また，「金融負債」については，契約上の義務を履行したとき，義務が消滅したときまたは第一次債務者の地位から免責されたときは，当該金融負債の消滅を認識しなければならない。

金融資産および金融負債の消滅の認識に係る会計処理　金融資産または金融負債がその消滅の認識要件を充たした場合には，当該金融資産または金融負債の消滅を認識するとともに，<u>帳簿価額とその対価としての受払額との差額を当期の損益として処理していく</u>（同上11）。

金融資産または金融負債の一部がその消滅の認識要件を充たした場合には，当該部分の消滅を認識するとともに，消滅部分の帳簿価額とその対価としての受払額との差額を当期の損益として処理する。<u>消滅部分の帳簿価額は，当該金融資産または金融負債全体の時価に対する消滅部分と残存部分の時価の比率により，当該金融資産または金融負債全体の帳簿価額を按分して計算する</u>（同上12）。

金融資産または金融負債の消滅に伴って新たな金融資産または金融負債が発生した場合には，当該金融資産または金融負債は時価により計上する（同上13）。

IV　金融資産，金融負債の貸借対照表価額

債権すなわち受取手形，売掛金，貸付金その他の債権の貸借対照表価額は，取得価額から貸倒見積高に基づいて算定された貸倒引当金を控除した金額とする。ただし，債権を債権金額より低い価額または高い価額で取得した場合において，取得価額と債権金額との差額の性格が金利の調整と認められるときは，**償却原価法**※に基づいて算定された価額をもって貸借対照表価額としなければならない（同上14）。

> ※　**償却原価法**　「償却原価法」とは，金融資産または金融負債を債権額または債務額と異なる金額で計上した場合において，当該差額に相当する金額を弁済期または償還期に至るまで毎期一定の方法で取得価額に加減する方法をいう。なお，この場合，当該加減額を受取利息または支払利息に含めて処理する。

さて，有価証券の貸借対照表価額については次頁のように計上する（同上15～22）。

売買目的有価証券	時価の変動により利益を得ることを目的として保有する有価証券（売買目的有価証券）は時価をもって貸借対照表価額とし，評価差額は当期の損益として処理する。
満期保有目的の債券	満期まで所有する意図をもって保有する社債その他の債券（満期保有目的の債券）は，取得原価をもって貸借対照表価額とする。ただし，債券を債券金額より低い価額または高い価額で取得した場合において，取得価額と債券金額との差額の性格が金利の調整と認められるときは，「償却原価法」に基づいて算定された価額をもって貸借対照表価額としなければならない。
子会社株式および関連会社株式	子会社株式および関連会社株式は，取得原価をもって貸借対照表価額とする。
その他有価証券	「売買目的有価証券」，「満期保有目的の債券」，「子会社株式および関連会社株式以外の有価証券」（以上を「その他有価証券」という）は，時価※をもって貸借対照表価額とし，評価差額は洗替方式に基づき，次のいずれかの方法により処理する。 ① 評価差額の合計額を純資産の部に計上する。 ② 時価が取得原価を上回る銘柄に係る評価差額は純資産の部に計上し，時価が取得原価を下回る銘柄に係る評価差額は当期の損失として処理する。 　なお，純資産の部に計上されるその他有価証券の評価差額については，税効果会計を適用しなければならない。 ※ その他有価証券の決算時の時価は，原則として，期末日の市場価格に基づいて算定された価額とする。ただし，継続して適用することを条件として，期末前1カ月の市場価格の平均に基づいて算定された価額を用いることもできる。
市場価格のない有価証券	市場価格のない有価証券の貸借対照表価額は，それぞれ次の方法による。 ① 社債その他の債券の貸借対照表価額は，債権の貸借対照表価額に準ずる。 ② 社債その他の債券以外の有価証券は，取得原価をもって貸借対照表価額とする。

　以上，金融商品会計基準によって有価証券の貸借対照表価額について眺めてきたが，さらに次の点に留意しなければならない。

　　＜時価が著しく下落した場合＞　満期保有目的の債券，子会社株式および関連会社株式並びにその他有価証券のうち市場価格のあるものについて時価が著

しく下落したときは，<u>回復する見込みがあると認められる場合を除き，時価をもって貸借対照表価額とし，評価差額は当期の損失として処理しなければならない</u>。

市場価格のない株式については，発行会社の財政状態の悪化により実質価額が著しく低下したときは，<u>相当の減額をなし，評価差額は当期の損失として処理しなければならない</u>。

以上のごとく，時価が著しく下落したときの処理を行った場合，当該時価および実質価額を翌期首の取得原価としていく。

＜有価証券の表示区分＞　売買目的有価証券および1年内に満期の到来する社債その他の債券は流動資産に属するものとし，それ以外の有価証券は，「投資その他の資産」に属するものとする。

さて，**運用を目的とする金銭の信託**（合同運用は除く）は，当該信託財産の構成物である金融資産および金融負債については，金融商品会計基準によって付されるべき評価額を合計した額をもって貸借対照表価額とし，<u>評価差額は当期の損益として処理する</u>（同上基準24）。

運用目的の信託財産の構成物である有価証券は，売買目的有価証券とみなしてその評価基準に従って処理していく（同上基準，注8）。

デリバティブ取引により生じる正味の債権および債務は，時価をもって貸借対照表価額とし，<u>評価差額は，原則として当期の損益として処理する</u>（同上基準25）。

金銭債務，すなわち，支払手形，買掛金，借入金，社債その他の債務は，債務額をもって貸借対照表価額とする。ただし，社債を社債金額よりも低い価額または高い価額で発行した場合など，収入に基づく金額と債務額とが異なる場合には，「償却原価法」に基づいて算定された価額をもって，貸借対照表価額としなければならない（同上基準26）。

V 債権の貸倒見積高の算定

債権の貸倒見積額は，債務者の財政状態および経営成績等に応じて，債権を，まず**一般債権**，**貸倒懸念債権**，**破産更生債権等**に区分し，それぞれの区分に応じて算定していく（「金融商品会計基準」27）。

① **一般債権**とは，経営状態に重大な問題が生じていない債務者に対する債権をいう。
② **貸倒懸念債権**とは，経営破綻の状態には至っていないが，債務の弁済に重大な問題が生じているかまたは生じる可能性の高い債務者に対する債権をいう。
③ **破産更生債権等**とは，経営破綻または実質的に経営破綻に陥っている債務者に対する債権をいう。

債権を上記のように区分した後，それぞれの区分に応じて以下のように貸倒見積額を算定していく（同上28）。

① **一般債権**については，債権全体または同種・同類の債権ごとに，<u>債権の状況に応じて求めた過去の貸倒実績率等合理的な基準により貸倒見積高を算定する</u>。
② **貸倒懸念債権**については，<u>債権の状況に応じて，次のいずれかの方法により貸倒見積高を算定する</u>。ただし，同一の債権については，債務者の財政状態および経営成績の状況等が変化しない限り，同一の方法を継続して適用する。
  ⅰ 債権額から担保の処分見込額および保証による回収見込額を減額し，その残額について債務者の財政状態および経営成績を考慮して貸倒見積高を算定する方法
  ⅱ 債権の元本および利息の受取りに係るキャッシュ・フローを合理的に見積ることができる債権については，債権の元本および利息について元

本の回収および利息の受取りが見込まれるときから当期末までの期間にわたり当初の約定利子率で割り引いた金額の総額と債権の帳簿価額との差額を貸倒見積高とする方法

③ **破産更生債権等**については，債権額から担保の処分見込額および保証による回収見込額を減額し，その残額を貸倒見積高とする※。

> ※ 破産更生債権等の貸倒見積高は，原則として，貸倒引当金として処理する。ただし，債権金額または取得価額から直接減額することもできる（同上基準，注10）。

以上のように，金融商品会計基準は，債権のリスクに係る貸倒見積額の算定については，債務者の財政状態および経営成績等を勘案・分析して，その結果を重視して，債権をその健全性の秩序から一般債権，貸倒懸念債権，破産更生債権等に区分して取り扱いを指示していることが特徴である。

1990年以降のバブル経済が生起して不良債権問題が騒がれてきたが，そのこともあり債権管理の徹底が求められるとともに，債権の秩序付けとそれに従う会計処理の適正化が一層求められたことによるものと判断される。

Ⅵ ヘッジ会計

ヘッジ会計（hedge accounting）とは，ヘッジ取引のうち一定の要件を充たすもの※について，ヘッジ対象に係る損益とヘッジ手段に係る損益を同一の会計期間に認識し，ヘッジの効果を会計に反映させるための特殊な会計処理をいう。

> ※ ヘッジ取引についてヘッジ会計が適用されるためには，「ヘッジ対象が相場変動等による損失の可能性にさらされており，ヘッジ対象とヘッジ手段とのそれぞれに生じる損益が互いに相殺されるか，または，ヘッジ手段によりヘッジ対象のキャッシュ・フローが固定され，その変動が回避される関係」になければならない。なお，ヘッジ対象が複数の資産または負債から構成されている場合は，個々の資産または負債が共通の相場変動等による損失の可能性にさらされており，かつ，その相場変動等に対して同様に反応することが予想されるものでなければならない（同上基準，注11）。

ヘッジ対象 ヘッジ会計が適用されるヘッジ対象は，相場変動等による損失

の可能性がある資産または負債で，当該資産または負債に係る相場変動等が評価に反映されていないもの，相場変動等が評価に反映されているが評価差額が損益として処理されないもの，もしくは当該資産または負債に係るキャッシュ・フローが固定されその変動が回避されるものである。

なお，ヘッジ対象には，**予定取引**※により発生が見込まれる資産または負債も含まれる。

※ **予定取引**とは，未履行の確定契約に係る取引および契約は成立していないが，取引予定時期，取引予定物件，取引予定量，取引予定価格等の主要な取引条件が合理的に予測可能であり，かつ，それが実行される可能性が極めて高い取引をいう。

ヘッジ会計の要件 ヘッジ取引にヘッジ会計が適用されるのは，次の(1)および(2)の要件が充たされた場合である。

(1) ヘッジ取引時において，ヘッジ取引が企業のリスク管理方針に従ったものであることが，次のいずれかによって客観的に認められなければならない。

① 当該取引が企業のリスク管理方針に従ったものであることが，文書によって確認できること

② 企業のリスク管理方針に関して明確な内部規定および内部統制組織が存在し，当該取引がこれに従って処理されることが期待されること

(2) ヘッジ取引時以降において，ヘッジ対象とヘッジ手段の損益が高い程度で相殺される状態またはヘッジ対象のキャッシュ・フローが固定されその変動が回避される状態が引き続き認められることによって，ヘッジ手段の効果が定期的に確認されなければならない。

ヘッジ会計の方法 ヘッジ会計の方法は，①**繰延ヘッジ**と，②**時価ヘッジ**とに大別される。「金融商品会計基準」では，①を原則的方法とし，②の方法も容認することとしている。

繰延ヘッジは，時価評価されているヘッジ手段に係る損益または評価差額を，ヘッジ対象に係る損益が認識されるまで資産または負債として繰り延べる方法である。

他方，**時価ヘッジ**は，ヘッジ対象である資産または負債に係る相場変動等を損益に反映させることによって，その損益とヘッジ手段に係る損益とを同一の会計期間に認識する方法である。

<u>ヘッジ会計の要件が充たされなくなったときには，ヘッジ会計の要件が充たされていた間のヘッジ手段に係る損益または評価差額は，ヘッジ対象に係る損益が認識されるまで引き続き繰り延べる。</u>

ただし，繰り延べられたヘッジ手段に係る損益または評価差額について，ヘッジ対象に係る含み益が減少することによりヘッジ会計の終了時点で重要な損失が生じるおそれがあるときは，当該損失部分を見積り，当期の損失として処理しなければならない。

<u>ヘッジ会計は，ヘッジ対象が消滅したときに終了し，繰り延べられているヘッジ手段に係る損益または評価差額は当期の損益として処理しなければならない。</u>また，ヘッジ対象である予定取引が実行されないことが明らかになったときにおいても同様に処理していく。

＜設　例＞

次の資料に従い，①「繰延ヘッジ法」による場合と，②「時価ヘッジ法」による場合の仕訳を示しなさい。
「その他有価証券」：原価¥10,000，時価¥9,000
上記の「その他有価証券」の相場変動リスクをヘッジするためのヘッジ手段（デリバティブ）の含み益¥1,000がある（税効果処理は無視するものとする）。

解　答

① 「繰延ヘッジ法」による場合

（借）有価証券評価差額　　1,000[※1]　／　（貸）その他有価証券　　1,000[※2]
　　　先 物 取 引　　　　1,000　　／　　　　繰延先物利益　　　1,000[※3]
　　（先物取引に係る債権）

　　※1　資本項目に属する。
　　※2　時価評価によって減少する部分である。
　　※3　先物取引に係る利益の繰延額であり，負債項目に属する。

② 「時価ヘッジ法」による場合

(借) 有価証券評価損　1,000※1　／　(貸) その他有価証券　1,000
　　　先　物　取　引　1,000　／　　　　先　物　利　益　1,000※2
　　(先物取引に係る債権)

※1　営業外費用項目に属する。
※2　営業外収益項目に属する。

Ⅶ　複合金融商品の会計

「金融商品会計意見書（Ⅲ・一・1）」によれば，**複合金融商品**とは，「複数種類の金融資産または金融負債が組み合わされているもの」をいうとされる。その種類としては，「現物の金融資産・金融負債とデリバティブ取引とが組み合わされたもの（例えば新株引受権付社債など）」と「複数のデリバティブ取引が組み合わされたもの（例えばゼロ・コスト・オプションなど）」とがある。

それを承けて，「金融商品会計基準」では，複合金融商品について，①「払込資本を増加させる可能性のある部分を含む複合金融商品」，および②「その他の複合金融商品」，としてそれぞれの処理方法を示している。

「払込資本を増加させる可能性のある部分を含む複合金融商品」の会計処理

会社法（2005年制定）上の「新株予約権」および「新株予約権付社債」の制度に金融商品会計基準およびこれに係る意見書の趣旨を反映して叙述してみる。

「転換社債型以外の新株予約権付社債」を発行した場合は，新株予約権の価値を区分して処理する（「区分処理」）。一方，「転換社債型新株予約権付社債」は，①行使権と社債とが一体となっているので，これらを区分しないで処理する方法，②転換社債型以外の新株予約権付社債に準じて処理する方法，のいずれかによることとする。

「区分処理」すると，新株予約権付社債（発行のさいの券面額￥100とする）の場合，社債￥80，新株予約権￥20として区分する。券面額￥100と社債の価値（償還価額）￥80との差額は毎期償却し，新株予約権￥20については，権利が行使

されると資本金，または資本金および資本準備金に組み入れ，権利が行使されずに権利行使期間が満了したときは利益に計上する。

「その他の複合金融商品」の会計処理　借入金については，「金利オプション」を組み込むことがある。このような借入金は，デリバティブを含む複数の金融資産または金融負債から構成され，当該複合金融商品からもたらされるキャッシュ・フローは正味（ネット）で発生するので，原則として一体として金融商品として処理される。

　円建借入金に通貨オプションが組み込まれることがあり，この場合，現物の金融資産・金融負債にリスクが及ぶ可能性があり，当該複合金融商品の評価差額が当期の損益に反映されず，それを構成する個々の金融資産または金融負債を区分して処理し，元本とデリバティブを区分し，元本は債務の額によって評価し，デリバティブは時価評価することとしている（「金融商品会計基準」40）。

新株予約権付社債の発行者側の会計処理　新株引受権付社債を発行した場合，発行者側の立場での会計処理を時系列的に示してみる。

① **発行時**　新株引受権付社債の発行価額を社債の対価と，新株引受権の対価部分とに分けて仕訳する。

　　（借）現　　預　　金　　×××　　／　　（貸）社　　　　　債　　×××
　　　　　社 債 発 行 差 金　×××　　　　　　　新 株 引 受 金　×××[※1]

　　※1　仮勘定としての性格をもった流動負債である。

② **権利の行使時**　権利の行使が行われ，払込みが行われると，それに対応して資本金（および資本準備金―株式払込剰余金―）を増加させ，権利行使部分に対応する新株引受権を資本準備金に振り替える。

　　（借）現　　預　　金　　×××　　／　　（貸）資　　本　　金　　×××
　　　　　　　　　　　　　　　　　　　　　　　　（資 本 準 備 金　×××）[※1]
　　　　　新 株 引 受 金　×××[※2]　　　　　　資 本 準 備 金　×××[※3]

　　※1　新株引受権付社債の全額が資本金へ組み入れられないときの処理。

※2　権利行使部分だけを減少させる処理。
※3　資本準備金を増加させる処理。

③　**金利支払時**　金利が支払われるとき，次のように処理する。

　　（借）社　債　利　息　×××　／　（貸）現　　預　　金　×××

④　**決算時**　決算時には，社債発行差金や社債発行費の償却を行い，未払社債利息の計上を行う。

　　（借）社債発行差金償却　×××　　　（貸）社債発行差金　×××
　　　　　（社債発行費償却　×××）　　　　　（社債発行費　　×××）
　　　　　社　債　利　息　×××　　　　　　未　払　費　用　×××

⑤　権利行使期間満了時に，権利が行使されなかったので，新株引受権を新株引受権戻入（特別利益）に振り替える。

　　（借）新　株　引　受　権　×××　／　（貸）新株引受権戻入　×××

⑥　社債償還時には，社債を減少させる（利息の支払いや，社債発行差金の償却など必要な処理を行っていく）。

　　（借）社　　　　　債　×××　／　（貸）現　　預　　金　×××

Ⅷ　デリバティブの会計

デリバティブ（derivative）とは，従来の伝統的な取引対象となる金融商品である株式，通貨，金利，為替など（これを「**原資産**」という）から派生して誕生したもので，**金融派生商品**と呼んでいる。デリバティブ取引は，基本的には，原資産の交換などを将来のある時点で行うことを約束する取引である。1980年代後半になり巨大な取り扱い規模になり，経済全体として無視し得ない事項となってきた。

　連結優位の会計を早くから確立してきた米国においては，時価評価を重視してきたのでデリバティブについても公正価値による時価を基本としてきた（例えば，1990年ＳＦＡＳ105号，91年同107号，94年同119号）。連結優位とデリバティブ時価評価とは密接に関連し合い，実務的には連結企業集団を構成する個別企業

について，開示の基礎となるデータを迅速かつ正確に集計できる体制を確立し，企業集団全体としてのリスク管理体制の整備確立を推進しなければならない。

デリバティブは，元来，原資産の市場価格変動のリスクを回避することを目的として出現した。しかし，デリバティブ取引のなかには，少額の資金で原資産取引を行ったのと同じ効果を期待できる取引も多いことにより投機目的にも利用されている。デリバティブ取引の実態開示が必要とされる理由もここにある。デリバティブ取引では，キャッシュ・フローを重視し，これを現在価値に引き直して認識し，時価で測定することを特徴としている。

デリバティブ取引の代表的なものは，**先物取引**（future）・**先渡し取引**（forward），**スワップ**（swap），**オプション**（option）の3種類の取引である。

デリバティブ取引の種類

種類	内容
先物取引・先渡し取引	**先物取引**とは，ある商品を将来の一定期日に一定価格で受渡すことを前もって約束する取引をいう。期日までに反対売買することにより差金決済で清算することが可能である。 **先渡し取引**は，当事者間で相対で取引されるものをいい，取引所で取引される先物取引とは相違している。
スワップ取引	将来の一定期間にわたってキャッシュ・フローの交換を約束する取引をいう。契約時点において，経済的に等価値であるキャッシュ・フローの交換取引である。
オプション取引	ある金融資産の将来の一定期日に（または一定期間内に），一定の価格での売買を実行するか否かを選択できる権利の売買取引をいう。オプションの購入者は，市場変動リスクを回避する保険に入るのと同じであるので，オプション料という保険料を支払う。

デリバティブの時価は，取引契約締結より後は，日々しかも時々刻々と変化していく。**先物取引**のように**取引所取引**に係るものであれば，その時価として市場価格が明らかであり時価測定は容易である。

しかし，**先渡し取引**のように相対取引に係るものである場合には，偏りのない前提や情報に基づいた理論的に計算した現在価値が時価になる。ここでの現在価値とは，将来の価値を，割引率としての一定の市場金利で現在の価値に引

き直したものをいう。

　スワップ取引の時価は，将来の受取りと支払いのキャッシュ・フローを現在価値に引き直して求められる。オプション取引に係るオプション価値は，「本源的価値」と「時間的価値」とに分解して求められる。

スワップ取引とオプション取引の定義

種　　類	内　　　　容
スワップ取引	複数の当事者が合意した条件のもと，異なる金利，通貨等を交換(swap)する取引をいう。具体的には，同じ通貨に見合うキャッシュ・フローを交換する（例えば変動金利と固定金利）スワップ取引を**金利スワップ取引**という。異なる通貨に見合うキャッシュ・フローを交換する取引を**通貨スワップ取引**という。
オプション取引	**上場オプション取引**……証券取引所等の定める基準および方法に従い，取引所市場において，当事者の一方の意思表示により，当事者間であらかじめ定めた対象物の売買，デリバティブ取引その他の取引を成立させることができる権利（オプション）を相手方が当事者の一方に付与し，当事者の一方がこれに対して対価(オプション料）を支払うことを約する取引および外国取引所市場において行われるこれに類似する取引。 **店頭オプション取引**……取引所市場および外国取引所市場以外において上記に類似する取引。

　デリバティブの主要目的は，原資産（または原負債）に係るリスクを回避することにあり，デリバティブ取引から生じる損益は，原資産の損益を打ち消すことを目的としている。つまり，デリバティブの損益は，原資産の損益とは反対に発生するよう仕組まれているので，原資産の損益を認識するのと同時期にデリバティブ損益を認識するのが合理的であり，時価評価が求められるのである。

　上場デリバティブ取引の時価　上場デリバティブ取引の時価は，貸借対照表日における取引所の最終価格（終値，終値がなければ気配値）を用いて時価評価する。気配値は，公表された売り気配の最安値または買い気配の最高値をいい，それらがともに公表されていればそれらの仲値を用いる。

　期末日の最終価格および気配値がない場合には，直近日の最終価格を用いる。

委託手数料等の付随費用は考慮しない(「金融商品会計に関する実務指針(2000年)」101)。

＜設例＞

甲社は，3月末日を決算日としている。×年2月3日に，同年6月を限月(期限の月の略称で，受渡期限の月のことをいう)の国債の先物(@¥96円，1,000口)¥96,000を買建て(買いの約定を行うこと)，委託証拠金¥9,000を証券会社に普通預金から支払った。決算日(×年3月31日)におけるこの先物の時価は@¥97であり，同年6月23日この先物の時価¥98で反対売買し，差金決済し，証拠金とともに現金で入金した。

解 答

① 約定日(×年2月3日)の仕訳

(借)先物取引差入証拠金　9,000 ／ (貸)現　　　　金　9,000

② 決算日(×年3月31日)の仕訳

(借)先物取引差金　1,000 ／ (貸)先 物 利 益　1,000

③ 決算日の翌日(×年4月1日)の仕訳―洗替え処理―

(借)先 物 利 益　1,000 ／ (貸)先物取引差金　1,000

④ 反対売買日(×年6月23日)の仕訳

(借)現　　　　金　9,000 ／ (貸)先物取引差入証拠金　9,000

　　現　　　　金　2,000 ／ 　　先 物 利 益　2,000

非上場デリバティブ取引の時価　「非上場」つまり「取引所の相場がない」デリバティブ取引は，合理的に算定された価額を用いる。「合理的に算定された価額」とは，①「インターバンク市場(銀行間市場)」，「ディーラー間市場」，「電子売買取引等の臨時決済・換金できる取引システム」での気配値による方法か，②割引現在価値による方法か，③オプション価格モデルによる方法か，のいずれかによる(同上指針102)。

非上場デリバティブ取引について，このように「合理的に算定された価額」が算定される場合，最善の見積額を使用して時価評価していく。しかし，例えば，一部のクレジット・デリバティブや，ウェザー・デリバティブのごとく，

公正な評価額を算定することが困難なものについては，取得価額で貸借対照表価額としていかざるを得ないのである（同上指針104）。

　上場デリバティブにしろ，非上場デリバティブにしろ，原則として時価評価測定を重視していることを知らなければならない。

第22章　税効果会計／外貨建取引等会計

I　税効果会計とは何か

税効果会計の意義　会計上の利益と，税務上の課税所得とではその算定目的・算定方法に相違があり，差異が生じる。このように両者間で差異が生じているとき，損益計算書上での税引前利益と法人税等（「等」といっているのは，住民税，事業税を含むから）との関係が歪められる。この税引前利益と法人税等との関係を正常化する調整計算（税金の期間配分）を行う会計処理のことを税効果会計 (tax effect accounting) という。

これを平たく言うと次のごとくである。税効果会計とは，会計上と税務上とで，収益，費用の認識時点の異なる要素があるとき，課税所得に基づく税額を期間的に配分し直して，会計上の利益に対応させるものである。税効果会計は，会計上の利益に対応している課税所得を計上して，会計上で有用な税引後利益を算定することを狙っている。

1998年10月，企業会計審議会は「税効果会計に係る会計基準の設定に関する意見書」を公表した。これを受けて，証券取引法（現金商法）上で，連結会計ベース，個別会計ベース，年度決算，中間決算に対して，包括的な税効果会計の基準を設けることになった。

そして，税効果会計に関して，「繰延税金資産および繰延税金負債の資産性・負債性が明らかにされた場合は，すべての会社において，商法（現会社法）上も基本的にはこれらを貸借対照表に計上することが適当」であり，「公開会社については，商法上も税効果会計の適用が強制されると解することが適当と考えられる」という商法（現会社法）上での理解が得られていた（1998年6月，「商法と企業会計の調整に関する研究会報告」）。

繰延税金資産，繰延税金負債の資産性，負債性　国際会計基準（IAS／IFRS）は，損益計算につき収益・費用アプローチというより，会計年度中の純資産（資産マイナス負債）の増減——ただし，株主との間の増資・減資のごとき項目は除く——によって損益を確定する資産・負債アプローチをとることを明確にしている。

税効果会計もこれと符合(ふごう)し，M&A（合併・買収）の取引には現在時点での実態開示を要請し，一方で経営活動も複雑化しており，税効果を伴う取引は給付の生産に係る活動に限らなくなってきたので，税効果会計も資産・負債アプローチの採用に変化してきた。

税効果会計としては，会計年度ごとの正常な損益を重視する**繰延法**（損益法）と，会計年度末ごとの資産負債の中身や評価を重視する**資産負債法**（貸借対照表法）とがあるが，上述のように期間損益計算における資産・負債アプローチ採用への展開をうけて，税効果会計においても，資産負債法へと変化してきた。

繰延法は，会計上の利益の算定において，収益，費用が認識されるのと同じ年度に，費用としての法人税等を対応させる方法である。会計と税務計算との間に生じた損益の期間差異について，発生年度の税率を適用して，将来の課税繰延効果または税金前払効果を示す繰延税金を算定する。その後に税率の変更があっても，繰延税金の修正を行わない。

他方，**資産負債法**は，繰延税金の資産性，負債性を明らかにして，法人税等の会計処理を行う方法であって，将来年度に対する税金の前払または過去の税金の控除未回収額を繰延税金資産とし，将来年度に支払うべき税金負債を繰延税金負債として認識する。その後の年度に税率が変更されたとき，繰延税金を修正する。税率変更などに応じて繰延税金資産が回収額を，繰延税金負債が支払額をより適切に示すという点に資産負債法の特徴があり，繰延法より一層優れている。

永久差異と一時差異　会計上の利益（税引前利益）と税務上の利益（課税所得）とは，一般に一致しないことが多い。当期に納付すべき確定税額に，会計上と

税務上との利益の相違によって生じた課税繰延効果または税金前払効果を調整して法人税等に計上する税効果会計が必要となる。

　税効果会計は，当期に発生した将来年度への課税繰延効果または課税前払効果を，繰延税金として処理する方式であるが，連結原則は，税効果会計を，会計上と税務上とに，以下に示す**一時差異**（temporary difference）がある場合に，法人税等を適切に期間配分するための会計処理であるとしている（企業会計審議会「連結財務諸表の見直しに関する意見書」第2部・二・3）。

- 会計上と税務上の収益または費用（益金または損金）の認識時点の相違
- 会計上と税務上の資産または負債の額での相違

　これら2つの相違によって生起する利益の相違を調整する必要があり，税務上の利益（課税所得）を会計上の利益に対応させ，発生主義に基づく損益計算書に正しく計上していくことが必要となる。

　会計上と税務上との間には，収益と益金，費用と損益とに取扱いが異なることによって差異が生じるが，その差異を**永久差異**と**一時差異**とに分けることができる。

　＜永久差異＞　会計上は収益であっても，税務上では，益金不算入となるもの（受取配当金の益金不算入など）と，会計上は費用となるが税務上では損金不算入となるもの（交際費や寄附金の損金算入限度超過額）とがある。永久差異は，会計上と税務上との収益・益金，費用・損金の取扱いが異なる絶対的な差異であり，課税の繰延・前払に影響しないため，税効果会計の対象とはならない。

　＜一時差異＞　これは，会計上と税務上とで損益の期間帰属が異なることなどによる両者間での差異であり，5年，10年という長い将来年度において消滅する差異をいう。一時差異は，課税の繰延・前払への影響をもたらし，調整を必要とするので，税効果会計の対象となる。

　一時差異は，**将来加算一時差異**（taxable temporary difference）と**将来減算一時差異**（deductible temporary difference）とからなる。前者の加算一時差異は，差異が解消する将来年度に課税対象額に含まれる一時差異をいい，例えば，「利益処分による特別償却準備金」が挙げられる。この加算一時差異に対して一定

税率を適用して繰延税金負債を認識する。

後者の減算一時差異は，差異が解消する将来年度に控除対象額に含められる一時差異をいい，例えば，「不良債権の有税償却」が挙げられる。この減算一時差異に対して一定税率を適用して繰延税金負債を認識するのである。

――＜設 例＞――

第1期に不良貸付金が生じ，会計上で貸倒引当金500百万円を設定したが，税務上では損金不算入とされた。適用税率は50％とする。これは「不良債権の有税償却」ということになるが，この有税償却不良債権500百万円に対し，減算一時差異が生じ，前払税効果250百万円（500百万円×50％）が認識される。

第2期に，貸倒れ500百万円が確定し，貸倒損失を計上し，貸倒引当金を戻入れた。貸倒損失500百万円と貸倒引当金戻入額500百万円とが相殺され，会計上では実質的に貸倒償却額が計上されない。しかし，税務上では損金算入とされる。減算一時差異500百万円がなくなり，前払税効果250百万円が消滅する。以上の関係を仕訳で示されたい。

解 答

第1期と第2期の仕訳は次のようになる（単位，百万円）。

＜第1期＞

（借）貸倒引当金繰入額	500	（貸）貸倒引当金	500
繰延税金資産	250	法人税等	250

＜第2期＞

（借）貸倒損失	500	（貸）貸付金	500
貸倒引当金	500	貸倒引当金戻入	500
法人税等	250	繰延税金資産	250

II　外貨換算会計

外貨換算会計の意義　企業の経営活動の国際化に伴って，外国との取引関係が増加してきたり，外国に子会社，関連会社，合弁会社を設立したりしてきたことによって，自国通貨以外の外国通貨での取引が拡大してきた。

連結財務諸表を作成するに当たり，連結の対象となる子会社や，持分法の適

用対象となる関連会社が外国に存在している場合には，通常，これら在外会社の財務諸表は外国通貨で表示されているため，これを本国親会社の円通貨に表示し直すことが必要となる。これを**外貨換算会計**という。

1995年7月に，日本では「外貨建取引等会計処理基準」が改定され，連結会計に関して，在外会社の財務諸表項目の円通貨換算について大幅な改訂が図られ，1999年10月に最終改定となり今日に至っている。上記基準では，決算日レート法（current rate method）を適用することとした。

新しい外貨換算会計基準による在外会社の財務諸表項目の換算の要点は以下のとおりである。

＜資産および負債＞　資産および負債については，決算時の為替レートで円換算する。

＜資　本＞　親会社による株式の取得時における資本に属する項目については，株式取得時の為替相場で円換算する。

親会社による株式の取得後に生じた資本に属する項目については，当該項目の発生時の為替相場によって円換算する。

＜収益および費用＞　収益および費用については，原則として期中平均相場によって円換算する。ただし，決算時の為替相場によって円換算することを妨げない。なお，親会社との取引による収益および費用の換算については，親会社が換算に用いる為替相場による。この場合に生じる差額は，当期の「為替差損益」として処理する。

＜換算差額の処理＞　換算によって生じた換算差額については，「為替換算調整勘定」として，貸借対照表の資本の部に記載する。

外貨表示財務諸表の換算　上記の外貨換算会計基準に従って，設例を作って，外国に所在する子会社の財務諸表を換算する方法を示すことにする。

　　＜設　例＞
　　日本に設立されている会社（親会社）がアメリカに子会社を有しており，その外貨表示財務諸表が次頁のごとくであったとする（ドル表示の欄）。親会社の上記子会社

に対する債権債務，子会社株式取得，子会社との取引高，の3項目の換算に使用した為替レート，および，子会社のその他の資本項目の発生時の為替レートは，次表の「子会社財務諸表換算表」の「親会社換算レート」欄記載のごとくであるとすれば，ドル表示（外貨表示）財務諸表は，どのように換算されるかを，この子会社財務諸表換算表を完成させる形で（アミをかけた部分に数値を記載する形で）示されたい。なお，決算日の為替レートは＄1＝¥120であるとし，収益および費用については，決算日レートで換算するものとする。

解答

子会社財務諸表換算表

勘定科目	ドル表示財務諸表（百万ドル）	親会社換算レート	換算レート	円表示財務諸表（百万円）	備考
貸借対照表					
（資　産）					
現　金　預　金	60		120	7,200	
売　　掛　　金	95		120	11,400	
有　価　証　券	50		120	6,000	
繰　越　商　品	35		120	4,200	
建　　　　　物	130		120	15,600	
親会社長期貸付金	80	150	150	12,000	親会社使用レートを適用
合　　　　計	450			56,400	
（負　債）					
買　　掛　　金	130		120	15,600	
親会社長期借入金	120	130	130	15,600	親会社使用レートを適用
（資　本）					
資　　本　　金	100	170※	170	17,000	株式取得時レートを適用
資　本　準　備　金	30	170※	170	5,100	株式取得時レートを適用
剰余金（期首）	40		140	5,600	発生時レートを適用
当　期　純　利　益	30	140※※	120	3,600	
為替換算調整勘定				△6,100	
合　　　　計	450			56,400	
損益計算書					
（収　益）					
売　　　　　上	400		120	48,000	
親　会　社　売　上	100	130	130	13,000	親会社使用レートを適用
合　　　　計	500			61,000	
（費　用）					
営　　業　　費	460		120	55,200	
親会社支払利息	10	125	125	1,250	親会社使用レートを適用
為　替　差　損　益				950	
当　期　純　利　益	30		120	3,600	
合　　　　計	500			61,000	

（注）※　親会社による子会社の株式取得時の為替レートによる。
　　　※※　子会社の資本項目発生時の為替レートによる。

　上記「子会社財務諸表換算表」について若干の解説をしておく。まず子会社の親会社に対する長期貸付金等の長期金銭債権債務については，親会社の子会社に対する当該長期金銭債権債務は原則として取得時レートで換算されるので，取得時レートで換算するわけである。

次に,「設例」では,収益,費用の換算について決算日レートで換算するとしているが,外貨換算会計基準では,原則として期中平均相場によって換算するとしている。なぜ,期中平均為替相場がより適切であるかというと,収益・費用に係る経営活動は1期間中を通じて行われているものであり,従って当期純利益も期間中にわたって生じたものとみられるので,当期純利益の金額は,期中平均相場によって換算すべきという考え方が採られるからである。

「為替換算調整勘定」の表示については,上記基準によれば,貸借対照表の資本の部に記載することを求めている。差額が「借方」の側に生じたので,設例では資産の側に示してあるが,正確に言えばこれは資本の部のマイナスに相当するものと考えなければならない。

Ⅲ 外貨建取引等の会計処理

「外貨建取引等会計処理基準」によれば上述してきた外貨換算会計基準のほか,「外貨建取引処理」や「在外支店の財務諸表項目の換算」についても取り扱っている。これを以下に眺めておく。

<**取引発生時の処理**> 「外貨建取引」は,原則として,当該取引発生時の為替相場による円換算額をもって記録する。ただし,外貨建取引に係る外貨建金銭債権債務と為替予約等との関係が,「金融商品会計基準」における「ヘッジ会計の要件」を充たしている場合には,当該外貨建取引について「ヘッジ会計」を適用することができる。

<**決算時の処理**> (1)**換算方法** 外国通貨,外貨建金銭債権債務,外貨建有価証券および外貨建デリバティブ取引等の金融商品については,決算時において,原則として,次表のごとく,処理を行う。ただし,外貨建金銭債権債務と為替予約等との関係が金融商品に係る会計基準における「ヘッジ会計の要件」を充たしている場合には,当該外貨建金銭債権債務等についてヘッジ会計を適

用することができる。

外 国 通 貨	外国通貨については，決算時の為替相場による円換算額を付する。
外貨建金銭債権債務	外貨建金銭債権債務（外貨預金を含む）については，決算時の為替相場による円換算額を付する。ただし，外貨建自社発行社債のうち転換請求期間満了前の転換社債（転換請求の可能性がないと認められるものを除く）については，発行時の為替相場による円換算額を付する。
外貨建有価証券	① 満期保有目的の外貨建債券については，決算時の為替相場による円換算額を付する。 ② 売買目的有価証券およびその他有価証券については，外国通貨による時価を決算時の為替相場により円換算した額を付する。 ③ 子会社株式および関連会社株式については，決算時の為替相場による円換算額を付する。 ④ 外貨建有価証券について時価の著しい下落または実質価額の著しい低下により評価額の引下げが求められる場合には，当該外貨建有価証券の時価または実質価額は，外国通貨による時価または実質価額を決算時の為替相場により円換算した額による。
デリバティブ取引等	デリバティブ取引等，外国通貨，外貨建金銭債権債務，外貨建有価証券以外の外貨建ての金融商品の時価評価においては，外国通貨による時価を決算時の為替相場により円換算するものとする。

(2)換算差額の処理　決算時における換算によって生じた換算差額は，原則として，当期の為替差損益として処理する。ただし，有価証券の時価の著しい下落または実質価額の著しい低下により，決算時の為替相場による換算を行ったことによって生じた換算差額は，当期の有価証券の評価損として処理する。また，「金融商品会計基準」による時価評価に係る評価差額に含まれる換算差額については，原則として，当該評価差額に関する処理方法に従うものとする。

＜決済に伴う損益の処理＞　外貨建金銭債権債務の決済（外国通貨の円転換を含む）に伴って生じた損益は，原則として，当期の為替差損益として処理する。

Ⅳ 在外支店の財務諸表項目の換算

「外貨建取引等会計処理基準㈡」によれば，**在外支店**における外貨建取引については，原則として，**本店**と同様に処理する。ただし，外国通貨で表示されている在外支店の財務諸表に基づき**本支店合併財務諸表**を作成する場合には，在外支店の財務諸表について次の方法によることができる※。

※ 在外支店において外国通貨で表示されている棚卸資産について低価基準を適用する場合または時価の著しい下落により評価額の引下げが求められる場合には，外国通貨による時価または実質価額を決算時の為替相場により円換算した額による。

収益および費用の換算の特例 収益および費用（収益性負債の収益化額および費用性資産の費用化額を除く）の換算については，期中平均相場によることができる。

外貨表示財務諸表項目の換算の特例 在外支店の外国通貨で表示された財務諸表項目の換算にあたり，非貨幣項目の額に重要性がない場合には，すべての貸借対照表項目（支店における本店勘定等を除く）について決算時の為替相場による円換算額を付する方法を適用することができる。この場合において，損益項目についても決算時の為替相場によることを妨げない。

換算差額の処理 本店と異なる方法により換算することによって生じた換算差額は，当期の為替差損益として処理する。

以上，「外貨建取引等会計処理基準」にいう「在外支店の財務諸表項目の換算」に関する処理を眺めてきたが，この「在外支店」の換算処理と，先にみてきた「在外子会社等」の換算処理との異同点は何かを眺めておきたい。

在外支店は，本店との関係において1つの会社内での構成組織であり，従って，在外支店における外貨建取引は，原則として本店と同様に処理するものとしている。外国通貨で表示されている在外支店の財務諸表を基礎として本支店

合併財務諸表を作成することができるが，その場合，収益および費用の換算の特例として，期中平均相場によることが可能とされているのである。

　他方，「在外子会社等」の換算処理については，当該子会社等は親会社とともに連結企業集団を構成しているものであり，1つの会社の会計，つまり個別企業会計を超えて，企業集団の会計，つまり連結会計の次元で考慮されるべきものである。

　従って，親会社・子会社間の投資実態を適切に反映する換算処理が求められる。そのことがすでにみた，「在外子会社等の財務諸表項目の換算」の基準に具体化されているものとみることができる。持分法の適用対象となる関連会社に対しても，子会社と同様の換算処理を必要とするわけである。

索　引

（あ）

預 り 金　97
圧縮記帳　76
アップ・ストリーム　179, 180, 183
後入先出法　23, 31, 61, 218, 219
アフター・サービス費　34
洗替え法　64

（い）

EBITDA　207, 208
EBITDA倍率　208
EBITDA売上比率　208
E V A　209
委託販売　8
一行連結　156
一時差異　71, 181, 274, 275
著しい季節的変動　222
1 年基準　66, 96
一　括　法　109
一般原則　157
一般債権　261, 262
移動平均法　24, 25, 31
医薬品業　104
インターバンク市場　270

（う）

ウェザー・デリバティブ　270
受取手形　56
打歩発行　99
売上割引　13
売上割戻　12
売上割戻金　97
売上割戻引当金　104
運転資本投資額　207

（え）

永久差異　71, 274, 275
営業活動によるキャッシュ・フロー
　197, 203, 204, 205
営業循環基準　66, 96
役務提供債務　95
M＆A（合併・買収）　82, 229
円建借入金　266

（お）

オーナー役員　251
オプション　268
オプション価格モデル　270
オプション取引　255, 263
オペレーティング・リース　230, 240
親 会 社　152

（か）

外貨換算会計　276
外貨換算会計基準　280
外貨建金銭債権債務　280, 281
外貨建取引　280, 282
外貨建取引等会計処理基準　216, 282
外貨建有価証券　88, 281
外貨表示財務諸表　277, 282
外国通貨　281
会社計算規則　95
会社分割　117
会　社　法　49, 189
回収基準　9
開　発　費　35, 88
買戻権付販売　11
改　良　費　77
価格変動リスク　88, 255
隠れ債務　248

貸倒懸念債権　261,262
貸倒損失　106
貸倒引当金　106
課税繰延べ・前払い　181
渇水準備金　96
割賦販売　8,9,15
合併・買収　229
合併差益　117
株式移転　118
株式移転差益　118,119
株式オプション価格算定モデル法　125
株式交換　118
株式交換差益　118
株式払込剰余金　117
株主還元策　198
株主資本　113,114,132,143
株主資本等変動計算書　139,140,143,144,148,193
株主総会　115
株主持分　95,111
貨物代表証券　12
借入金明細票　195
仮払金　67
為替換算　215
為替換算差額　111,112
為替換算調整額　51,112
為替換算調整勘定　113,121,123,140,186,192
為替決済差損益　188
為替変動リスク　88
為替予約　280
為替レート　277
関係会社に対する短期貸付金　68
換算　184
換算差額　277,281,282
換算方法　280
間接的所有　158
間接法　205

間接法によるキャッシュ・フロー計算書　201
間接法による表示方法　206
簡便的な会計処理　216
元　本　84,266
関連会社　152,155,182,211
関連会社株式　20,57,86

（き）

企　業　1
企業会計原則　4,5,43,44
企業結合　222
企業結合・事業分離　194
企業結合会計基準　101,102
企業集団　152,175,268
企業集団化　151
企業統治　249
企業年金制度　248
企業の社会的機能と会計　3
企業防衛の手段　128
議決権の過半数の実質的な所有　153
記載項目網羅性の原則　129
基準資本金額　147,148
規則的な償却　102
期中平均為替レート　186
期中平均相場　188,277,282,283
規定的アプローチ　5
寄附金　275
キャッシュ・フロー創出能力　198
キャッシュ・フロー月別予定・実績表　206
キャッシュ・フローの範囲　202
吸収型再編対価簿価　101
吸収型再編簿価株主資本　101
級数法　26,27
給与所得控除　251
共同支配事業体　162
業務主宰役員　251
業務別セグメント　225,226

索　引　287

切放し法　64, 216
記録計算原則　36
銀行間市場　270
金銭債権　253
金銭債務　260
金融資産　253, 254, 257, 258, 260
金融商品　253
金融商品会計基準　18, 58, 60, 112, 253, 254, 255, 257, 265, 266, 280, 281
金融商品会計基準実務指針　254, 256
金融商品取引法　126, 136, 190, 194, 195, 196, 197, 210, 211, 217
金融商品取引法上の注記事項　193
金融派生商品　229, 254, 255, 267
金融ビッグ・バン（大改革）　152
金融負債　253, 254, 257, 258, 260
金利オプション　266

（く）

偶発債務　107
偶発負債　102
区分表示の原則　45
区分法　109
繰越欠損金　98
繰延資産　75, 89
繰延税金資産　68, 71, 72, 98, 108, 273
繰延税金負債　71, 72, 98, 100, 108, 273
繰延ヘッジ　263
繰延ヘッジ損益　122, 192
繰延ヘッジ法　122, 264
繰延法　274
繰延リース利益　237
クレジット・デリバティブ　270

（け）

経済的結合要素　154
経済的単一体説　113, 114
経済的付加価値（ＥＶＡ）　209
経済的便益　53, 54

経常利益　37
継続企業　221
継続企業の前提　192
継続記録法　22, 38, 60
継続性の原則　157, 158
継続性の変更に関する注記　196
景品費　34
化粧品製造業　104
決算日レート　280
決算日レート法　185, 276
原価差異の繰延処理　218
原価主義　54
減価償却　25, 26, 34, 78, 176
原価配分の原則　22, 60
現金主義　9, 44
現金同等物　197, 202
限　月　270
現在価値基準　236
減資差益　119
原資産　255, 267, 269
検収基準　215
建設仮勘定　93
減損会計　78, 93
減損会計基準　60, 93
減損処理　58
減損テスト　188
減損の兆候　83
原負債　269
現物出資　76

（こ）

交　換　76
広義の企業集団　156
交際費　275
工事完成基準　14, 215
工事進行基準　14, 215
工事補償引当金　105
合同会社　137
子会社　152, 211

子会社・関連会社株式　84
子会社株式　20, 57, 85, 86, 259
子会社株式を一部売却した場合の処理
　171
子会社株式を追加取得した場合の処理
　169
子会社財務諸表換算表　187, 278, 279
国際会計基準　50, 54, 95, 227
固定資産　75, 176
固定負債　95, 96, 98
個別株主資本等変動計算書　145
個別計算書類　52
個別原価法　23, 38
個別財務諸表基準性の原則　157
ゴルフ会員権　58

(さ)

在外会社　184
在外子会社　184, 188
在外子会社の資本（純資産）　185
在外支店　280, 282
債権者持分　95
最終仕入原価　63
財政状態　129
再調達原価　219
再分類修正　51
財務活動によるキャッシュ・フロー
　197, 203, 204
財務諸表の連携図　141
債務性のない負債　103
債務保証損失引当金　106
先入先出法　23, 24, 31, 61, 216
先物取引　255
先物売買契約　107
先渡契約　254
3区分表示　199
産高比例法　28

(し)

ＣＦＯ　205, 209
仕入割引　40
時価が著しく下落した場合　259
自家建設　76
時価評価　229, 267
時価ヘッジ　263, 264
仕切精算書　8
識別可能負債　102
事業分離　222
自己株式　56, 114, 120
自己株式申込証拠金　114, 120
自己資本　95, 128
事後費用　36, 42
資　産　53
資産・負債アプローチ　112, 142
資産除去債務　100
資産負債法　71, 274
自社利用のソフトウェア　82
市場価格のない有価証券　88, 259
市場販売目的のソフトウェア　80, 81
事前確定届出給与　250
実現可能性　21
実現主義　8, 15, 33, 43
実質的支配　153
実績主義　212, 215, 218
実地棚卸　23
実地棚卸法　60
支　配　156
支配獲得後における処理　169
支配株主　114
支配力基準　153
支払手形　97
支払利息・税金・減価償却費控除前利益
　（EBITDA）　207
四半期会計基準　212, 220
四半期株主資本等変動計算書　211
四半期キャッシュ・フロー計算書　211

索　引

四半期決算手続　214
四半期財務諸表に関する会計基準　212
四半期損益計算書　211
四半期貸借対照表
四半期単位積上げ方式　214
四半期連結財務諸表　211, 220
四半期連結財務諸表の注記事項　221
資本化処理　230, 231
資本金　115
資本金及び資本準備金減少差益　119
資本金減少差益　119
資本コスト　209
資本準備金　115, 117
資本準備金減少差益　119
資本剰余金　116
資本剰余金配当割合　148
資本的支出　29, 77
資本連結　164
事務用消耗品　59
社　債　98
社債明細票　195
収益・費用アプローチ　53, 274
収益的支出　29, 77
収益の測定　14
収支計算　19
修正受渡日基準　256
修　繕　費　77
修繕引当金　105
重要性の原則　130, 137
重要な影響を与えることができる一定の事実　155
重要な企業結合又は事業分離　222
重要な偶発債務　222
重要な係争事件に係る損害賠償義務　107
重要な後発事象　222
重要な誤謬の訂正　223
重要なその他の事項　222
受注契約　107
受注制作のソフトウェア　81
出荷基準　215
出　版　業　104
取得原価　19
取得原価主義　54
取得時レート　279
純現金支出　198
純現金収支　207
純　資　産　111, 113, 114, 130, 139, 165, 185
純資産の部　112, 126, 132, 134
準　備　金　116, 117
準備金計上限度額　148
償却原価法　30, 84, 85, 258, 259
償却必要説　101
償却不要説　101
償　却　法　22
上場デリバティブ　271
上場デリバティブ取引　269
少数株主　178
少数株主持分　113, 114, 126, 132, 143, 162, 164, 192
試用販売　8
商品取引責任準備金　96
正味実現可能価額　62, 63, 66, 72
正味売却価額　62, 63, 65, 66, 72
消耗品，消耗工具器具備品その他貯蔵品　130
剰余金の額　148
剰余金の配当　145, 146
剰余金の配当額の10分の1　148
賞与引当金　104
将来加算一時差異　71, 275
将来キャッシュ・フロー　125
将来減算一時差異　98, 275, 71
所有権移転外ファイナンス・リース　232, 238, 239, 240
所有権移転外ファイナンス・リース取引　231, 236
所有権留保条項付販売　11

新株式申込証拠金　114, 116
新株引受権付社債　128
新株予約権　99, 114, 124, 126, 132, 140, 143, 191, 192, 265
新株予約権付社債　99, 265, 266
真実性の原則　157
人的結合要素　154

（す）

ストック・オプション　124
ストック・オプション等に関する会計基準　125
スワップ　268
スワップ取引　255, 269

（せ）

正規の簿記の原則　129, 130, 137
税金の期間配分　273
税金費用の計算　217
税効果　98
税効果会計　88, 108, 181, 193, 273
税効果会計方式　69, 70, 182
生産高比例法　26, 28
製造原価　38
税引後営業利益（NOPAT）　208, 209
製品保証引当金　104
製品マスター　79, 80
セグメント情報　194, 221, 224, 225
セグメント別損益　226
折衷方式　214
ゼロ・コスト・オプション　265
全額消去・親会社負担方式　179, 180
全額消去・持分按分負担方式　179, 180
全額消去・連結会社負担方式　183
全額消去方式　178
前期損益修正損益　40, 41
潜在的債務　107
全部連結　155, 161, 162
全部連結非適用子会社　182

全面時価評価法　164, 165, 166, 168, 170, 171

（そ）

総原価　39
相殺消去　165
総平均法　24, 25, 216
贈与　76
測定基準　44
その他「連規」の規定により記載すべき注記　196
その他資本剰余金　146
その他剰余金　116
その他の作成基準　189
その他の複合金融商品　266
その他の包括利益　142
その他の有価証券　20, 21
その他利益剰余金　119
ソフトウェア　75, 80
損益計算書　43, 47
損益計算様式の雛形　46
損益取引　119
損害補償損失引当金　106

（た）

対応表示の原則　36
代金請求期限到来基準　9
貸借対照表完全性の原則　129
貸借対照表記載価額　20
貸借対照表の様式例　133
退職一時金　245, 248
退職慰労金制度　249
退職会計基準　249
退職給付債務　105, 246, 247
退職給付引当金　103, 105, 245, 246
退職給付費用　247
退職給付見込額　110
退職年金　245
耐用年数　26

索引 291

ダウン・ストリーム　179, 180, 183
タックス・ヘイブン　188
縦に並べる様式　143
棚卸計算法　22, 23, 38
棚卸減耗損　23, 61, 65
棚卸資産　55, 59, 60, 61, 62, 175, 176
棚卸資産の評価方法　215

（ち）

中間財務諸表　226
中間財務諸表作成基準　212
超過収益力　79
長期請負工事　13
長期貸付金　89
長期借入金　100
直接法による表示方法　205
直接法によるキャッシュ・フロー計算書　200
賃貸借取引　231
陳腐化　27, 64, 65

（つ）

通貨オプション　266
通貨スワップ取引　269
通常の販売目的で保有する棚卸資産　61
積立限度金額　147

（て）

ディーラー間市場　270
定額法　26, 101
定期同額給与　250
ディスクロージャー制度　211
定率法　26, 27
手形遡及義務　107
手付金　67
デリバティブ　122, 253, 254, 255, 260, 266, 267
転換社債　99, 128

転換社債型新株予約権付社債　99, 100, 108, 109, 265

（と）

当該長期金銭債権債務　279
投下資本　209
当期業績主義　37, 47
当期純利益　111, 139, 140, 142
当座資産　53, 55
投資活動によるキャッシュ・フロー　197, 203, 204
投資勘定　182
投資その他の資産　56, 75
特殊支配同族会社　251
特殊販売　8
特別修繕引当金　105
特別損益　40
土地再評価差額金　122
取替法　28, 29
取締役会の決議　147
トレーディング目的で保有する棚卸資産　20, 61

（な）

内部振替（移転）価格制度　177
内部利益　180

（に）

二項モデル　128

（ね）

値引　13
年金　245
年金資産　105, 110, 246

（の）

納税額方式　69, 70, 182
乗っ取り　151
NOPAT　208

延払条件付譲渡　10
のれん　75, 82, 93, 101, 102, 103, 184

非連結子会社　152, 158, 182
品質低下　64, 65

（は）

売価還元原価法　23, 25
売却可能有価証券　93
賠償義務　107
配当規制　147
配当に伴う準備金の計上　147
売買目的有価証券　20, 21, 57, 84, 86, 88, 93, 112, 256, 257, 259, 281
配分モデル　16
破産更生債権　261, 262
派生的金融資産　254
派生的金融負債　255
発見　76
発生給付評価方式　248, 249
発生主義　33
発生主義会計　43
半期報告制度　223

（ふ）

ファイナンス・リース　230, 233
付加価値　3
付加価値税　7
複合金融商品　265
含み損負債　248
負債　95, 96
負債性引当金　107
負債の部　131, 132, 135
附属明細表　190, 195
物品引渡債務　95
不適応化　27
負ののれん　102
部分時価評価法　164, 165, 167, 170, 171, 166
部分資本直入法　86, 87
ブラック・ショールズ・モデル　128
プラン・コンタブル・ジェネラル　6
フリー・キャッシュ・フロー　198, 207, 208, 209
不良債権の有税償却　276
分割差益　117, 118
分配可能額　146, 149

（ひ）

比較可能性　152
非貨幣性資産　84
引当金　96, 98, 103
引渡し　7, 15
非財務情報　223
非上場デリバティブ　270, 271
１株当たり四半期純損益　221
１株当たり純資産　221
評価・換算差額等　113, 114, 120, 121, 123, 132, 140, 143, 191, 192
評価差額　87, 111, 170
費用収益対応の原則　22, 33, 34, 35, 36
標準原価　218
費用性資産　53
費用の測定　29
費用配分の原則　21, 22, 30, 34, 60
比例連結　161, 162

（へ）

平価発行　99
平均原価法　24
ヘッジ　122
ヘッジ会計　262, 263, 280
ヘッジ手段　263, 264
返品調整引当金　103, 104

（ほ）

包括主義　37, 45, 47, 48
包括利益　16, 17, 111, 142
簿外資産　129

索　引　293

簿外負債　129
簿価切下額　64
保証債務　107
保証修繕費　104
本支店合併財務諸表　282
本来的金融資産　254
本来的金融負債　255

（ま）

前受金　97
前受収益　98, 130
前払金　66
前払費用　130
マネジメント・アプローチ　225
満期保有目的債券　20, 21, 57, 84, 88, 259
満期保有目的の外貨建債権　281
満期保有目的有価証券　112

（み）

未決算勘定　67
見込生産　43
未実現損益　178, 180
未収金　56, 67
未収収益　68, 130
未成工事支出金　59
未着品販売　12
見積債務　107
未認識過去勤務債務　246
未払金　97
未払賃金　97
未払費用　97, 130, 131

（む）

無形固定資産　75

（め）

明瞭性の原則　157, 158

（も）

持株基準　153
持分プーリング法　222
持分法　86, 152, 156, 182, 183
持分法損益　222

（や）

役員給与　249, 251, 245, 249, 250
役員賞与に関する会計基準　250
役員報酬　249, 250
約定基準　255, 256
約定利息　84

（ゆ）

有価証券　194
有価証券の減損処理　215
有価証券の評価　56
有価証券の表示区分　260
有価証券報告書　127
有形固定資産　75, 76
有限会社　137

（よ）

用役潜在性　58
要旨による公告　134
要償却説　101
横に並べる様式　143
予測給付評価方式　248, 249
予測主義　212, 218
予定価格　218
予約販売　8, 9

（り）

リース債務　96, 242
リース資産　93
リース取引　177, 229
利益準備金　119, 120
利益剰余金　119

利益剰余金配当割合　148
利益処分案　249
利益留保制の性格　96
利益連動給与　250, 251
リスク管理　263, 268
流動資産　66, 95, 96
臨時計算書類　49, 136
臨時損益　40, 41

　　　　　（る）

累計差額方式　214, 215

　　　　　（れ）

連　　結　155, 156
連結会社　175
連結株主資本等変動計算書　143, 145, 151, 189, 190, 191, 192
連結企業集団　156, 267
連結キャッシュ・フロー計算書　190, 197
連結組入れ　154
連結計算書類　49, 52, 113, 126, 127, 136, 189, 190

連結子会社相互間取引　180, 179
連結財務情報　189
連結財務諸表　127, 190
連結剰余金　172
連結損益計算書　151, 172, 175
連結貸借対照表　151
連結注記　189
連結調整勘定　164, 165, 184
連結投下資本フリー・キャッシュ・フロー比率　209
連結の範囲　151, 153
連結配当規制適用会社　191
連結はずし　154
連結優位　152, 267

　　　　　（わ）

割引現在価値　54, 270
割引発行　99
割引率　110, 248
割安購入　102

<著者略歴>

野村健太郎（のむら　けんたろう）

愛知工業大学教授，大分大学名誉教授，博士（経営学）（神戸大学），日本学術会議協力学術研究団体経営関連学会協議会理事，日本学術振興会特別研究員等審査会元委員，大学基準協会評価委員会委員，日本会計研究学会元理事，同学会賞審査委員，日本社会関連会計学会元会長，文化会計学会理事，国際会計研究学会元理事，日本簿記学会元理事，（財）産業経理協會評議員。

〔主要著書〕

『連結会計論』（森山書店，1970年－本書にて日本会計研究学会太田賞受賞－）
『フランス会計論（編）』（中央経済社，1980年）
『連結企業集団の経営分析』（税務経理協会，1981年）
『フランス企業会計』（中央経済社，1990年－本書にて日本公認会計士協会学術賞受賞－）
『現代財務会計』（税務経理協会，1999年）
『病医院の経営・会計入門』（日本医療企画，1995年）
『連結財務諸表の知識（新版）』（日本経済新聞社，1998年）
『連結会計基準の国際的調和（編）』（白桃書房，1999年）
『財務会計の基礎』（中央経済社，1999年）
『連結経営の衝撃』（中央経済社，2000年）
『政府／非営利組織の経営・管理会計（編）』（創成社，2000年）
『入門の簿記（共著）』（税務経理協会，2001年）
『現代ヘルスケア論（編）』（税務経理協会，2001年）
『連結経営と構造改革』（税務経理協会，2002年）
『株主重視と会計（編）』（税務経理協会，2003年）
『連結企業集団の経営分析（全訂版）』（税務経理協会，2004年）
『プラン・コンタブルの国際比較（編）』（中央経済社，2005年）
『郵政民営化の焦点－「小さな政府」は可能か－』（税務経理協会，2006年）
以上の著書のほか，翻訳，論文多数。

著者との契約により検印省略監

平成5年10月15日	初版発行	
平成7年4月1日	改訂版発行	
平成10年7月1日	三訂版発行	
平成20年4月10日	四訂新版発行	

現代財務会計〔四訂新版〕

著　者	野　村　健太郎
発行者	大　坪　嘉　春
印刷所	税経印刷株式会社
製本所	株式会社　三森製本所

発行所　東京都新宿区下落合2丁目5番13号　株式会社　税務経理協会

郵便番号 161-0033　振替 00190-2-187408　電話(03)3953-3301（大代表）
FAX(03)3565-3391　(03)3953-3325（営業代表）
URL　http://www.zeikei.co.jp/
乱丁・落丁の場合はお取替えいたします。

Ⓒ　野村健太郎　2008　　Printed in Japan

本書の内容の一部又は全部を無断で複写複製（コピー）することは，法律で認められた場合を除き，著者及び出版社の権利侵害となりますので，コピーの必要がある場合は，予め当社あて許諾を求めて下さい。

ISBN978-4-419-05096-2　C1063